D1697859

BASEL & MARKGRÄFLERLAND

HANDWERK | DESIGN | KUNST | TRADITION

Turm des Basler Rathauses

besteshandwerk

KLAUS-WERNER PETERS | DANIEL SCHVARCZ

BASEL & MARKGRÄFLERLAND

HANDWERK | DESIGN | KUNST | TRADITION

UMSCHAU

Vitra Design Museum, Weil am Rhein

Inhalt

Übersichtskarte	8
Vorwort	11

STEIN, STOFFE & PAPIER — 14

Junger Verband – alte Tradition Steinmetzverband Nordwestschweiz	18
Papierherstellung zum Anfassen Basler Papiermühle	22
Gesamtkonzepte fürs Wohnen Inneneinrichtungen Thomas Kreienbühl	26
Projekte für das Buch Buchwerkstatt Maria Henssler	28
Schreibkunst Scriptorium am Rheinsprung	30
Verputzt und zugewischt B & K Wandart	34
Keramik, mein Leben Töpferei und Keramikschule Mathies Schwarze	36
Kreativität und Technik Töpferei Spano	38
Leder mit Persönlichkeit Industrie-Sattlerei CASTY	40
Kunst im Dorf KunstDruckWerkstatt Hanemann	42
Segel für Wind und Sonne Bootsmann	44

MUSIK, KUNST & ANTIQUITÄTEN — 46

Orgeln für die Ewigkeit Orgelbau Bernhard Fleig	50
Trommeln für den Vatikan Trommeln Schlebach	54
Die Kunst des Lichts Arte + Licht	56
Stoffe wie aus Träumen Textile Art	60
Papierene Kunst Tami Komai	62
Skulpturen, Neue Medien, Malerei Léonie von Roten	64
Begegnung Dorothée Rothbrust	66
Handwerk für die Kunst Theater Basel	68

GLAS, STAHL, HOLZ & DIE GESCHICHTE DER ZÜNFTE — 72

Der Rahmen macht den Unterschied Niklaus Knöll Rahmenkunst	76

INHALT

Massivholz, Treppen und Innenausbau **Der Zinkenbiber**	78
Glaskunst ganz individuell **Das Glashaus**	80
Exquisites Handwerk **kammoebel**	84
Wohnen mit Ausstrahlung **WohnGeist**	86
Stolz aufs ganz besondere Holz **Stolz**	88
Kreatives Spielen **Naef Spiele**	90
Küchen auf natürliche Art **ZBÖ – Natürliche Raumgestaltung**	92
Recycling mit Zukunft **Bauteilbörse Basel**	94
Messer als Kunstwerk **Hansjörg Kilchenmann**	96
Individueller Fahrradbau **ChezVelo**	98
SCHMUCK, UHREN & EINE **LANGE HANDELSGESCHICHTE**	100
Schmuck-Geschichten **Anna Schmid Schmuck**	104
Zeitlosigkeit als Prinzip **Beat Lehmann**	106
Uhren und Schmuck seit 1920 **Chronometrie Spinnler + Schweizer**	108
Vom Zauber der Schichtmetalle **Schmuck-Schmiede**	110
Kleine Perlen, große Kreativität **kleine Rheinperle**	112
PFLANZEN & NATUR – BASEL **& DAS MARKGRÄFLERLAND**	114
Rosen very british **Landhaus Ettenbühl**	118
Gärten mit Niveau **Plantago**	122
Liebe zu Pflanzen seit 1926 **Staudengärtnerei Gräfin von Zeppelin**	124
KLEIDUNG FÜR ALLE **JAHRESZEITEN**	126
Schönheit in Büffelhorn **Ramstein Optik**	130
Mode im Fluss **Individual Modedesign**	132

INHALT

Maßgenau und individuell **Löwenzahn Menswear**	134	Weingenuss auf ganzer Linie **Weingut Dr. Schneider**	164
Feinmaß für Körper und Seele **Atelier Heinz Weller**	136	Mehl mit 300 Jahren Tradition **Grether Mühle**	168
Hüte für alle Fälle **CHAPEAU – Maria Hiepler**	140	Genuss für alle Fälle **Albrecht Catering**	170
Haute Couture **Raphael Blechschmidt**	142	ALLES AUF EINEN BLICK	174
Die persönliche Tasche **wennnichtjetztwanndann**	144	IMPRESSUM	184
Filigran darf es sein **irui – lingerie atelier**	146		

**ESSEN & GENIESSEN
SEIT JAHRHUNDERTEN**   148

Ueli Bier für Basel **Brauerei Fischerstube**	152
Geröstet, gemahlen und gebrüht **Coffee and more**	154
Raffiniertes aus Schokolade **Chocolaterie Axel Sixt**	156
Metzgerei mit Prinzipien **Landmetzgerei-Partyservice Senn**	158
Brot mit Persönlichkeit **Bäckerei Paul**	162

BASEL & MARKGRÄFLERLAND

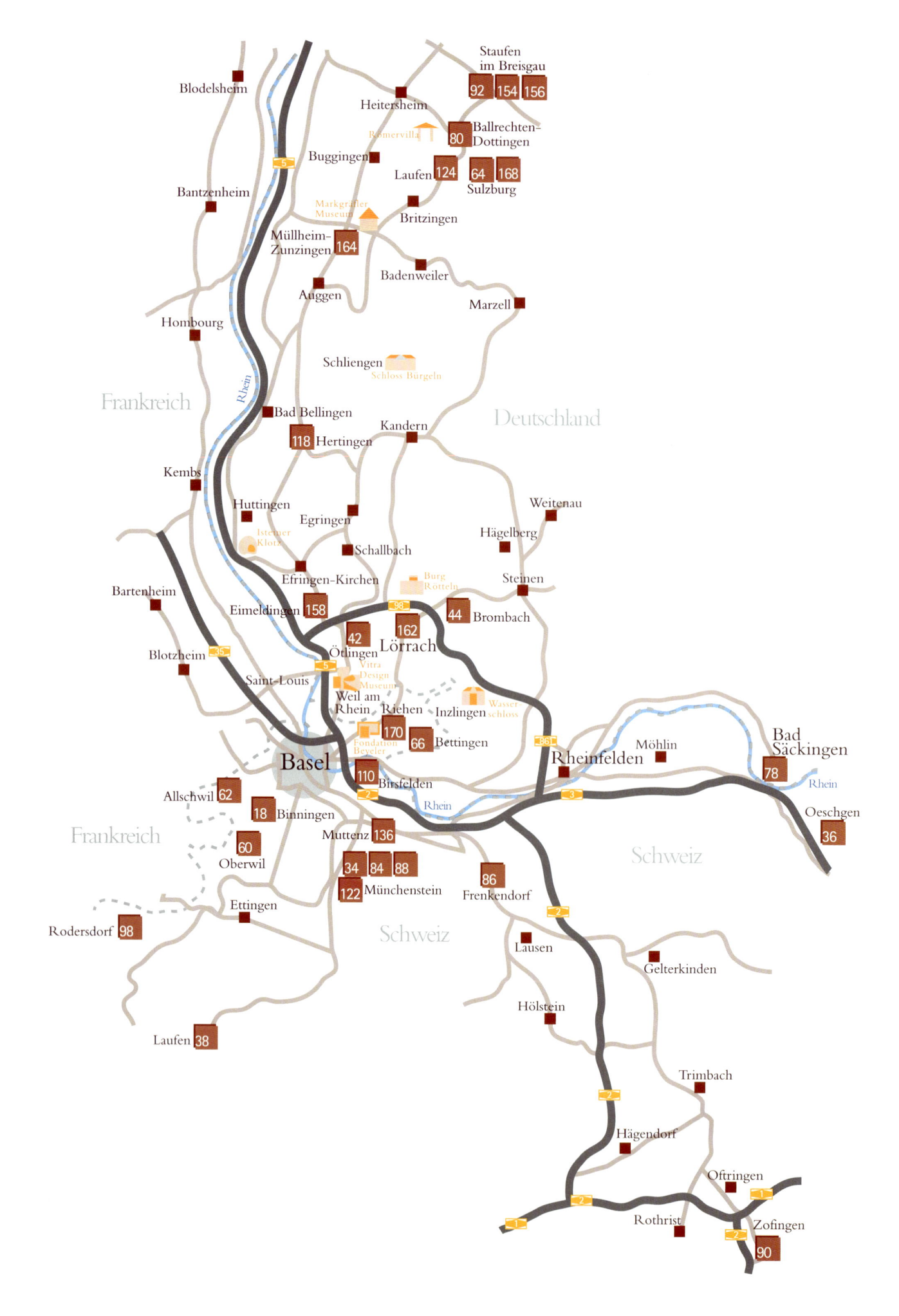

Basel – Stadt

Die Zahlen [78] sind identisch mit den Seitenzahlen der einzelnen Betriebe in diesem Buch und bezeichnen ihre ungefähre Lage in dem Gebiet.

Spalentor, Basel

Vorwort

Basel und seine Umgebung waren noch nie voneinander zu trennen. Nicht nur die Umgebung der Stadt auf eidgenössischem Boden, auch das benachbarte Markgräflerland war schon an der Schwelle von Mittelalter und Neuzeit aufs Engste an die Wirtschaft Basels gekoppelt. Wie selbstverständlich belieferten Produzenten aus der Nähe Basels die Handwerker innerhalb der Stadtmauern, während die fertigen Produkte ihrerseits „nach draußen" exportiert wurden. Der Großraum Basel war schon lange vor der Einführung des Schengen-Raumes eine eng vernetzte Wirtschaftsregion. Basel trat im Jahr 1501 der Eidgenossenschaft bei, doch sowohl in den Jahren zuvor als auch danach gab es enge Beziehungen zu Freiburg im Breisgau, zu Lörrach und Mülhausen. Die Kontakte mit den unmittelbaren Nachbarn waren schwieriger, führten irgendwann zu ersten Streitigkeiten und schließlich zur Aufspaltung des Kantons. Basel-Stadt und Basel-Landschaft trennten sich in der ersten Hälfte des 19. Jahrhunderts und bilden noch immer sogenannte Halbkantone, weitgehend selbstständige Verwaltungseinheiten innerhalb der Schweiz. Von der einstigen Rivalität ist im Alltag freilich nur noch selten etwas zu spüren – Baselstädter und die Basellländer sind aufeinander angewiesen, und beide könnten ohne die Markgräfler und die Südelsässer kaum leben. Der Badische Bahnhof, eine der zwei großen Fernverkehrstationen, befindet sich auf Schweizer Gebiet, gilt aber teilweise als deutsches Zollgebiet; der Flughafen Basel-Mulhouse wiederum liegt zwar auf französischem Boden, wird aber – eine einzigartige Konstellation – von der Schweiz und Frankreich gemeinsam betrieben und selbstverständlich auch von den Badenern zu Urlaubsflügen und Geschäftsreisen genutzt.

Doch egal, ob man per Bahn oder mit dem Flugzeug anreist, ob man mit der Straßenbahn (dem Tram!) aus der Umgebung nach Basel kommt oder mit dem eigenen Pkw nach einem Parkplatz fahndet: Viele der Basler Handwerksbetriebe befinden sich noch immer in unmittelbarer Nähe des Stadtzentrums: nahe dem Spalentor, dem prächtigsten Überbleibsel der Stadtbefestigung oder in der herausgeputzten St. Alban-Vorstadt. Ein Stadtbummel durch die Altstadt führt den Besucher fast automatisch zu Buchbindern und Goldschmieden, zu Maßschneidern und Hutmachern. Und weil die Handwerker heute mehr denn je vernetzt sind, weil man sich in Berufsverbänden austauscht und einander weiterempfiehlt, wird der Interessierte auch mit Adressen außerhalb der Stadt versorgt, kann Steinmetze in Muttenz, Cateringunternehmen in Riehen oder Chocolatiers sowie Kaffeeröstereien im badischen Staufen besuchen. Viele Orte sind dank des gut ausgebauten Nahverkehrs rasch zu erreichen, nur ganz selten ist man auf den Wagen angewiesen. Und selbst das, was die Basler und die Markgräfler lange trennte, die Grenze zwischen Deutschland und der Schweiz, ist kaum noch zu bemerken: Dank der jüngsten Abkommen zwischen der EU und der Eidgenossenschaft, fährt man heute meist unbehelligt von Kontrollen von einem Land ins andere.

Mittlere Brücke, Basel

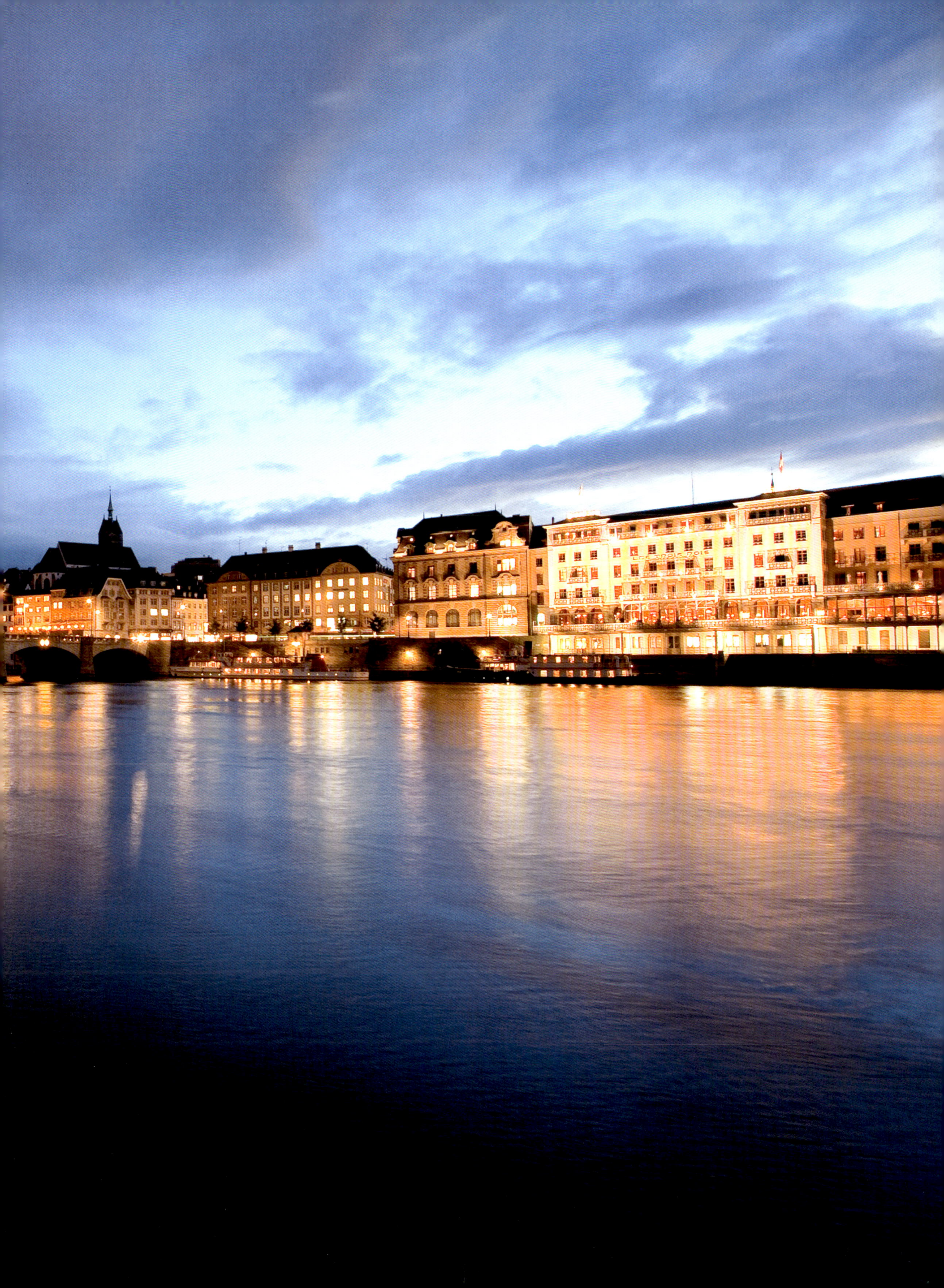

BESTES HANDWERK

Stein, Stoffe & Papier

■ Wer nach der einstigen Bedeutung des Basler Handwerks fahndet, wer die Geschichte der Metropole seit dem frühen Mittelalter erforscht, der stößt automatisch auf die Papiertradition des Ortes, wird mit der Bedeutung von Wasserkraft und jener der Mühlen konfrontiert. Und er kann, in der zum Museum umfunktionierten Basler Papiermühle, die Historie dieses Handwerks am lebendigen Objekt entdecken, ja, sogar selbst mitwirken bei der Papierherstellung.

Die Basler Papiermühlen waren zwar nicht die ersten, die im deutschsprachigen Raum in Betrieb genommen wurden, aber sie gehörten im späten Mittelalter zu den bedeutendsten. Keine zufällige Entwicklung: Schließlich waren die Voraussetzungen günstig im St. Alban-Tal, wo bereits ab dem 12. Jahrhundert zahlreiche Mühlen angelegt wurden, wo ein mehrfach ausgebauter Kanal – der St. Alban-Teich – die optimale Nutzung der Wasserkraft erlaubte. Handelte es sich zunächst um Getreide- und Ölmühlen, die hier ihre Räder drehten, so wurden später viele zur Papierherstellung genutzt. Das erste Papier wurde in Basel 1433 hergestellt und trug dazu bei, eine Revolution in der damaligen Kultur und in der aufstrebenden Wissenschaft auszulösen. Anders als das lange zuvor gebräuchliche Pergament war Papier günstig zu haben und für weitere Kreise der Bevölkerung erschwinglich. Vom ersten geschöpften Papier bis zum Buchdruck mit beweglichen Lettern war es dann nur noch ein kleiner Schritt ...

Die Produktion des Rohmaterials nahm einen ungeahnten Aufschwung, zeitweise wurde rund ein Fünftel des gesamten Papiers, das im deutschsprachigen Raum genutzt wurde, in Basel hergestellt. Voraussetzung dafür war, außer dem Wasser, auch die Verfügbarkeit der Lumpen oder Hadern,

BESTES HANDWERK

des Grundmaterials der Papiermühlen. Sie wurden von den Lumpensammlern über viele Kilometer hinweg herantransportiert; die städtische Infrastruktur erleichterte diese Tätigkeit ungemein.

Heute wird Papier zwar nicht mehr aus gebrauchten Kleidern, sondern aus Zellulose gewonnen, und die Industrie hat die historischen Mühlen längst abgelöst. Doch noch bis zum Anfang des 20. Jahrhunderts wurde in der St. Alban-Vorstadt ernsthaft Papier hergestellt, und selbst heute noch arbeitet das Schweizerische Museum für Papier, Schrift und Druck zu Schauzwecken nach den alten Methoden: Besucher können sich persönlich von den historischen Traditionen überzeugen, dürfen sogar selbst Hand anlegen bei einem uralten Handwerk und anschließend vielleicht einen Spaziergang entlang des St. Alban-Teiches unternehmen. Dessen Wasserkraft wird im Zeitalter der Elektrizität zwar nicht mehr gebraucht, doch es lässt in diesem Naherholungsgebiet der Basler noch immer gut nachvollziehen, welche Bedeutung der Wasserlauf einst hatte ...

Eng mit der Papierherstellung verbunden sind das Buchdruckerhandwerk und jenes der Schreiber oder der Buchbinder: Auch in diesen Bereichen sind die alten Methoden zwar teilweise von industriellen Techniken zurückgedrängt worden, konnten sich aber hin und wieder behaupten. Da und dort finden sich, oft in historischen, denkmalgeschützten Gebäuden, noch kleine Manufakturen, die wie aus einer anderen Zeit zu stammen scheinen, die mit Hingabe und viel Zeit alte Bücher binden und Kunstdrucke herstellen, die auf traditionelle Art und Weise Einladungskarten per Hand malen oder Menükarten so aufwendig gestalten, dass die dazugehörigen

BESTES HANDWERK

Speisen fast zur Nebensache geraten. Noch älter als das Handwerk der Papierherstellung und des Buchbindens ist allerdings der Beruf der Steinmetze. Bereits in der Antike wurde prinzipiell so gearbeitet, wie dies heute noch in Basel und Umgebung der Fall ist. Auch wenn inzwischen Computerprogramme bei der Ausmessung der Steine helfen, müssen die Mitglieder des Nordwestschweizerischen Steinmetzverbandes immer wieder von Hand ran, wenn es um den Zuschnitt von Fassadensteinen oder die Gestaltung von Grabsteinen geht. Zusammen mit den Steinbildhauern, die eher frei und künstlerisch arbeiten, haben die Steinmetze aus diesem Teil der Schweiz schon allerlei Gemeinschaftsprojekte und Ausstellungen ins Leben gerufen – um ein traditionsreiches Handwerk zu bewahren und es in der breiten Öffentlichkeit populär zu machen. Die Künste der Steinmetze lassen sich nicht nur im Stadtbild von Basel, sondern auch in vielen kleinen Orten des Kantons Basel-Landschaft und Südbadens bewundern, sie sind eng verbunden mit der Geschichte der Region und zeugen von der Bedeutung, die Basel schon im frühen Mittelalter besaß. Schließlich war der Ort bereits im 7. Jahrhundert Sitz eines Bischofs, konnte sich ab dem frühen 12. Jahrhundert einer eigenen Stadtmauer rühmen. Etwa im Jahr 1225 wurde dann die erste Rheinbrücke gebaut: Auch diese Leistung wäre ohne das Handwerk im Allgemeinen und die Kunst der Steinmetze im Besonderen unmöglich gewesen!

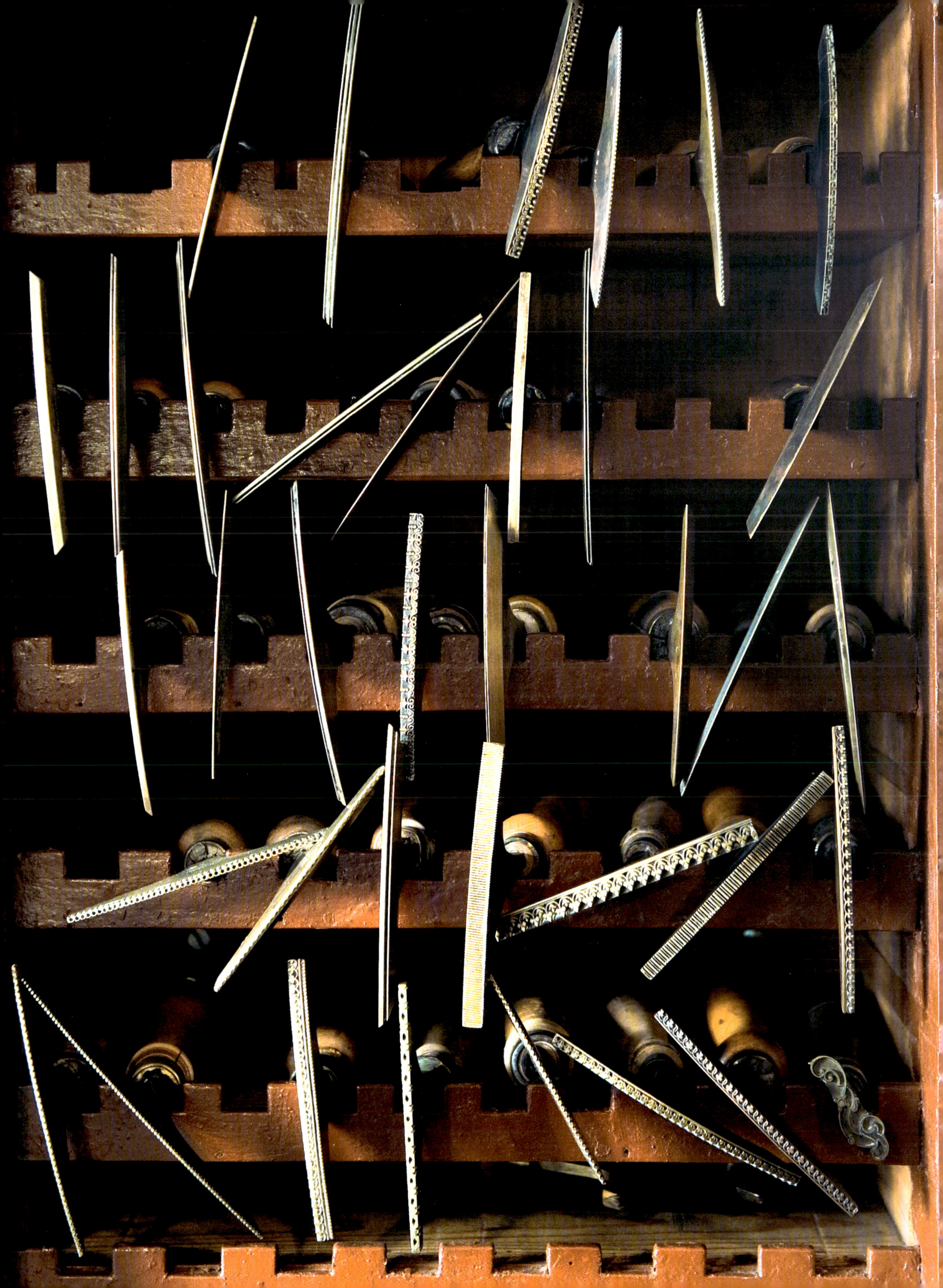

BESTES HANDWERK
Steinmetzverband Nordwestschweiz

Junger Verband – alte Tradition

Steinmetzverband Nordwestschweiz

Hauptstrasse 113
CH-4102 Binningen

Telefon 00 41 (0) 61 / 7 61 44 16

www.steinmetzverband.ch
www.bildhauerverband.ch

An der Ausstellung 47° Nord 7° Ost zeigte sich beispielhaft, wie dynamisch der junge Verband der nordwestschweizerischen Steinmetze zu agieren versteht. Steinmetze und Steinbildhauerinnen stellten in der Ruine Dorneck ihre größtenteils extra für diesen Ort geschaffenen Kunstwerke vor, präsentierten Skulpturen und Installationen, begeisterten das staunende Publikum. Es war nicht die einzige Gemeinschaftsaktion des im Jahr 2006 gegründeten Nordwestschweizerischen Steinmetzverbandes: So wurde die Reigoldswiler Bütschenbrücke, eine zwischen 1771 und 1780 erbaute Natursteinbrücke, in Teamarbeit aufwendig restauriert. In wechselnder Besetzung, aber mit vereinten Kräften gingen die Steinmetze ans Wochen verschlingende Werk, trugen die Erdschicht der alten Brücke ab, ersetzten fehlende oder zerrissene Steine und erneuerten den Belag – stets in enger Absprache mit den Experten der Denkmalpflege. Ein naher Steinbruch lieferte die rohen Blöcke, die an Ort und Stelle zugehauen wurden.

Freie Skulpturen hier und Steinbearbeitung nach Maß und Plan dort – die beiden Projekte beweisen, wie vielschichtig das Steinmetzhandwerk sein kann. Seit Jahrtausenden ist es hoch angesehen, bereits den alten Ägyptern galten die Steinmetze als eines der wichtigsten Gewerke – und die fantastischen Bauleistungen des Mittelalters wären ohne die Kunst der Steinbearbeitung undenkbar. Der Verband und seine Mitglieder wollen diese Tradition bewahren und die Öffentlichkeit sensibilisieren. Auch die Unterschiede zwischen Steinmetzen und Steinbildhauern sollen nicht unerwähnt bleiben: Während die Steinmetze vor allem nach Maß arbeiten, mithilfe von Schablonen Profile hauen und Fassaden erneuern, Steine gravieren und Schriften

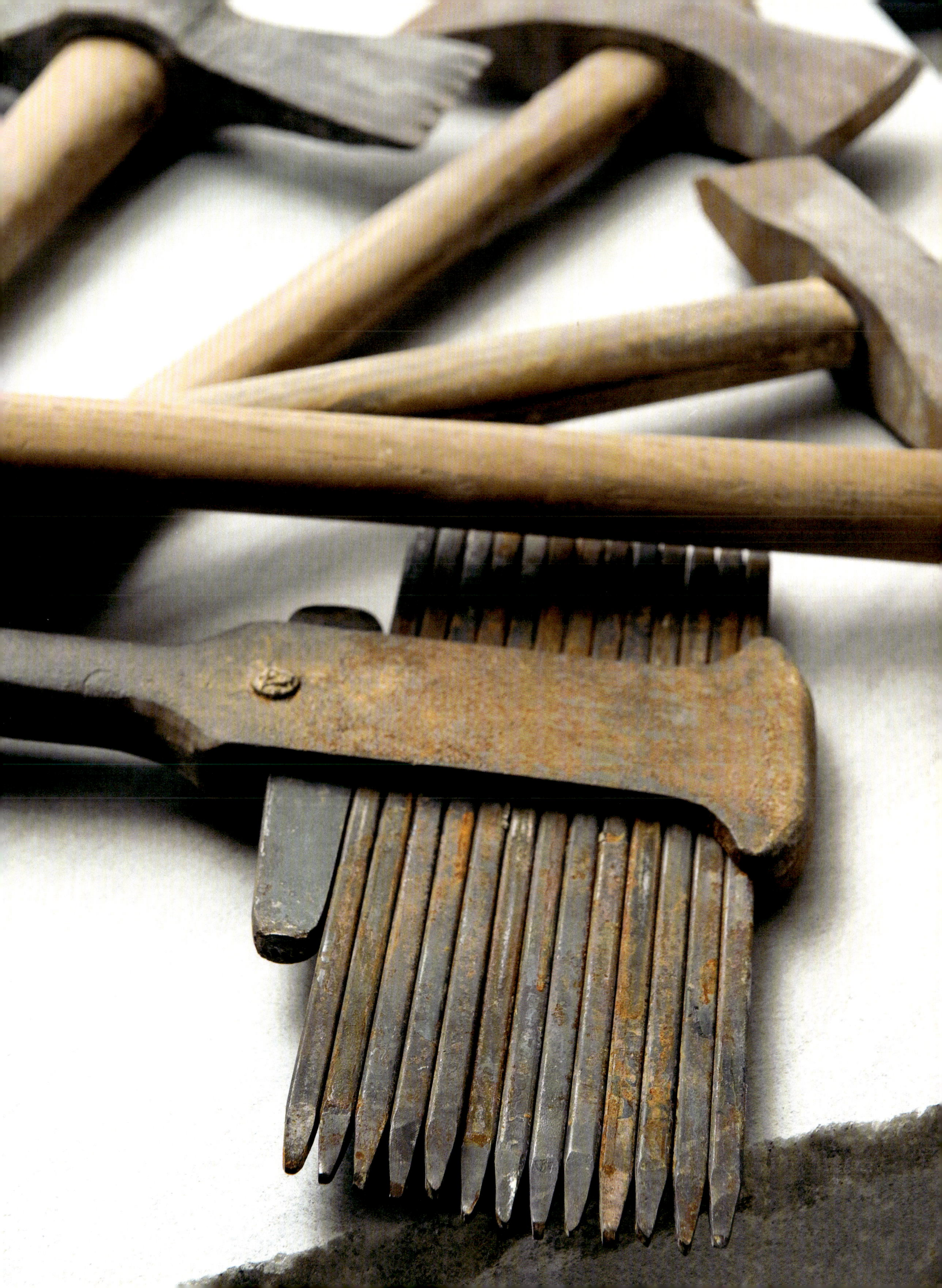

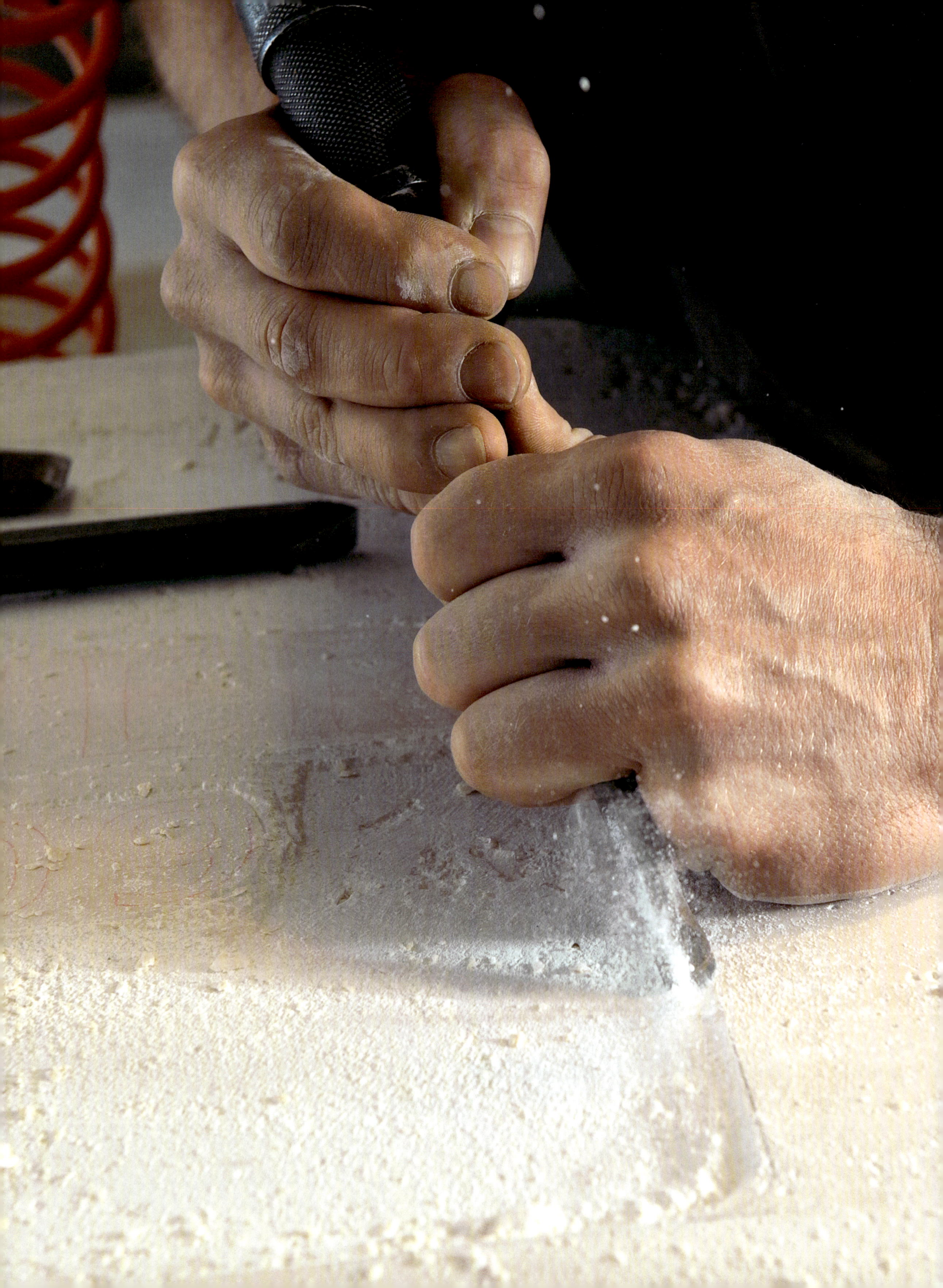

BESTES HANDWERK
Steinmetzverband Nordwestschweiz

gestalten, haben die Steinbildhauer einen anderen Ansatz. Für sie steht die künstlerische Gestaltung im Vordergrund, sie arbeiten frei an figürlichen Darstellungen oder abstrakten Formen, entwerfen Grab- und Gedenksteine, kreieren Modelle oft zunächst in Ton oder Gips, bevor diese in den verschiedenen Steinarten umgesetzt werden. Die beiden Berufsfelder ergänzen sich übrigens ausgezeichnet, elektronische Bildbearbeitung hat hier wie dort Einzug gehalten, und die Zusammenarbeit der Spezialisten ist eng. Seit der Verbandsgründung ist sie sogar enger als je zuvor. Die beiden Teilbereiche arbeiten nun bei der Restaurierung profaner und sakraler Gebäude Hand in Hand, sie sind gemeinsam beim Bau und der Erneuerung von Brücken und Brunnen oder bei der Restaurierung von Denkmälern tätig – und sie widmen sich der Lehrlingsausbildung. Der Nachwuchs kann, weil sich die Mitglieder des Steinmetzverbandes kennen und austauschen, für einige Zeit von einem Betrieb zum nächsten wechseln. Vier Jahre dauert die Ausbildung zur Steinmetzin oder zum Steinbildhauer, überbetriebliche Kurse ergänzen die praktische Schulung in den Werkstätten …

… wo übrigens kein Tag dem anderen gleicht und kein Auftrag identisch ist mit jenem des Vortages. Ganz unterschiedliche Arbeitsbedingungen, neue Projekte, traditionelle Grabsteine oder moderne Skulpturen, marmorne Designobjekte oder die Gestaltung exklusiver Lavabos: Kaum ein anderes Handwerk ist so abwechslungsreich und so vielfältig, dermaßen faszinierend und anspruchsvoll. Und damit nicht nur die Lehrlinge, sondern auch alle anderen Interessierten Einblicke in den Steinmetzberuf erhalten, werden Wanderausstellungen oder Events unter dem Motto „Kinder hauen Steine" veranstaltet. Schon in den ersten Jahren ihrer Existenz haben die Steinmetze aus der Nordwestschweiz bewiesen, wie kreativ sie sind. Und wer sich selbst ein Bild machen will, kann ja einfach mal die alte, inzwischen in neuem Glanz erstrahlende Bütschenbrücke überqueren – oder das restaurierte Basler St. Jakobsdenkmal bewundern. Was die Nordwestschweizer Steinmetze können und leisten, bleibt zum Glück nicht verborgen!

BESTES HANDWERK
Basler Papiermühle

Basler Papiermühle
Schweizerisches Museum für Papier,
Schrift und Druck

St. Alban-Tal 37
CH-4052 Basel

Telefon 00 41 (0) 61 / 2 25 90 90

www.papiermuseum.ch

Papierherstellung zum Anfassen

■ Man kennt das ja von den meisten Museen dieser Welt: Man bezahlt eine Gebühr, betritt die Ausstellung und geht dann von Objekt zu Objekt, kann sich eine Weile lang mit den an den Wänden hängenden Werken beschäftigen. Eine gewiss interessante, aber manchmal auch langweilige Angelegenheit, die so manchen Museumsbesucher abschreckt. Bei der Basler Papiermühle, einer der wichtigsten kulturellen Sehenswürdigkeiten der Stadt, ist das anders: Der Neugierige wird mit eingebunden in die Kunst der Papierherstellung, in den Druck und das Binden von Büchern, wird für ein, zwei Stunden entführt in einen wichtigen Teil der Basler Geschichte. Das Museum zum Anfassen zeigt, wie die Handwerker des Mittelalters arbeiteten, wie sie aus der nassen Zellulosemasse Blätter schöpften, sie pressten und trockneten, wie das einst teure Schreib- und Druckpapier, wie ganze Bücher und Karten hergestellt wurden. Die jährlich rund 33 000 Besucher erleben also kein statisches Museum, sondern eine lebendige Ausstellung, wo alte handwerkliche Techniken der sogenannten weißen (Papierherstellung) und schwarzen (Druck) Kunst im Detail beobachtet werden können. Entstanden ist das Museum aus der Schweizerischen Papierhistorischen Sammlung, die von 1954–1979 dem Basler Museum für Völkerkunde angeschlossen war, und aus der von Eduard Hoffmann-Feer aufgebauten Stiftung, welche die historischen Schätze der Haas'schen Schriftgießerei umfasst. Das Museumserlebnis in der Basler Papiermühle beginnt allerdings schon vor dem Eintreten. Die ganze Umgebung, am Rande der alten Basler Stadtmauer, hat bereits musealen Charakter und zeigt eindringlich, wie hier über Jahrhunderte hinweg gearbeitet wurde. Der St.-Alban-Teich, angelegt im 12. Jahrhundert und später mehrfach erweitert, versorgte noch bis ins 19. Jahrhundert hinein die Papier- und Getreidemühlen in diesem Teil der Stadt mit Wasser und Energie. Vor allem die Papierherstellung besaß über Jahrhunderte einen exzellenten Ruf und große Bedeutung: Im ausgehenden Mittelalter war das Basler Papier nachweislich in ganz Europa gefragt, der Export spielte eine wichtige Rolle. Nach der Elektrifizierung wurde die Kraft des Wassers dann überflüssig – lediglich das Schweizerische Museum für Papier, Schrift

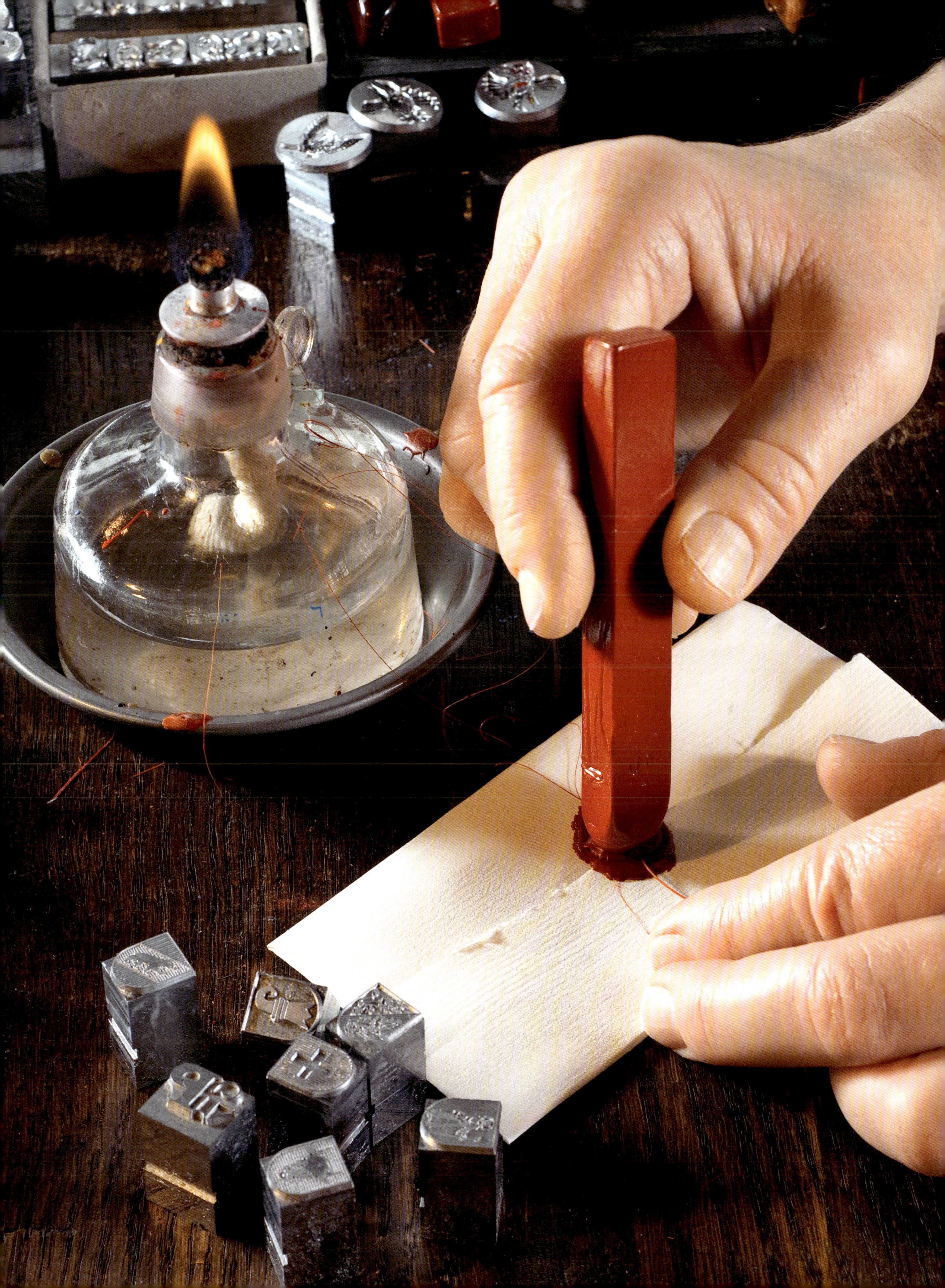

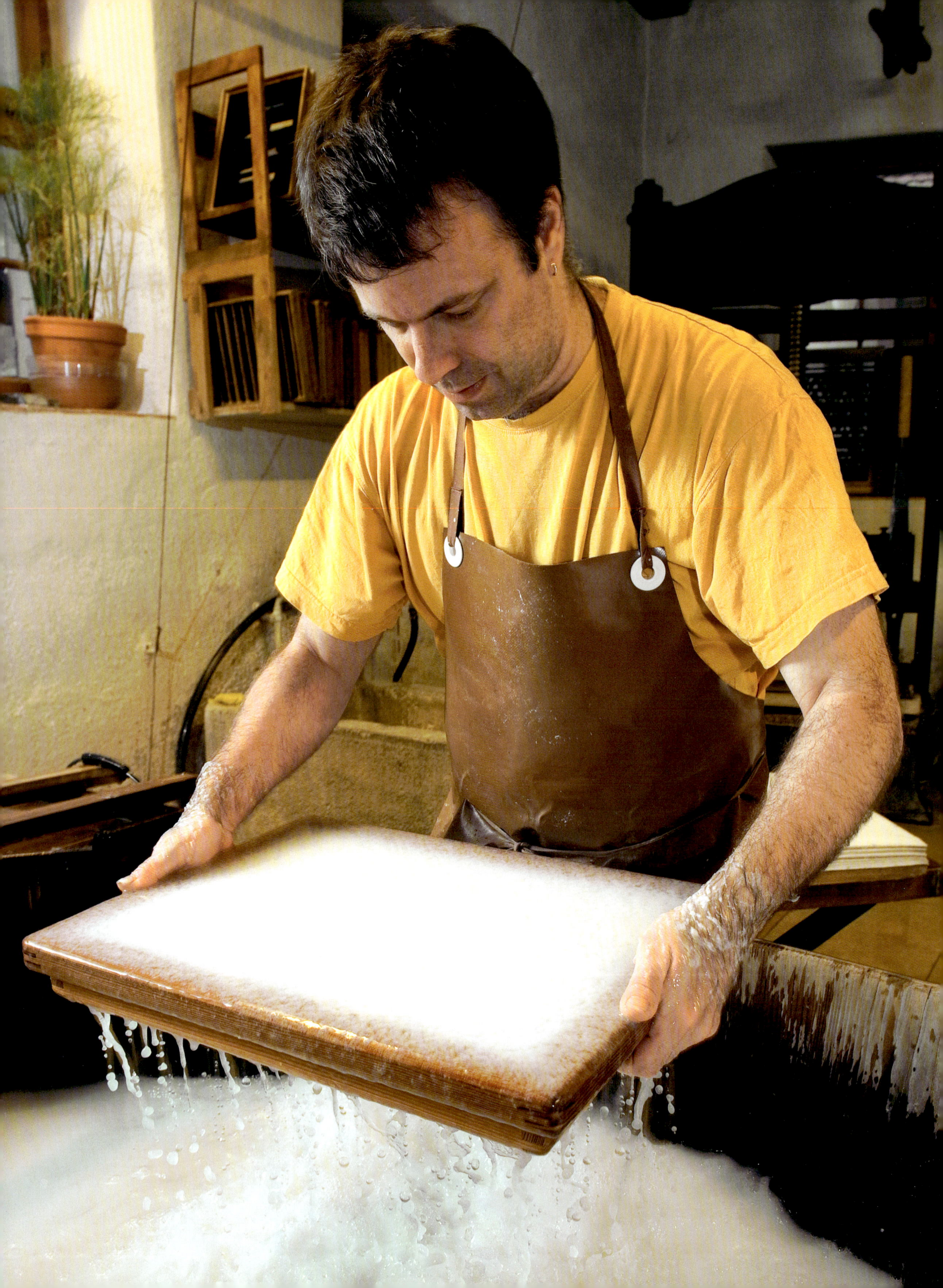

BESTES HANDWERK
Basler Papiermühle

und Druck, als Papiermuseum bekannt und in dieser Form einzigartig in Europa, arbeitet wie vor Jahrhunderten noch mit dem vom Wasser angetriebenen Rad. Einzigartig ist das Museum übrigens auch deshalb, weil hier nach wie vor nicht nur zu Schauzwecken, sondern professionell geschöpft wird, weil Papiere, Druckwerke oder Bücher für den eigenen Bedarf und für fremde Auftraggeber hergestellt werden.

Schon an der Kasse informieren die Mitarbeiter über die Besonderheiten des Tages und wo sich die Besucher aktiv beteiligen können. Wer öfter zum Schauen und Mitarbeiten kommt, erlebt alle Schritte der Papierherstellung, der Handsetzerei und des Drucks mit. „Wenn das erweiterte Museum im Jahr 2011 in Betrieb genommen wird, sind noch mehr Aktivstationen vorhanden", freut sich Direktor Stephan Schneider, „und das Museum wird nebst der verbesserten Besucherführung inhaltlich und gestalterisch klarer gegliedert sein". Als geschützte Werkstatt bietet das Museum auch eine Vielzahl an Arbeitsplätzen für Menschen mit Behinderungen in allen Bereichen an. Für sein Gesamtengagement wurde der Basler Papiermühle bereits 1993 die Auszeichnung „European Museum of the Year Special Commendation" verliehen. Und wem der ein- oder mehrmalige Besuch der Mühle und des angeschlossenen Museumscafés nicht genügt, der kann sich fortbilden lassen. Kurse in Papierherstellung und in der Kunst des Druckens werden angeboten, und die Zusammenarbeit mit der Basler Universität hat lange Tradition und wird in Zukunft noch weiter ausgebaut werden. Das Museum hat sich viel vorgenommen für die kommenden Jahrhunderte …

BESTES HANDWERK
Inneneinrichtungen Thomas Kreienbühl

Gesamtkonzepte fürs Wohnen

Inneneinrichtungen Thomas Kreienbühl

St. Alban-Vorstadt 62
CH-4052 Basel

Telefon 00 41 (0) 61 / 2 72 29 88

www.inneneinrichtungen-kreienbuehl.ch

Thomas Kreienbühl nimmt sich aus Prinzip Zeit für seine Kunden – viel Zeit. Nicht selten vereinbaren die Neugierigen einen Termin, lassen sich eine halbe Stunde oder länger beraten, studieren Musterkataloge und schauen sich ausführlich im Showroom in der Basler St. Alban-Vorstadt um. „Ich arbeite vorwiegend für Privatkunden", erläutert der Wohnexperte, der sich seit vielen Jahren um sämtliche Aspekte der Inneneinrichtung kümmert. Vorsichtig präpariert er alte Sessel mit neuen Stoffen, drapiert Vorhänge oder sorgt für ausgefallene Wandbespannungen. Die Wünsche der Kunden unterscheiden sich, kein Auftrag gleicht je dem anderen. Mal geht es um Kissenbezüge oder Hussen, ein anderes Mal ist eine komplette Schlafzimmereinrichtung gefragt – und dann wieder erstellt Thomas Kreienbühl Gesamtkonzepte für Basler Altstadtwohnungen oder moderne Lofts im Umland. Die passenden Möbel und Accessoires sucht Thomas Kreienbühl auf Wunsch in der ganzen Schweiz oder im benachbarten Ausland zusammen, bereits vorhandene Sessel oder Sofas werden nach Bedarf in der eigenen Werkstatt aufgefrischt, restauriert und neu gepolstert.

Ja, und dann wäre da noch die künstlerische Seite des Thomas Kreienbühl. In einem zweiten Geschäft, das sich praktischerweise gleich neben dem ersten befindet, zeigt er neue Trends, farbige Wohnkreationen und ausgewählte Kunstwerke. Die eher klassischen Stoffe und Konzepte rechts und die deutlich moderneren links konkurrieren allerdings nicht etwa, sondern ergänzen sich. Und wenn jemand nicht genau wissen sollte, für welche Gelegenheiten er welche Tapete, welchen Vorhang und welchen Polsterstoff denn nun benötigt und wie sich bewährte Streifenmuster mit ausgefallenen Lederbespannungen kombinieren lassen – da hat der Inhaber des Einrichtungsgeschäfts in der St. Alban-Vorstadt bestimmt auch noch jede Menge Ideen auf Lager.

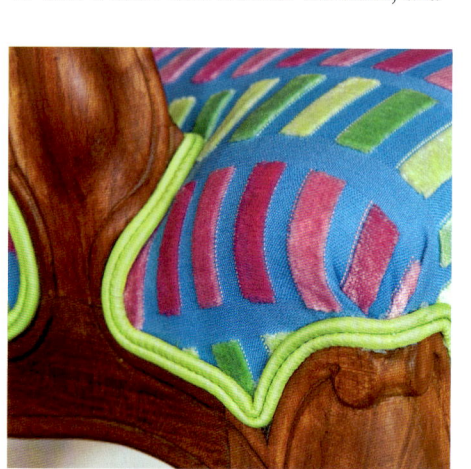

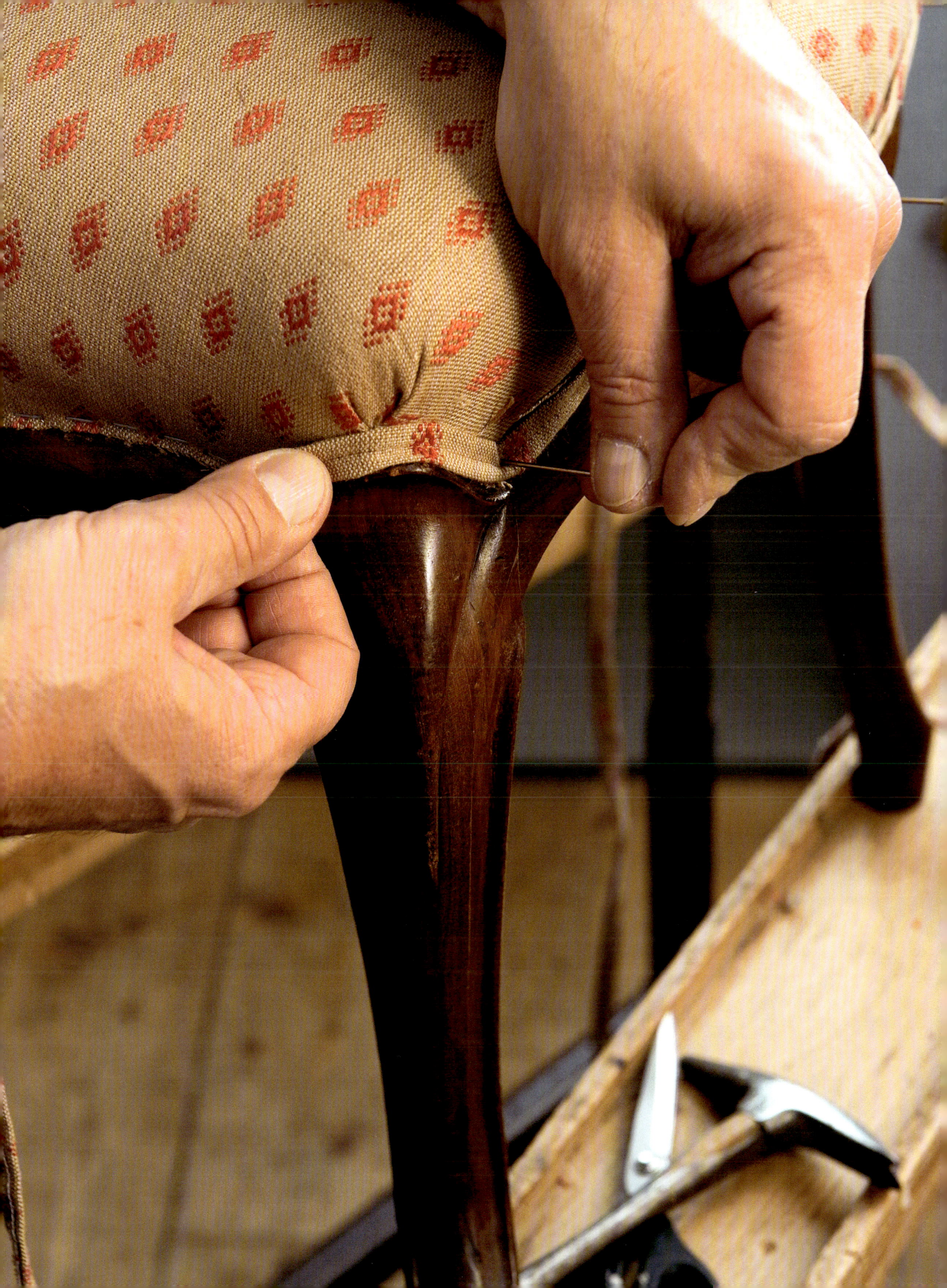

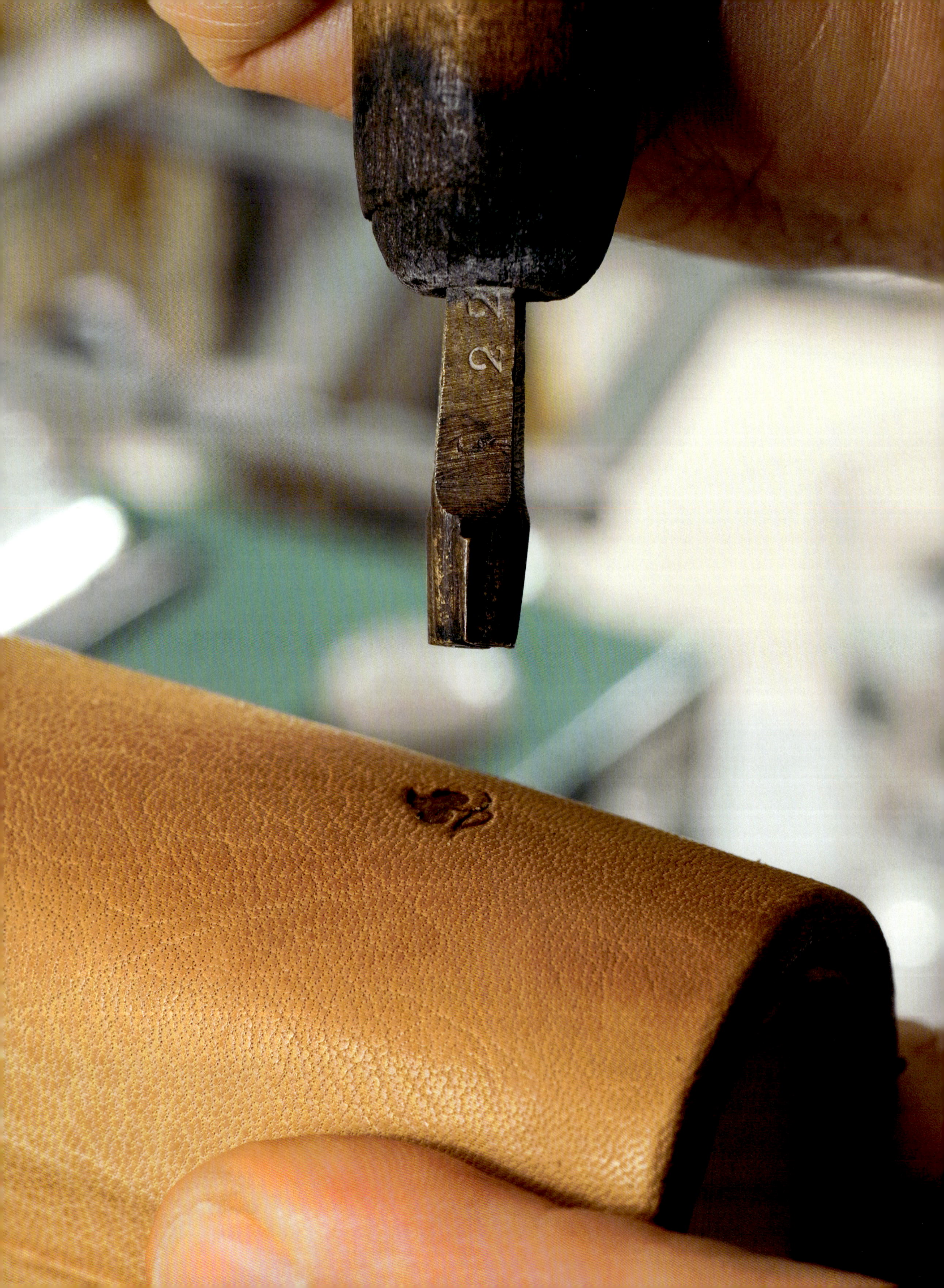
22

HANDWERK
Buchwerkstatt Maria Henssler

Projekte für das Buch

Von Hörbüchern hat wohl jeder eine genaue Vorstellung. Es handele sich, so denkt man allgemein, um CDs, auf denen Schauspieler ein Buch vorlesen. Doch die Hörbücher, die Maria Henssler im Sinn hat, sollen ganz anders aussehen. „Wir planen ein Buch, das die Sinne anregen soll", erzählt die Inhaberin der Buchwerkstatt. Noch ist dieses ganz besondere Hörbuch in der Projektphase, bislang weder gedruckt noch gebunden, aber ein gutes Beispiel dafür, wie sich ein traditionelles Handwerk neu erfinden kann. Schliesslich muss die klassische Buchbinderei in Zeiten digitaler Medien ihre Position neu bestimmen, muss die immer mehr von Bildschirm und Festplatten beeinflussten Leser mit handwerklichen Fertigkeiten und besonderen Materialien begeistern.

Die Begeisterung beginnt in der St. Alban-Vorstadt bereits draußen auf der Straße. Die kleine Altstadt-Werkstatt von Maria Henssler ist nicht hinter dicken Mauern verborgen, sondern offen und dank breiter Fensterfronten für jeden einsehbar. „Die Leute bleiben schon mal stehen und überlegen, was genau wir tun", lacht Maria Henssler, deren Mann Peter auch einen modernen Postpress- und Pressfinishingbetrieb im Stadtteil Kleinhüningen leitet. Hier allerdings, in einer der historischsten Gegenden Basels, geht es um Einzelanfertigungen und kleine Serien, um die Herstellung von Präsentationsmappen oder die Veredelung alter Familienbücher mit feinstem Kalbsleder, Goldprägung und andere Finessen des Handwerks. Die Beziehungen zur Basler Papiermühle sind eng, Kontakte zu Museen, Bibliotheken und Galerien bestehen seit vielen Jahren. Schliesslich erstellen die Hensslers nicht nur neue Einbände, sondern setzen auch alte Bücher instand, erneuern die Heftungen, bessern die Vergoldungen der Buchstaben aus und sorgen dafür, dass die Literatur der Vergangenheit auch übermorgen noch zugänglich sein wird.

Buchwerkstatt Maria Henssler

St. Alban-Vorstadt 52
CH-4052 Basel

Telefon 00 41 (0) 61 / 2 71 47 62
Mobil   00 41 (0) 79 / 5 41 32 39

29

BESTES HANDWERK
Scriptorium am Rheinsprung

Schreibkunst

Scriptorium am Rheinsprung
Margarethe Denk und Andreas Schenk

Rheinsprung 2
CH-4051 Basel

Telefon 0041 (0) 61 / 2 61 39 00

www.kalligraphie.com

■ Am Rheinsprung ließen sich schon im Mittelalter gern Handwerker nieder. Der Marktplatz ist nah, über die benachbarte Rheinbrücke lief der Verkehr. Eine günstige Position für Schneider und Schuhmacher, für einen Kielmesser-Schmied (welcher dem Haus Nr. 2 einst den Namen Meister Sonnenfros Hus bescherte) und nun für ein Scriptorium. Auf 14 Quadratmetern arbeiten seit 1983 Andreas Schenk und Margarethe Denk nach Prinzipien, die sich seit dem Mittelalter kaum geändert haben. Geändert hat sich nur die Welt jenseits der Schreibstube: Schrift-Kunsthandwerker mit eigener Werkstatt gibt es heute kaum noch, fast niemand widmet sich mehr hauptberuflich der Anfertigung von Tischkarten und Einladungen, von Stammbäumen und Logos.

Die Einzelstellung des Unternehmens hat Vor- und Nachteile. Als Andreas Schenk seine Tätigkeit begann, galten kostbare Federn, für die Erstellung feinster Schriften unverzichtbar, als knapp. „Ich habe damals viele gekauft, weil ich Angst hatte, dass es diese Materialien später nicht mehr geben würde", sagt der Schriftmeister. Damals waren Kugelschreiber gerade in Mode gekommen, mit dem Federhalter schrieb kaum mehr einer. Dabei sind die Unterschiede zwischen den beiden Schreibwerkzeugen riesig. „Ein Federhalter ist wie ein frisch geschliffener Schlittschuh auf dem Eis", vergleicht der Chef, „bei einem Kugelschreiber fühlt man sich wie mit um die Füße gebundenen Plastiksäcken". Mehr als 3 500 Federn hat Andreas Schenk für den eigenen oder fremden Bedarf heute auf Lager, verkauft aber auch selbst hergestellte Tinten, gibt Ratschläge bei Restaurierungen und schreibt die schönsten Menükarten und Hochzeitseinladungen, die man sich vorstellen kann, auf Wunsch mit Veilchen- oder Zaubertinte, auf Büttenpapier oder Pergament. Und er gibt sein Wissen in Schreibkursen weiter. Nur eines schafft Andreas Schenk nicht: jedem die Ruhe zu vermitteln, die man für das künstlerische Schreiben benötigt!

ANTIQU

Weinberge im Markgräflerland

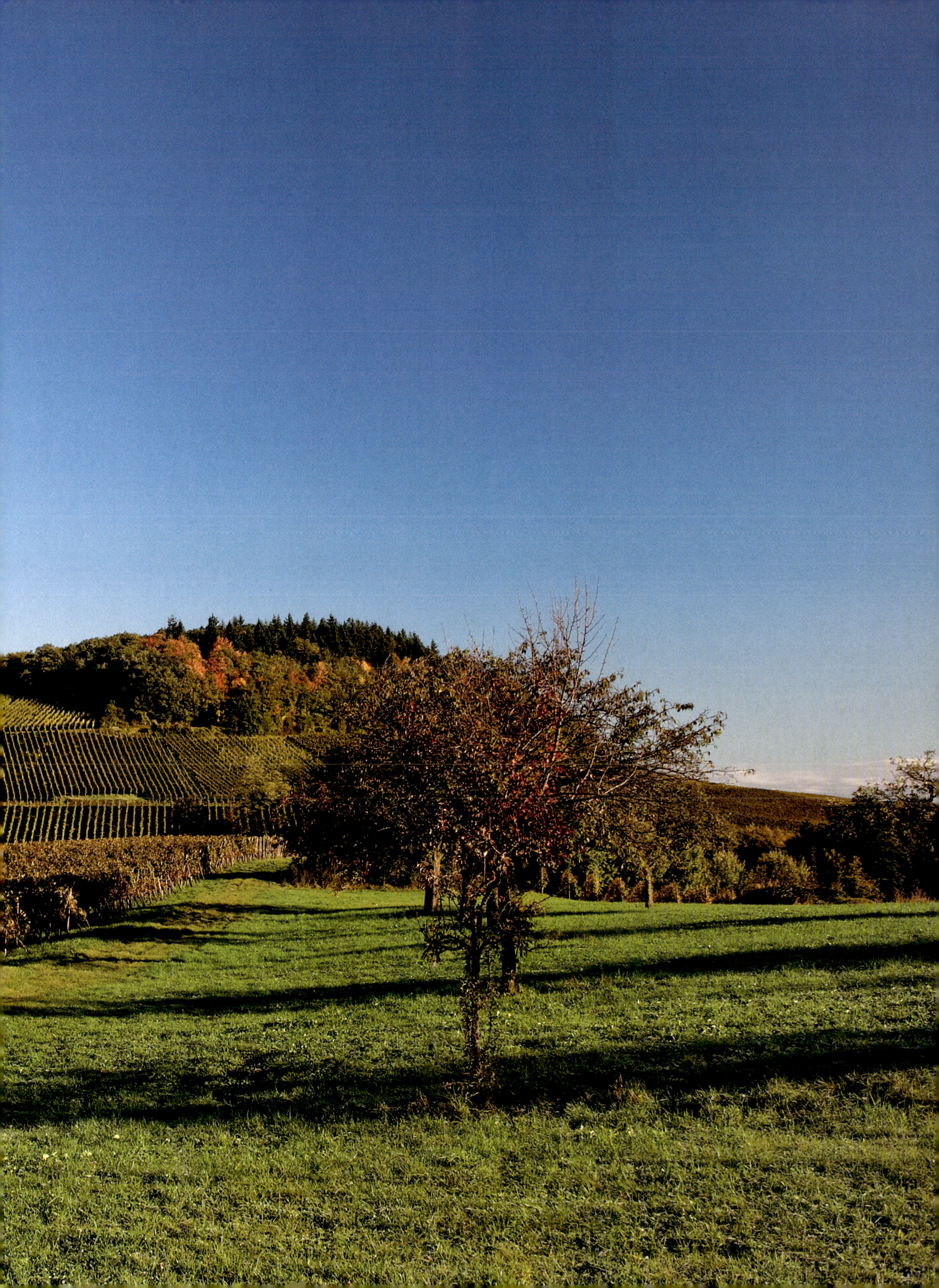

B & K WAND ART

BESTES HANDWERK
B & K Wandart

Verputzt und zugewischt

Gips ist nur für den Laien gleich Gips, und der eine Putz sieht lediglich auf den ersten Blick aus wie der andere. In Wirklichkeit und für den Fachmann gibt es zahlreiche Unterschiede und viele Möglichkeiten, was man aus dem Material Gips, aus Mineralputzen und Stuck machen kann. Damit sich die Kunden über die Vielfalt des Stoffes klar werden, haben Axel Briechle und Jörg Kurztusch in Münchenstein einen Ausstellungsraum eingerichtet, führen hier anschaulich vor, dass Hausfassaden nicht einfach nur glatt und langweilig aussehen müssen, sondern abwechslungsreich und individuell. Solch eindrucksvolle Ergebnisse werden mittels zahlreicher dekorativer Spezialputze und mit viel Erfahrung erreicht. Mehrmaliges Überspachteln und die Verwendung unterschiedlicher Farben führen beispielsweise zu überraschenden Wischeffekten.

Axel Briechle und Jörg Kurztusch kennen sich auch bei alten italienischen Putz-Methoden aus, verwenden mit Sgrafitto und Coccio pesto sogar Techniken, die bereits in der Antike bekannt waren. Auf diese Weise entstehen Außen- und Innenwände, die mit herkömmlichen Anstrichen nichts mehr zu tun haben. Zu den Aufgaben von B & K Wandart gehört allerdings auch die Renovierung und Dämmung von Fassaden, sei es bei modernen Bauten oder alten Häusern, die teilweise sogar unter Denkmalschutz stehen und für deren Instandsetzung besondere Kenntnisse und Sorgfalt notwendig sind: Mit großem Aufwand wurde auf diese Weise etwa das Basler Hotel Drei Könige renoviert. Und wenn es nicht um Denkmäler geht, sondern um abgehängte Gipsdecken für neue Zweckbauten, ist die Münchensteiner Firma ebenfalls der richtige Ansprechpartner. Der Werkstoff Holz ist zwar nicht unbedingt die Spezialität des Unternehmens, doch die Zusammenarbeit mit der Schreinerei Stolz, die sich auf dem gleichen Areal in Münchenstein befindet, hat sich über Jahre hinweg bewährt.

B & K Wandart

Tramstrasse 66
CH-4142 Münchenstein

Telefon 00 41 (0) 61 / 3 31 91 00
Telefax 00 41 (0) 61 / 3 31 91 01

www.wandart.ch

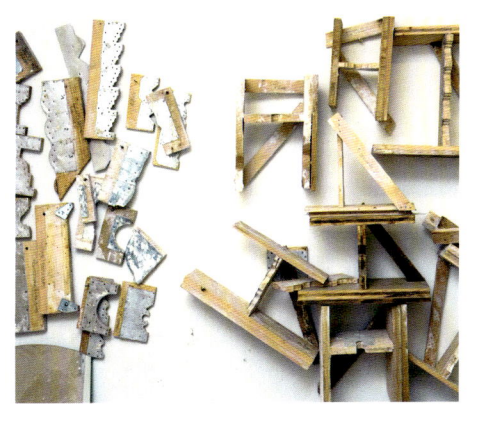

BESTES HANDWERK
Töpferei und Keramikschule Mathies Schwarze

Keramik, mein Leben

**Töpferei und Keramikschule
Mathies Schwarze**

Mitteldorfstrasse 99
CH-5072 Oeschgen

Telefon 00 41 (0) 62 / 8 71 66 80
Telefax 00 41 (0) 62 / 8 71 66 83

www.keramikschule.ch
www.mathies-schwarze.com

Mathies Schwarze feiert im Jahr 2010 sein 50-jähriges Keramikerjubiläum! Die Anzahl seiner Lehrlinge und Schüler ist inzwischen kaum noch zu zählen. Ganze Generationen von Keramikbegeisterten haben sich in Meisterkursen anleiten und fortbilden lassen, und die Keramikschule in Oeschgen im Fricktal hat sich zu einem der Zentren des gebrannten Tons in der Schweiz entwickelt. Neben der Leitung der Keramikschule findet Mathies Schwarze immer wieder Zeit, seine unverkennbaren und den höchsten Ansprüchen genügenden Gefäßunikate herzustellen. Diese Arbeiten sind in zahlreichen Museen und Privatsammlungen im In- und Ausland oder auf Ausstellungen in der ganzen Welt zu sehen.

Mathies Schwarze wird 1944 in Krefeld als Sohn einer Keramikmeisterin und eines Kunstprofessors geboren. Nach einer Ausbildung an der Werkkunstschule in Krefeld bei Karlheinz Modigell folgen zwei Jahre als Geselle in der Töpferei Elfriede Balzar-Kopp. Anschließend studiert er an der Fachhochschule für Keramik in Höhr-Grenzhausen und wird zum Meisterschüler von Hubert Griemert. Nach einem zweijährigen Aufenthalt in der Robin Welch Pottery in England gründet der junge Keramikermeister eine eigene Werkstatt in Nümbrecht bei Köln und bildet rund 25 Lehrlinge aus. Sein Weg führt ihn dann nach Belgien, zurück nach Deutschland, nach Frankreich und in die Schweiz, wo er 1997 seine siebte eigene Werkstatt eröffnet! Die Keramikschule, die er seit 2002 leitet, ist die Fortsetzung des auf Weitervermittlung angelegten Lebenswerkes. „Mein Anliegen ist es, das Kunsthandwerk ernsthaft zu vermitteln", sagt er. Der Erfolg seiner besten Schüler mit eidgenössischem Lehrabschluss bestätigt seine hohen Ansprüche. Das seit acht Jahren im Mai stattfindende Keramikfestival in Oeschgen mit Keramikweg, Markt und Feldbrand lockt viele Besucher her und bietet einen erkenntnisreichen Einblick in ein faszinierendes, altes Kunsthandwerk.

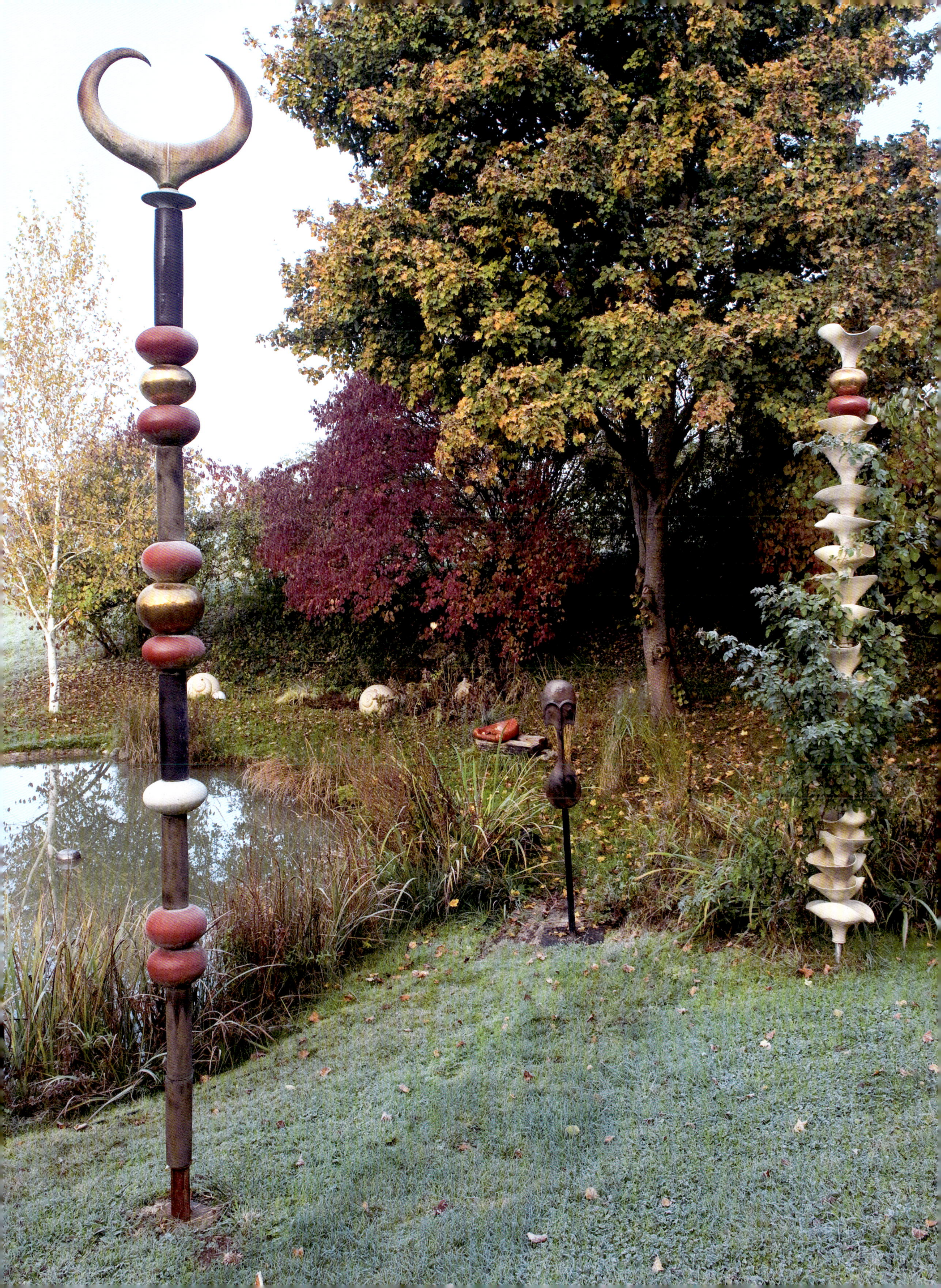

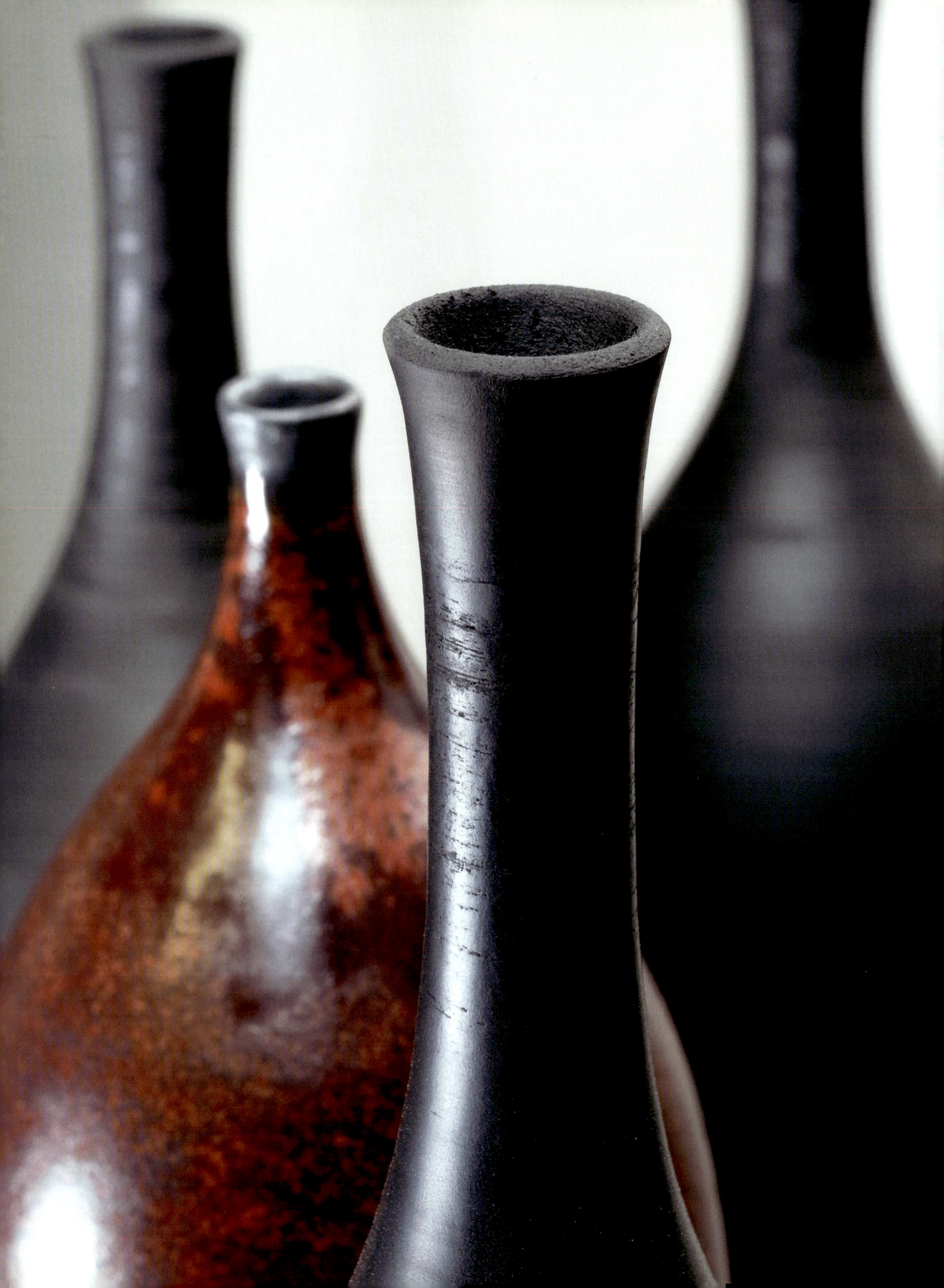

BESTES HANDWERK
Töpferei Spano

Kreativität und Technik

■ Das Drehen an der Töpferscheibe hat ein wenig mit Meditation – und viel mit Kreativität und der richtigen Technik zu tun. Was nach einigen Minuten oder Stunden des Drehens, Zentrierens und Ziehens aus einem simplen Klumpen Ton entsteht, begeistert nicht nur die Kunden der Töpferei Spano in Laufen, sondern auch die Inhaberin selbst. Sie sei von ihrer Arbeit fasziniert wie am ersten Tag, sagt Töpferin Andrea Spano – von der Wandlungsfähigkeit des Materials und den unzähligen Möglichkeiten, die sich mit jahrelanger Übung, mit Ideen und Fleiß ergeben. „Diese Faszination hat mich sofort gepackt, als vor 20 Jahren meine ersten Stücke entstanden. Und nie mehr losgelassen", erinnert sich die gebürtige Baslerin an die Anfänge ihrer Karriere. Nach der Ausbildung zur Töpferin besuchte Andrea Spano die Keramikschule Mathies Schwarze. Nebst ihrem Atelier eröffnete die passionierte Berufsfrau einen kleinen Laden in der Laufner Altstadt, der freitags und samstags geöffnet hat. Langweilig wird der jungen Frau auch nach vielen Jahren des Töpferns nie. „Es ist noch immer jedes Mal ein spannender Vorgang", erzählt Andrea Spano und meint sowohl das Formen der Gefäße auf der Töpferscheibe als auch den anschließenden langwierigen Prozess des Trocknens und Brennens, des Glasierens und des erneuten Brennens. Das Ergebnis unterscheidet sich oft nur in Nuancen von der Arbeit des Vortages, aber immer so viel, dass jede Schale, jede Vase individuell ist. „Man hat zu jedem einzelnen Stück eine spezielle Beziehung", sagt Andrea Spano, die mit Glasuren ebenso experimentiert wie mit schwarz gebrannten Stücken und die Gebrauchsgegenstände wie Teekannen und filigrane Tassen genauso begeistert herstellt wie abstrakte Kunstobjekte. So ist die schöpferische Leidenschaft der Kunsthandwerkerin in immer wieder neuen Formen sicht- und nutzbar – und jedes Mal einzigartig.

Töpferei Spano
Andrea Spano-Hueber

Vorstadtplatz 3
CH-4242 Laufen

Telefon 00 41 (0) 79 / 3 08 71 05

www.toepferei-spano.ch

BESTES HANDWERK
Industrie-Sattlerei CASTY

Leder mit Persönlichkeit

Industrie-Sattlerei CASTY

Mülhauserstrasse 150
CH-4056 Basel

Telefon 00 41 (0) 61 / 3 01 54 17

www.sattlereicasty.ch

Nichts ist Guido Casty und seinem Team wichtiger als die persönliche Beziehung zum Kunden. Eingeschickte Fotos von Sitzmöbeln, die neu beledert werden sollen, können beispielsweise aus Gründen des ehrlichen Handwerks nicht für eine Kostenschätzung herhalten; Ferndiagnosen erstellt der Experte aus Basel aus Prinzip keine. Persönlich geht es zu in der Sattlerei Casty, immer und ausnahmslos. „Wir schauen zusammen mit unserem Kunden, was wir tun können", erklärt der Sattler, der den Traditionsbetrieb in zweiter Generation führt. Durch seine langjährige Berufserfahrung weiß er genau, dass nicht jede teure und angesehene Luxustaschenmarke auch hochwertig verarbeitet wurde.

Für gewerbliche und private Kunden fertigt ein eingespieltes, erfahrenes Team all das, was man aus Rind-, Kalb- oder Ziegenleder, aus dem teuren Perlrochen- oder aus edlem Straußenleder machen kann. Im Falle der Sattlerei Casty stammen sämtliche Leder, die für die Arbeit Verwendung finden, aus der Schweiz oder dem benachbarten Ausland. Auch bei der Auswahl der Lieferanten legt Guido Casty Wert auf eine persönliche Beziehung, wählt sorgfältig die besten verfügbaren Rohstoffe aus. Die Verarbeitung erfolgt mit einer Präzision, die zur Herstellung feinster Qualitäten unabdingbar ist. „Ein Millimeter ist ein Millimeter", bekräftigt der Chef. Die Produktpalette ist riesig, umfasst Werkzeugtaschen, Gürtel, Aktenmappen, Rucksäcke, Schreibunterlagen sowie Polster und Bezüge. Nicht zu vergessen jene Tätigkeiten, die in die Abteilung Feintäschnerei fallen. In diesem fast vergessenen Handwerk werden Portemonnaies und Brieftaschen aus geschmeidigstem Leder und nach den Wünschen und Massen der Kunden hergestellt: in filigraner Handarbeit, wie sie in Zeiten der maschinell produzierten, aus Übersee importierten Massenlederwaren zu einer echten Rarität geworden ist.

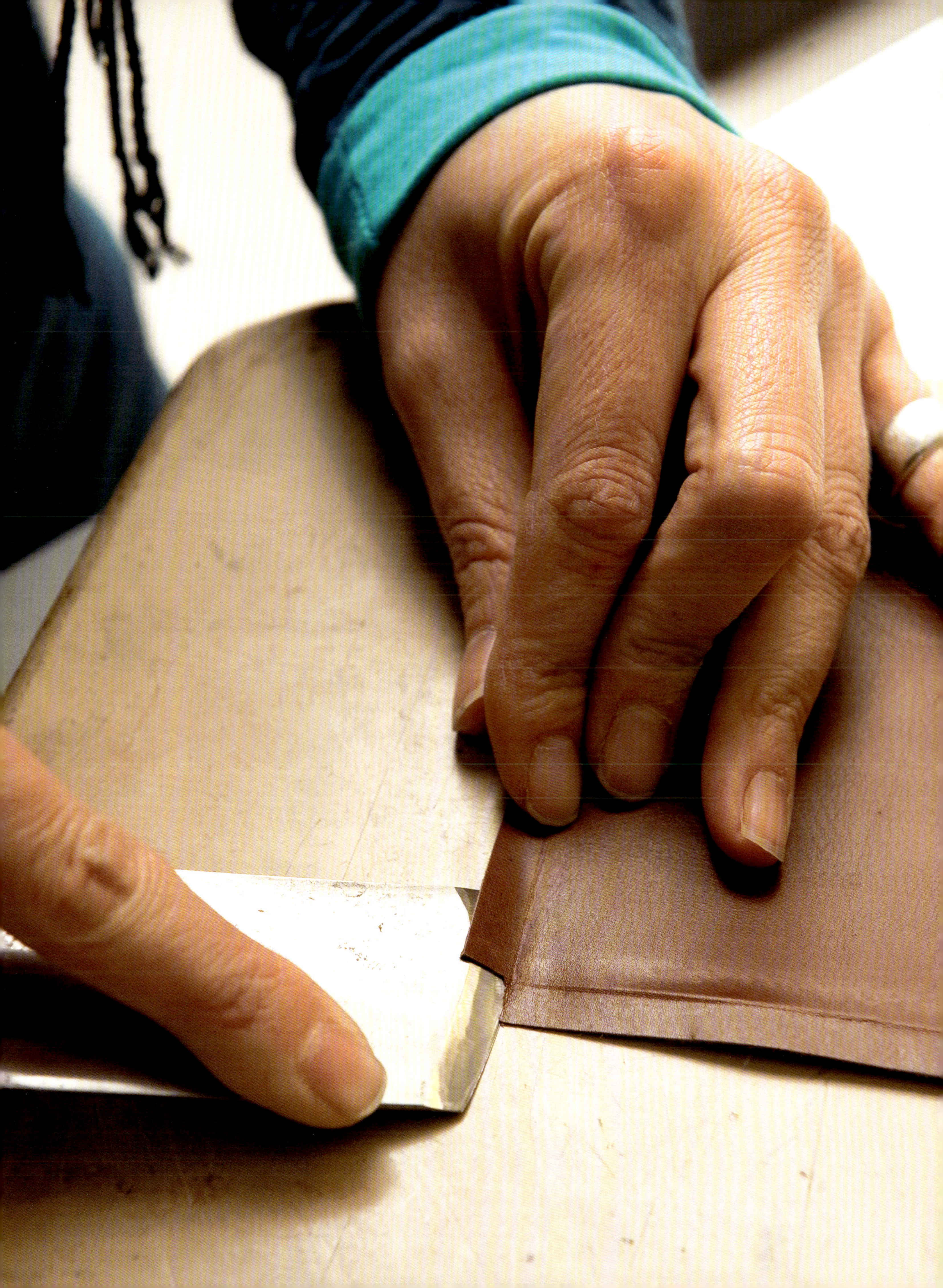

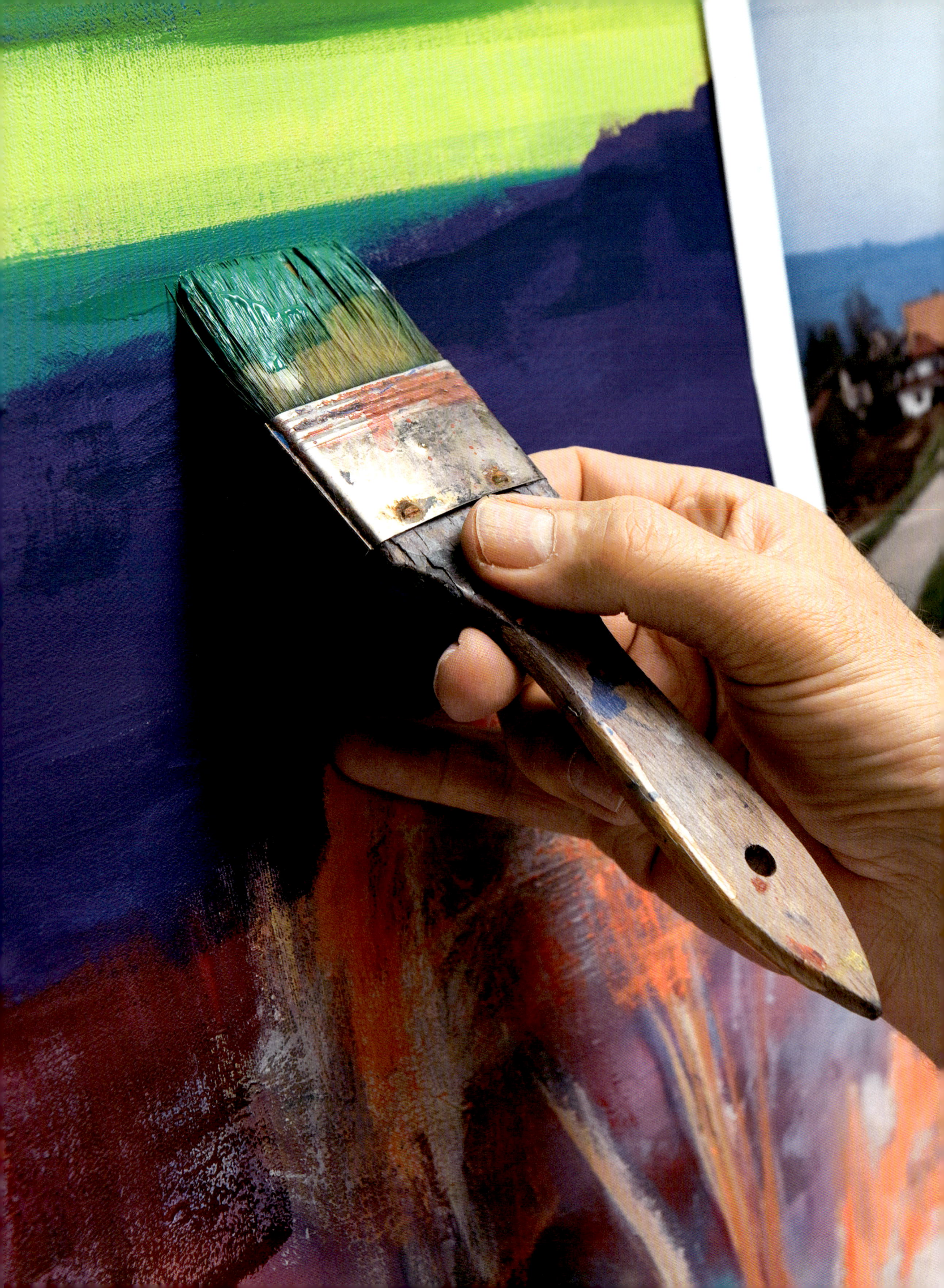

BESTES HANDWERK
KunstDruckWerkstatt Hanemann

Kunst im Dorf

Das kleine Dorf Ötlingen, ein Ortsteil von Weil am Rhein, hatte schon immer eine privilegierte Lage: Bis Basel sind es nur wenige Kilometer, und von den Höhen des Tüllinger Berges überblickt man nicht nur das Baselgebiet, sondern weite Teile des Elsass und des Markgräflerlandes. Gerhard Hanemann, der Inhaber der KunstDruckWerkstatt, hätte sich also keinen schöneren Platz für sein besonderes Handwerk aussuchen können – auch weil der komplette Ort unter Denkmalschutz steht, auch weil Ötlingen zum baden-württembergischen Kunstdorf Nr. 1 geworden ist. „Es leben immer noch viele Künstler im Dorf", sagt Gerhard Hanemann. Der Plan, auf welchem all die öffentlichen Foto-Arbeiten, die Holz- oder Steinskulpturen und die Wandmalereien Ötlingens aufgelistet sind, wurde natürlich auch von ihm gedruckt. Schließlich besitzt Gerhard Hanemann eine lange Erfahrung als Drucker, versteht sich auf die unterschiedlichen Druckverfahren und Papiere und weiß genau, wie er die Farben der Vorlage am besten erhalten kann. Limitierte Auflagen von Kunstdrucken werden in Ötlingen produziert, sowohl Linol- und Holzdruck (auf einer alten Buchdruckpresse) als auch Steindruck sind hier möglich. Weniger bekannt ist, dass sich neben der Druckerei auch eine auf zwei Ebenen angelegte Galerie samt Atelier befindet. Gerhard Hanemann ist nämlich nicht nur Handwerker, sondern auch Künstler, hat bereits als junger Mann gemalt, bevor er eine 30-jährige Schaffenspause einlegte. Inzwischen aber nutzt er jede freie Minute, um mit Acryl-, Öl- und Aquarellfarben zu malen, um unterschiedliche Techniken (von Air Brush bis zu Kunststoffcollagen) zu nutzen. Wer nur mal kommt, um einen Druckauftrag zu erteilen, wird im Nebengebäude erstaunt in einem kleinen Museum stehen – und spätestens in diesem Moment feststellen, dass Ötlingens Ruf als kleine Kunstmetropole im Markgräflerland zu Recht besteht.

KunstDruckWerkstatt Hanemann
Gerhard Hanemann

Dorfstraße 107
D-79576 Weil am Rhein/Ötlingen

Telefon 00 49 (0) 76 21 / 96 81 82
Telefax 00 49 (0) 76 21 / 96 81 83

www.kunstdruckwerkstatt.de

BESTES HANDWERK
Bootsmann

Segel für Wind und Sonne

Bootsmann
Günter Baßler

Hofmattstraße 42
D-79541 Lörrach-Brombach

Telefon 00 49 (0) 76 21 / 5 30 21
Telefax 00 49 (0) 76 21 / 5 68 28

www.bootsmann.de

Die Firma Bootsmann kümmert sich seit vielen Jahren um die Bedürfnisse der Segler und Motorbootbesitzer. In ihrer Werkstatt werden neben vielen anderen Spezialaufträgen hauptsächlich Bootsabdeckungen – in der Fachsprache Persennings genannt – und Segel hergestellt oder repariert. Wenn die zu fertigenden Werkstücke so groß sind, dass der Schneidetisch zu klein wird, weicht Günter Baßler einfach in eine Turnhalle aus. Dort können dann die Abdeckungen für Segel- und Motorschiffe und die verschiedenen Arten von Segeln fachgerecht bearbeitet werden, selbst wenn sie am Schluss mehr als 20 Meter lang und zehn Meter breit sein sollen. Ganz neue Segel entstehen in Zusammenarbeit mit einer norddeutschen Spezialfirma.

Und da Segelstoffe höchsten Anforderungen entsprechen müssen, sind sie reißfest, wetterbeständig und wasserfest. Was liegt da näher, als die Erfahrung mit diesen Werkstoffen auch in anderen Bereichen anzuwenden. Zum Beispiel für Sonnensegel, die viele Gemeinsamkeiten mit Bootssegeln haben, auch wenn sie eher Licht oder Regen abhalten als Wind aufnehmen sollen. So hat die Firma Bootsmann auch für Garten- und Balkonfreunde das Passende im Angebot. Die manuell oder automatisch verstellbaren Beschattungsanlagen sind für Terrassen, Gärten, Innenhöfe und Spielanlagen vorgesehen und werden individuell angepasst. Mehr noch: Auch Farbe und Gestaltung sind nicht von der Stange, sondern werden auf die Architektur des Gebäudes und an die bereits vorhandenen Farben abgestimmt. Die Qualität der Werkstoffe ist ebenso wichtig, schließlich sind die Segel jahrelang der Natur ausgesetzt. Für reine Genießer, die die Reinigungsarbeiten scheuen, steht schon die neueste Generation der Nanostoffe zur Auswahl. Wasser und Schmutz perlen an ihnen ab, ohne Spuren zu hinterlassen: Die Leidenschaft am hauseigenen Freiluftplatz wird somit zum Genuss pur!

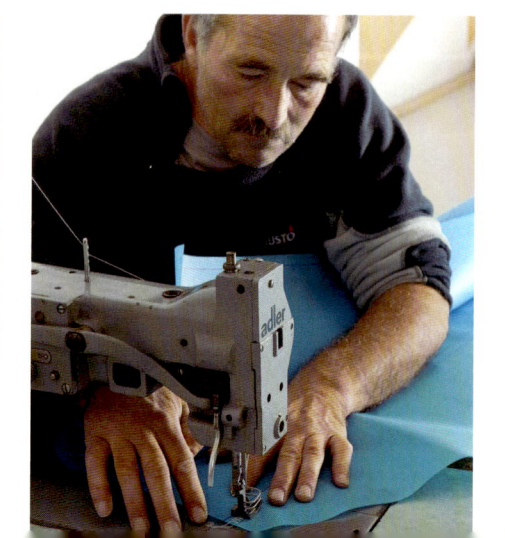

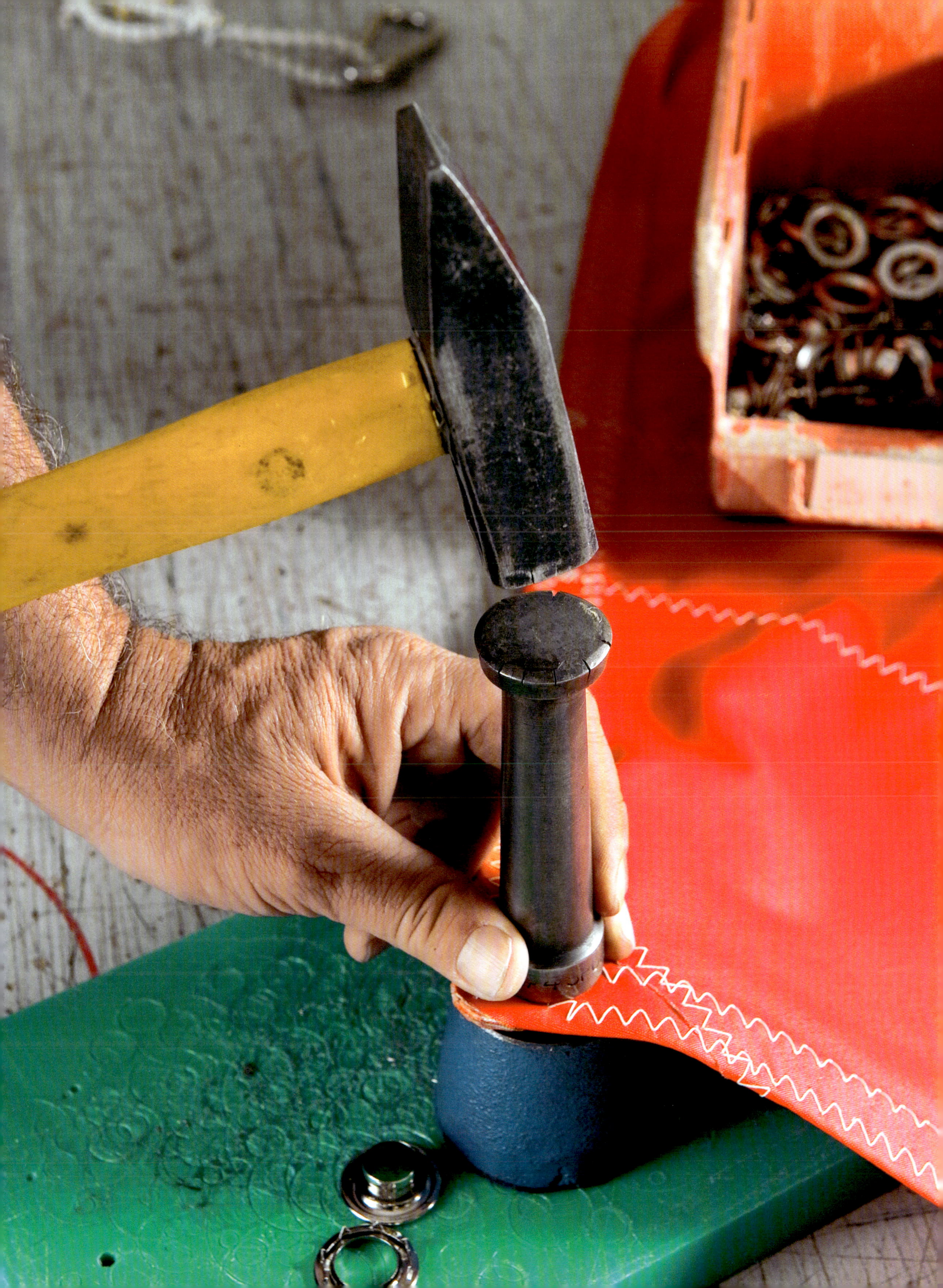

BESTES HANDWERK

Musik, Kunst & Antiquitäten

■ Es ist beim besten Willen nicht zu übersehen: Basel ist auch eine Kunststadt, eine Kulturmetropole und ein Ort, in dem schon vor Jahrhunderten bedeutende wissenschaftliche Leistungen erbracht wurden. Maler und Bildhauer fühlten sich schon im ausgehenden Mittelalter heimisch innerhalb der Stadtmauern, Wissenschaftler fanden bereits vor Gründung der hiesigen Hochschule im 15. Jahrhundert gute Bedingungen zur Forschung, später auch zur Lehre. Die Nähe Basels zu Frankreich, die Verbindungswege nach Zürich und Italien, nach München und ins Rhein-Main-Gebiet machten den Ort zu einem Mittelpunkt nicht nur, was den Handel angeht, sondern auch in kultureller Hinsicht.

Als 1460 die Universität von Basel eröffnet wird, steht die Stadt in voller Blüte, ist wohlhabend genug, um im Umkreis der Mauern Besitztümer zu erwerben, um ihr Territorium zu vergrößern. Erster Rektor der Hochschule, die mit ausdrücklichem Segen des Papstes versehen wird, ist Georg von Andlau. Das Klima wird immer freier, die Stadt emanzipiert sich von weltlichen und geistlichen Herrschern, wird zum Anziehungspunkt von Künstlern aus dem ganzen deutschsprachigen Raum. Zu den bekanntesten Namen des ausgehenden 15. und des beginnenden 16. Jahrhunderts gehören Albrecht Dürer und Sebastian Brant. Der eine gelangt auf seiner Wandertour von Nürnberg nach Basel und arbeitet hier an seinen Bildern, der andere ist Mitglied der selbstbewussten Bürgergesellschaft Basels und sowohl Professor an der hiesigen Universität als auch Autor der satirischen Schrift „Das Narrenschiff". Dieses Werk, eines der populärsten

BESTES HANDWERK

Bücher an der Schwelle zur Neuzeit, wurde in Basel in mehreren Auflagen gedruckt, ins Lateinische übersetzt und in ganz Europa begeistert gelesen. Möglicherweise war es Albrecht Dürer selbst, der einen Teil der Illustrationen fertigte – in jedem Fall verdankt das Buch seinen Erfolg auch den für die damalige Zeit bemerkenswert detailgetreuen Holzstichen. Der künstlerische Aufschwung, der in jener Epoche zu bemerken ist in Basel und der auch auf Nachbarstädte wie Lörrach, Freiburg und Mülhausen (das heutige Mulhouse) ausstrahlt, ist nicht nur der Zeitstimmung, sondern auch dem Basler Konzil zu verdanken. 1431 beginnt dieses Treffen der wichtigsten Meinungsträger der katholischen Kirche, und während der folgenden fast 18 Jahre quillt die Stadt über vor Händlern, Handwerkern und Künstlern. Aufträge locken, die Geschäfte gehen gut, und Basel gilt in dieser Zeit als eines der Zentren Europas. Nach Ende des Konzils reißt der Zustrom der Intellektuellen nicht ab. So wird 1520 der Nürnberger Künstler Hans Holbein zum Bürger von Basel ernannt, so war bereits wenige Jahre zuvor der Gelehrte Erasmus von Rotterdam zum ersten Mal hierher gezogen; 1536 wird er in Basel sterben.

Was Kunst und Kultur mit Handwerk zu tun haben, wird nach einem Blick ins Basler Theater deutlich. Schon bei seiner Gründung im Jahr 1834 fiel es durch seine Größe auf. Basel zählte damals gerade mal 26 000 Einwohner, und immerhin 1 300 hatten Platz im prächtigen neuen Stadttheater. Verglichen mit anderen Städten war dies eine beachtliche Größenordnung, die vom Selbstbewusstsein der Stadtväter und von einer florierenden Wirtschaft

47

BESTES HANDWERK

zeugte: Ohne erhebliche Geldmittel wäre ein solcher Bau nicht möglich gewesen. Heute ist das Selbstbewusstsein der Basler nicht geringer als damals, auch wenn die Kapazitäten des Theaters nicht mehr ganz an jene des frühen 19. Jahrhunderts heranreichen. Rund 1000 Besucher können sich mittlerweile im großen Haus des Basler Theaters mit den Neuinszenierungen der Saison vertraut machen – bei einer Bevölkerung von rund 170 000 immer noch ein kulturelles Angebot, von dem andere Städte nur träumen können. Das alte Theatergebäude wurde längst durch ein neues ersetzt, präsentiert sich heute modern und wurde mit aller zeitgemäßen Technik ausgestattet. Auch handwerklich ist man hier auf dem neuesten Stand: Regisseure und Bühnenbildner können auf komplett eingerichtete Theaterwerkstätten zurückgreifen, in denen hölzerne Bühnenkonstruktionen von erfahrenen Schreinern und Zimmerleuten, wo metallene Accessoires von Schlossern, in denen Kulissen von Theatermalern angefertigt werden. Auch Theaterplastiker, die sogenannten Cacheure, arbeiten hinter der Bühne und sorgen dafür, dass die Aufführungen, dass Opern wie Schauspiele auch zu einem visuellen Erlebnis werden. Kunst und Handwerk arbeiten hier vereint, sind aufeinander angewiesen und produzieren Ergebnisse, die von der Kritik regelmäßig in höchsten Tönen gewürdigt werden. 2009 und 2010 wurde das Basler Theater jeweils zum Opernhaus des Jahres im deutschsprachigen Raum gewählt. Manchmal allerdings kommen die Theaterverantwortlichen nicht darum herum, Sachverstand von außen ein-

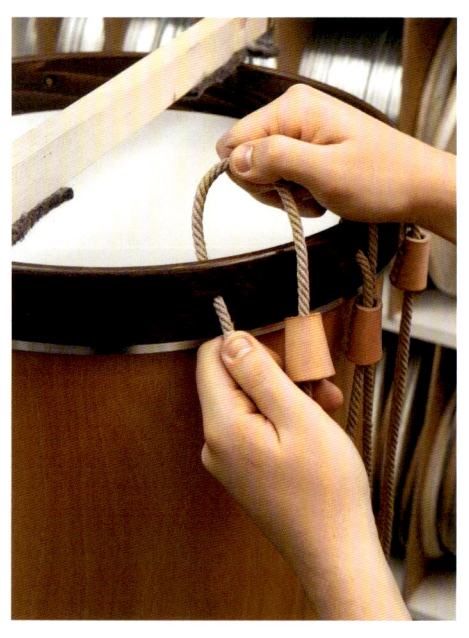

BESTES HANDWERK

zuholen. Wenn es um die Musik geht, engagiert man zum Beispiel eines der Basler Orchester: Mit dem Sinfonie- und dem auf historische Instrumente spezialisierten Kammerorchester verfügt die Stadt gleich über zwei bedeutende Klangkörper, auch das Barockorchester La Cetra ist Teil der musikalischen Kultur Basels – welche auch die Anfertigung alter Musikinstrumente umfasst. Cembali, Orgeln oder Trommeln werden auf Stadtgebiet für private Zwecke, für Musikorchester oder für die Basler Fasnacht hergestellt – in Manufakturen und Spezialwerkstätten, die sich über die Stadt und selbst das Land hinaus einen Namen machen konnten. Und wenn es nicht musikalisch sein soll, dann ist es immer noch häufiger als anderswo künstlerisch: Maler, Textilkünstler und Bildhauer gehören zu Basel wie der Rhein und das Münster. Und dass viele Kreative ihre Ateliers längst nach außerhalb verlegt haben, trübt die Begeisterung kein bisschen. Im unmittelbaren Umkreis von Basel, sei es auf schweizerischer, sei es auf deutscher Seite der Grenze, entstanden Ateliers in umgewandelten Fabrikgebäuden oder in privaten Wohnungen. Manch ein Maler schätzt die Stille des Markgräflerlandes, ein anderer bevorzugt den Austausch mit Berufskollegen, welche ihre Ateliers gleich nebenan eingerichtet haben. Spätestens bei einer der vielen Ausstellungen, die in Basel oder in der Umgebung eröffnet werden, in Museen und Galerien, treffen sich alle wieder. Basel ist schließlich nicht nur eine Kulturmetropole, sondern auch eine sehr überschaubare, eine in sich ruhende, eine intime Großstadt!

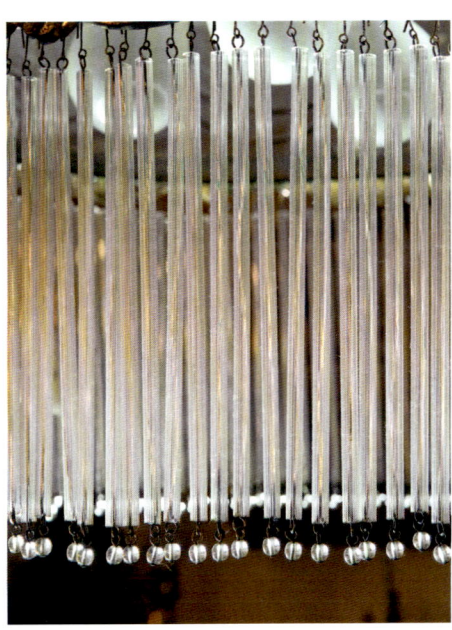

BARBARA ET BERNHARD FLEIG ME FECERUNT BASILEAE MMIV

BESTES HANDWERK
Orgelbau Bernhard Fleig

Orgeln für die Ewigkeit

■ Ob der Beruf des Orgelbauers Bernhard Fleig in den Genen liegt, ist nicht sicher zu sagen, aber durchaus wahrscheinlich. Schließlich arbeiteten beide Großväter einst als Tischler, und auch einen Drehorgelbauer gab es in der Familie. Da lag es nicht fern, dass der junge Mann schon früh eine Faszination für Holz im Allgemeinen und für Orgeln im Besonderen entwickelte. „Ich habe als Kind immer die Tasten gedrückt beim Stimmen", erinnert sich der Zürcher, der seine Werkstatt heute im traditionsreichen Gundeli betreibt, in einem der buntesten Viertel von Basel. Offenbar so talentiert, dass sich ein paar Jahre später an eine erfolgreich abgeschlossene Tischlerlehre eine zweite zum Orgelbauer anschloss. Das Musikstudium sorgte anschließend noch für den Feinschliff. Seit den 1960er-Jahren ist Bernhard Fleig nun als Orgel- und Cembalobauer tätig, hat in dieser Zeit allein 70 Orgeln und unzählige Cembali in den verschiedensten Größen hergestellt. Mit einer Akribie, die zu diesem seltenen Handwerk dazugehört, und mit alten Techniken oder Materialien, die schon vor Jahrhunderten in diesem Beruf üblich waren. Die Holzpfeifen etwa werden sämtlich selbst gebaut (und nicht etwas im Katalog bestellt), und wie im Mittelalter nutzen Bernhard Fleig, seine Tochter und der langjährige Mitarbeiter Wildschweinborsten oder alte Leime. Viele dieser aus dem Mittelalter stammenden Fertigkeiten sind fast in Vergessenheit geraten, werden gerade noch von wenigen Spezialisten weitervermittelt.

Kein Wunder, dass der Bau einer einzelnen Orgel mit einem immensen Aufwand und viel Handarbeit verbunden ist. Selbst für kleinere Cembali, die von Musikern oder Musikschulen bestellt werden, sind einige

Orgelbau Bernhard Fleig

Gempenstrasse 15
CH-4053 Basel

Telefon 00 41 (0) 61 / 3 61 98 48
Telefax 00 41 (0) 61 / 3 63 04 58

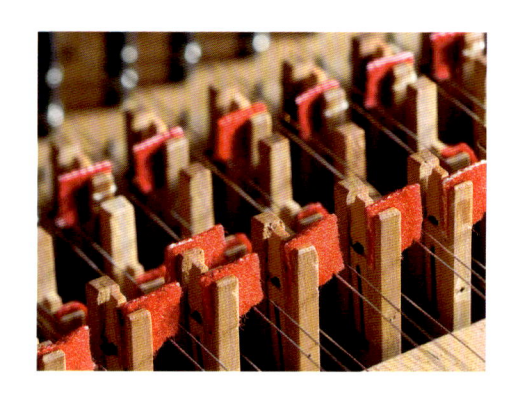

BESTES HANDWERK
Orgelbau Bernhard Fleig

Hundert Arbeitsstunden notwendig – sie erfordern immer neues Ausprobieren, Sägen, Zusammenbauen und Stimmen. Billig sind die ganz besonderen Musikwerkzeuge aus der Basler Gempenstrasse also nie, doch sie lassen sich eben auch, gute Pflege vorausgesetzt, ein Leben lang spielen und in gutem Zustand an die Kinder und Enkel vererben. Daher verwundert es nicht, dass man auf die Wünsche des Bestellers besondere Rücksicht nimmt. „Wir gehen total auf die Kunden ein", betont der Chef, der gute Kontakte zu Berufskollegen und Musikern pflegt, der immer wieder nach speziellen Materialien Ausschau hält. „Das Zypressenholz hole ich gern aus dem Friaul", sagt Bernhard Fleig, dessen Instrumente nicht nur in der Schweiz oder im benachbarten Ausland gespielt werden, sondern auch in den USA oder in Australien zu bewundern sind. Neugierig auf Spezialorgeln oder kuriose Cembali ist der Experte übrigens noch immer – selbst nach einem halben Jahrhundert im Berufsleben. „Gerade bin ich an etwas ganz Verrücktem dran", erzählt Bernhard Fleig, „31 Tasten nur bei einer Oktave". Um das Instrument, das nicht nur Halb-, sondern auch Vierteltöne erklingen lässt, überhaupt bauen zu können, studiert der Orgelbauer bereits seit geraumer Zeit uralte Pläne. Früher muss es solche Kuriositäten gegeben haben, so viel steht fest, doch jahrzehntelang hat niemand eine Spezial-Orgel wie diese bestellt, existieren tut vermutlich keine mehr. Dass Bernhard Fleig das Kunststück gelingt, das Gewünschte irgendwann herzustellen, ist kaum zu bezweifeln; es geht allein darum, wie lange das Unterfangen dauert. Denn eines ist klar: Die Leidenschaft für den Orgelbau, für Holz und Tasten sowie für die Musik generell ist mit Eile nicht zu kombinieren. Einige Monate muss sich schon gedulden, wer hier ein maßgefertigtes Musikinstrument bestellt; ganz besondere Stücke dauern auch schon mal mehr als ein Jahr bis zur Fertigstellung. Doch Diskussionen darüber gibt es nie: Die Kunden wissen eben genau, dass es sich manchmal lohnen kann, ein wenig länger zu warten.

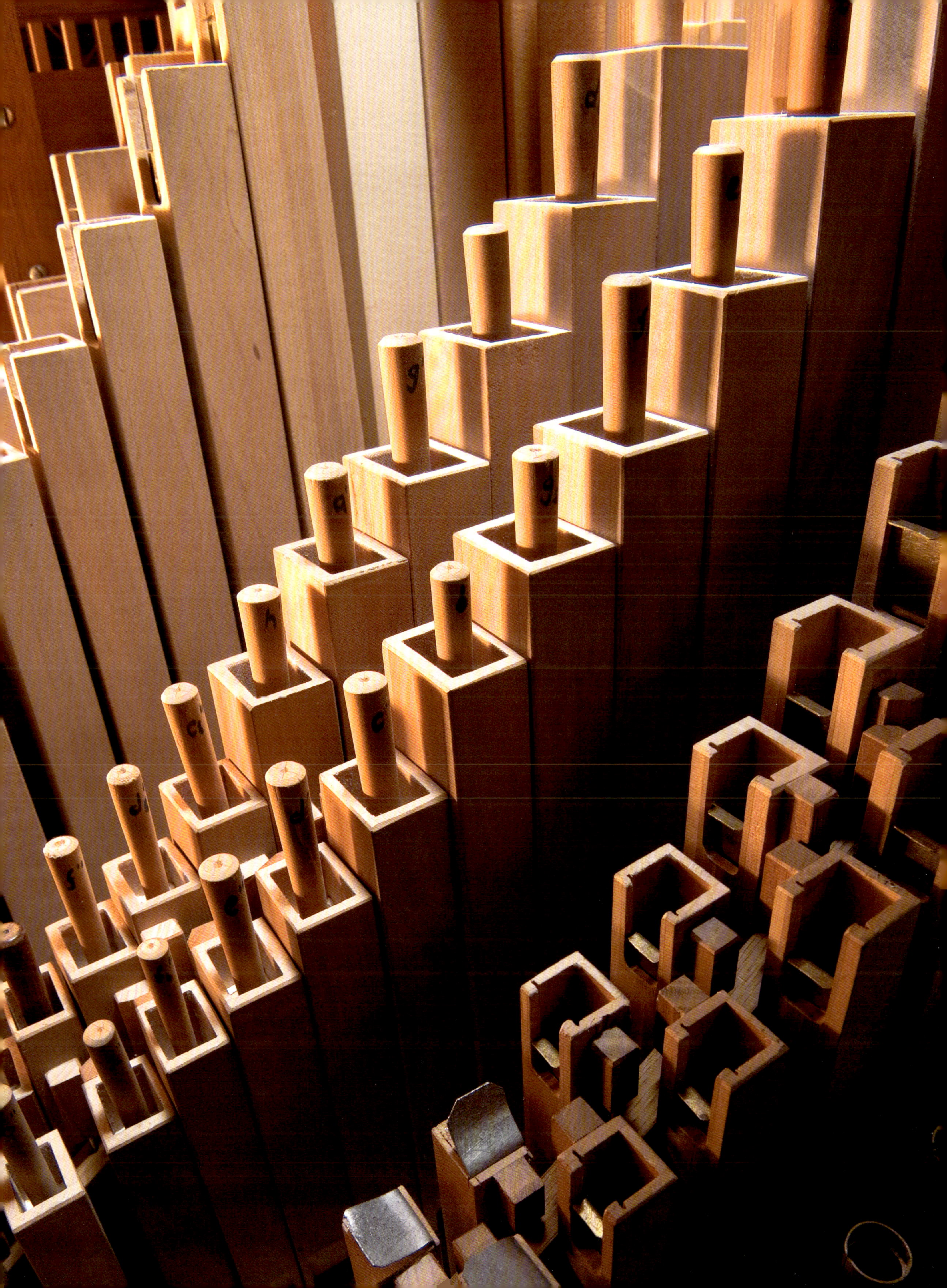

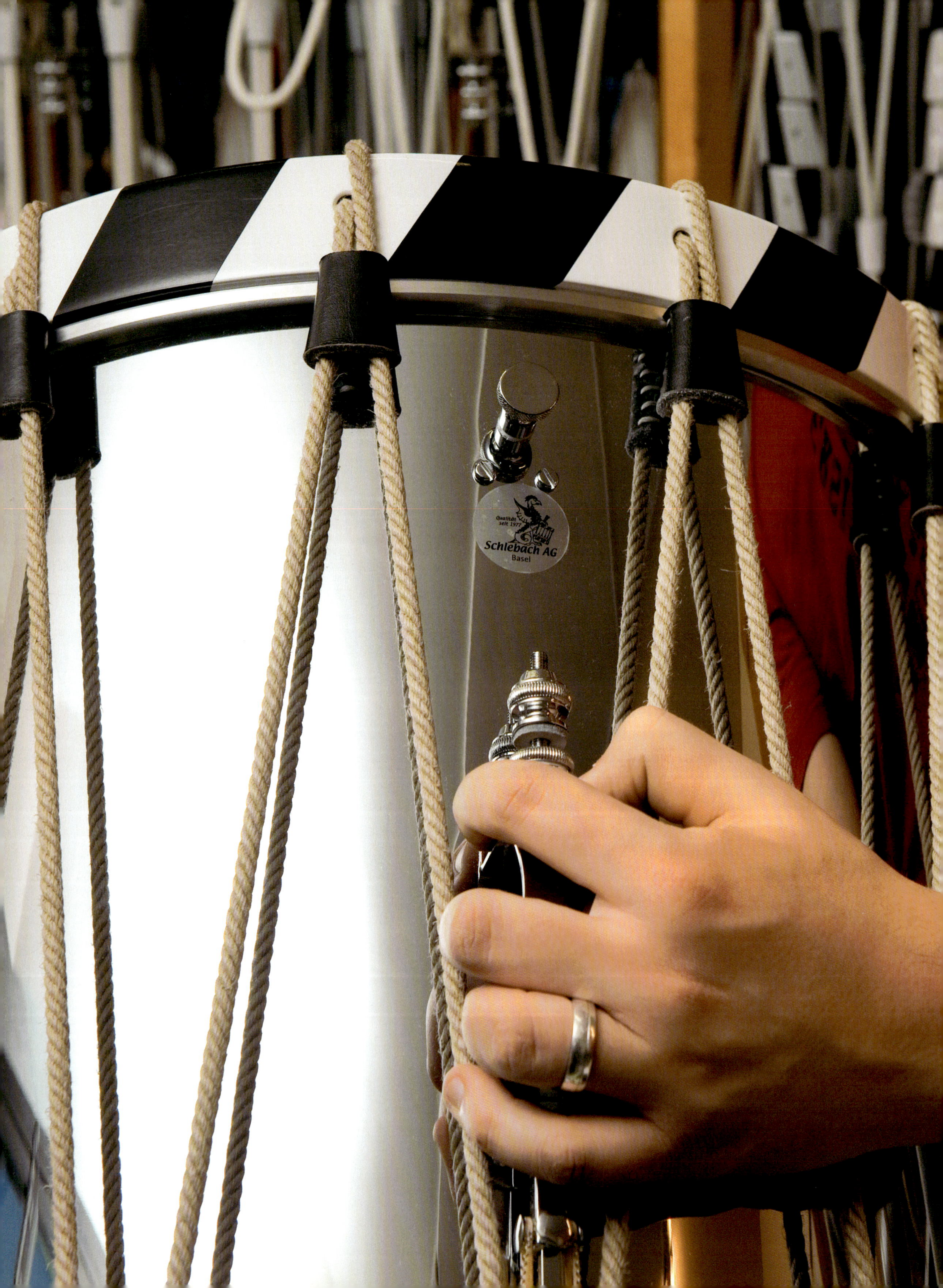
Qualität
seit 1977
Schlebach AG
Basel

BESTES HANDWERK
Trommeln Schlebach

Trommeln für den Vatikan

■ Beim Trommelhersteller Schlebach bestellen sie alle. Das Militär der Schweiz, die Musikhochschulen und so manches Sinfonieorchester. Die Fastnachtscliquen Basels mit ihren Tambouren sowieso. Und natürlich die Schweizer Garde, die legendäre Schutztruppe des Vatikans. Schließlich existieren nur noch wenige Betriebe in der Schweiz (und in ganz Europa!), die sich auf die Produktion der seilgespannten Marsch-Trommeln – auch als Basler Trommeln bekannt – spezialisiert haben.

Seit 1977 läuft bei der Schlebach AG alles wie am Schnürchen: Im Anschluss an die Bestellung werden die Trommelkörper zusammengebaut, werden die Felle aufgespannt, werden Seile, Saiten und Zarge in mehrstündiger Arbeit so zusammengefügt, dass der Kunde gleich lostrommeln kann. Die Proportionen sind festgelegt, kleine Trommeln mit 36 Zentimetern Durchmesser unterscheiden sich im Prinzip nicht von ihren größeren Gefährten mit 43 Zentimetern im Schnitt. Spielraum gibt es allerdings bei den Details: Ob es Aluminium ist, Messing oder Holz, ob die Trommeln metallisch glänzen und allwettergeeignet sind oder von einem Künstler individuell mit Wappen und anderen Motiven bemalt werden – hervorragender Klang und pünktliche Lieferung sind garantiert. Und wer die Trommel nach einiger Zeit des Gebrauchs neu spannen lässt (die Experten reden in diesem Zusammenhang vom Schränken), der ist bei Peter Ammann und seinem Team ebenso willkommen wie jene, die ernsthafte Reparaturen ausführen lassen oder lediglich Zubehör vom Schlegel über Noten bis zum Futteral kaufen wollen. Nur zu den Höhepunkten der Fasnachtszeit sollte man nicht darauf vertrauen, dass die Mannschaft aus der Kleinbasler Riehentorstrasse vollständig ist. Nicht nur der Chef, auch seine Mitarbeiter sind begeisterte Tambouren und beim Morgenstreich sowie beim Basler Fasnachtsumzug mit von der Partie. Selbstverständlich mit den Trommeln aus der eigenen Produktion!

Trommeln Schlebach
Peter Ammann

Riehentorstrasse 15
CH-4058 Basel

Telefon 00 41 (0) 61 / 6 92 30 80

www.schlebach.ch

BESTES HANDWERK
Arte + Licht

Arte + Licht
Peter Blöchle

Spalenvorstadt 31
CH-4051 Basel

Telefon 00 41 (0) 61 / 2 61 08 72

Die Kunst des Lichts

■ Antike Leuchten, gotische Kerzenstöcke und prachtvolle Jugendstillüster sind für ihre Besitzer ein Geschenk: Sie verlieren auch nach vielen Jahrzehnten nicht an Wert, müssen allenfalls aufgefrischt oder restauriert werden und gehen irgendwann auf einen anderen Liebhaber über – welcher die Antiquität meist eher als Leihgabe auf Lebenszeit denn als ureigenen Besitz versteht.

Peter Blöchle hilft seit vier Jahrzehnten mit, die raren alten Leuchten und jene, die sich für solche Kunstwerke begeistern, zusammenzuführen. 1971 übernahm der Basler ein Antiquitätengeschäft in der Spalenvorstadt und begann sich auf Lichtantiquitäten zu spezialisieren. Der gelernte Möbelschreiner erkannte, dass es sich um eine Marktlücke handelte. „Wir waren das erste Geschäft in der Schweiz, das sich darauf spezialisierte." Im Laufe der Jahre bildete sich Peter Blöchle zum Gürtler weiter, besuchte die Gewerbeschule und Kurse in Metallbearbeitung, lernte alte Leuchten zu restaurieren und wertvolle Stücke von nachgemachten zu unterscheiden. Heute ist Arte + Licht die Adresse par excellence, wenn es um die Restaurierung von 300 Jahre alten Bergkristallleuchtern oder noch viel älteren Kerzenhaltern geht. Museen fragen um Hilfe an, sogar der Bund lässt hier arbeiten. Peter Blöchle fertigt aber auch neue Laternen nach alten Vorlagen an.

Die Geschichte des Lichts, von antiken steinernen Ölleuchten bis zur Erfindung der ersten elektrischen Lampen, wird anhand einer privaten Sammlung gezeigt. Interessierte erkennen in der geräumigen Werkstatt hinter dem Laden kleine und riesige Leuchter, bei denen Peter Blöchle gerade Hand anlegt. Unterstützt wird er dabei von einer langjährigen Mitarbeiterin. Vermutlich wird er auch noch in den nächsten 40 Jahren dort anzutreffen sein, denn etwas anderes, als mit alten Beleuchtungskörpern zu arbeiten, kann sich der Spezialist aus der Spalenvorstadt kaum vorstellen …

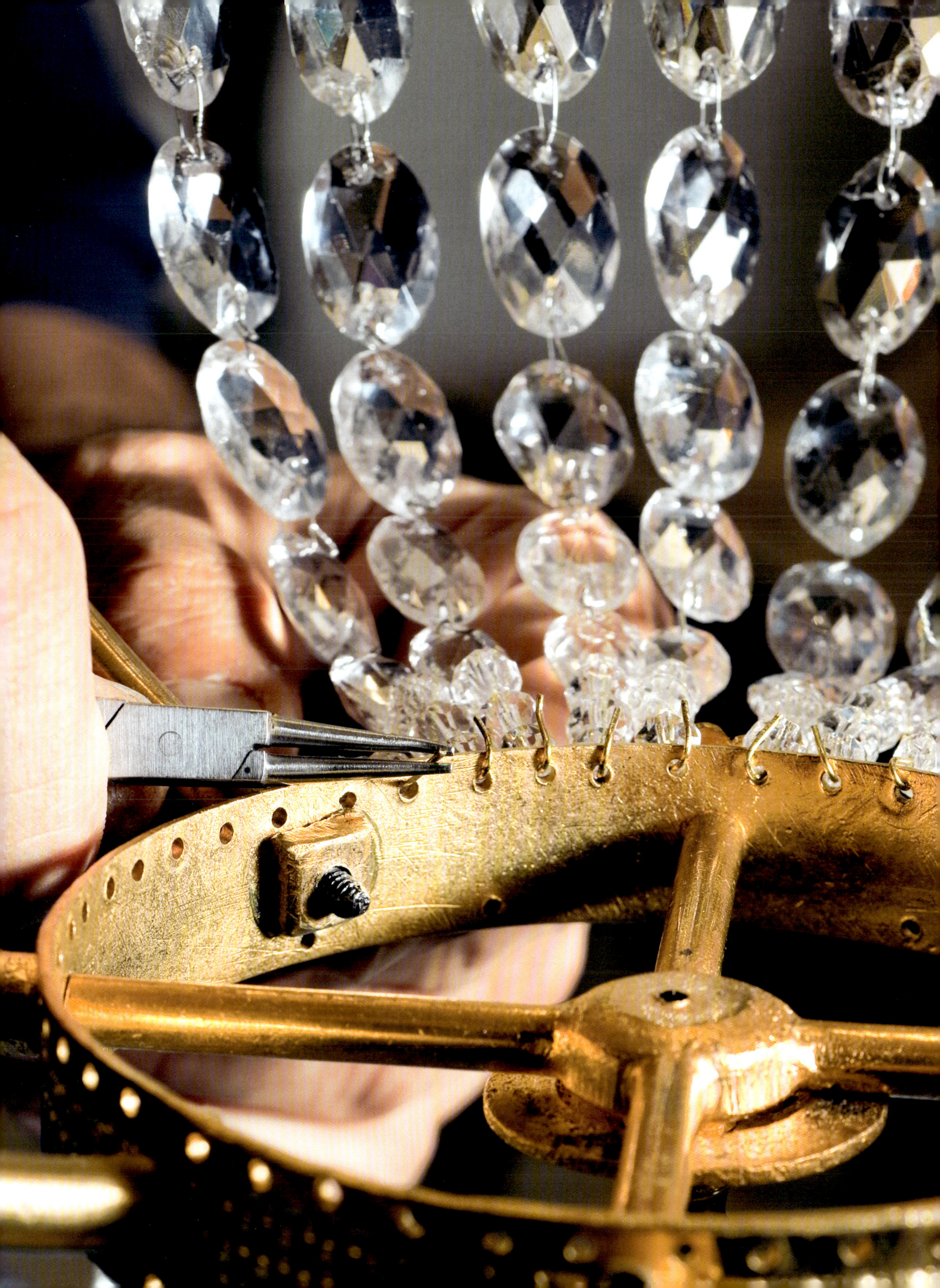

Oldtimer-Tram in Basel

Extra Wagen

126

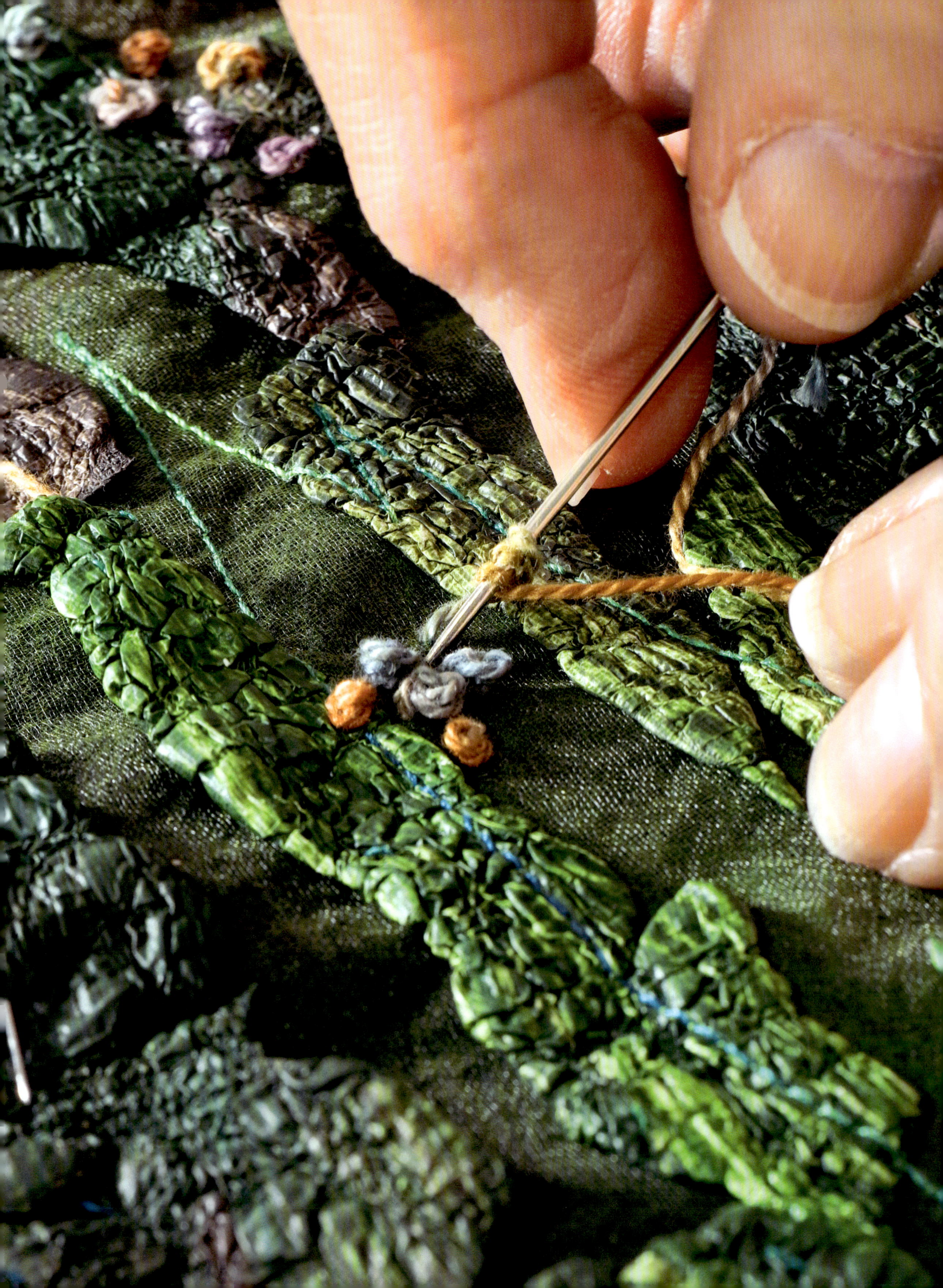

BESTES HANDWERK
Textile Art

Stoffe wie aus Träumen

Was hat eigentlich Baumrinde mit textiler Kunst zu tun? Geht es bei den Quilts nicht hauptsächlich um die Verknüpfung verschiedener Stoffe zu einem harmonischen Kunstwerk? Stimmt wohl – doch Grietje van der Veen hat das Thema textile Kunst weiterentwickelt, so verarbeitet sie in ihren Kunstwerken neben Baumwolle, Seide und Kunstfasern auch Baumrinden oder Äste. „Ich liebe Bäume", sagt die gebürtige Niederländerin, die schon seit vielen Jahren in der Schweiz lebt. Die studierte Philologin entschied sich vor einigen Jahren, Stoffe und Natur miteinander zu verbinden und etwas zu schaffen, was auf den ersten Blick, aufs erste Gefühl fasziniert.

Inzwischen ist Grietje van der Veen zu einer der bekanntesten Textilkünstlerinnen des Landes geworden, war jahrelang im Vorstand der Schweizerischen Quiltergilde, fungiert als Jurorin bei Wettbewerben – und gibt ihr Wissen gern weiter. Kürzlich hat sie wenige Meter von ihrem Atelier entfernt einen eigenen Kursraum eingerichtet, in dem sie 2011 neun verschiedene Kurse anbieten wird: für Anfänger und Fortgeschrittene, welche die Arbeit mit den farbigen Textilien, mit Nähmaschine und Faden, mit verschiedenen Materialien und Techniken erlernen oder ausbauen wollen. Was den Art Quilt vom traditionellen Patchwork unterscheidet und wie man mit digitalisierten Fotos arbeiten kann, erfahren die Teilnehmer gleich auch, den Blick in die Ferne des Baselbiets gibt es gratis dazu. Und wer noch intensiver von der Erfahrung der Oberwiler Quilt-Künstlerin profitieren will, fragt am besten nach den nächsten Ausstellungsterminen. Grietje van der Veen zeigt ihre Werke in der Schweiz, in Deutschland, in Frankreich oder in den USA. Zurzeit bereitet sie sich auf einen weiteren Höhepunkt in ihrer Karriere vor. Eine Einzelausstellung beim Festival of Quilts im englischen Birmingham gilt für Textilkünstler als Krönung des Schaffens!

Textile Art
Grietje van der Veen

Hohestrasse 134
CH-4104 Oberwil

Telefon 00 41 (0) 61 / 4 01 56 55

www.textileart.ch

BESTES HANDWERK
Tami Komai

Papierene Kunst

Tami Komai

Im langen Loh 42
CH-4123 Allschwil

Telefon 0041 (0) 61 / 3 02 90 89

www.tamikomai.ch

■ Zugegeben, die Teelichter aus Papier, die Tami Komai kreiert hat, sind weniger stabil als handelsübliche Kerzenhalter. Doch dafür besitzen die kleinen Kunstwerke eine einzigartige Transparenz, lassen viel Licht durch und müssen nicht mal mit Inhalt gefüllt werden, um zu begeistern. Sie überzeugen, wie sämtliche Objekte der Allschwiler Künstlerin, in Nischen oder auf Kommoden, frei schwebend oder sicher befestigt. „Aber selbstverständlich sind die Tealights ideal geeignet, um Licht zu spenden", sagt die Künstlerin, die zwar nicht um Erklärungen verlegen ist, aber am liebsten ihre Werke für sich sprechen lässt.

Die Fragilität des verwendeten Materials ist das gemeinsame Kennzeichen sämtlicher Arbeiten der studierten Grafikerin Tami Komai. Ihre Großeltern wanderten einst aus Japan in die Vereinigten Staaten aus, sie selbst kam vor vielen Jahren aus New York in die Schweiz, brachte aber eine durchaus japanisch anmutende Affinität zum Werkstoff Papier mit. Mit dem ersten Papiermaché aus der eigenen Küche begann die Karriere der Künstlerin, inzwischen faltet und näht Tami Komai im eigenen Atelier in Oberwil eine unglaubliche Vielfalt an papierenen Kunstwerken. Vor allem die filigranen, immer wieder variierten Wandbehänge faszinieren, und die Vielfalt der Oberflächenstrukturen, der Farben und der Faltungen begeistert auf Anhieb. Handliche, kompakt wirkende Kreationen oder überdimensionale, im wahrsten Wortsinn raumfüllende Papierbilder entstehen für private Kunstliebhaber oder Basler Schaufenster. Allerdings entsteht sogar Halsschmuck aus dem zarten Papier – durch eine spezielle Behandlung wird der Zellstoff weitgehend unempfindlich gegen äußere Einflüsse und hält sogar einige Regentropfen ab. Nur in Wasser legen sollte man keine von Tami Komais Kreationen: Papier bleibt nämlich immer noch Papier, und genau dies macht schließlich seinen Zauber aus!

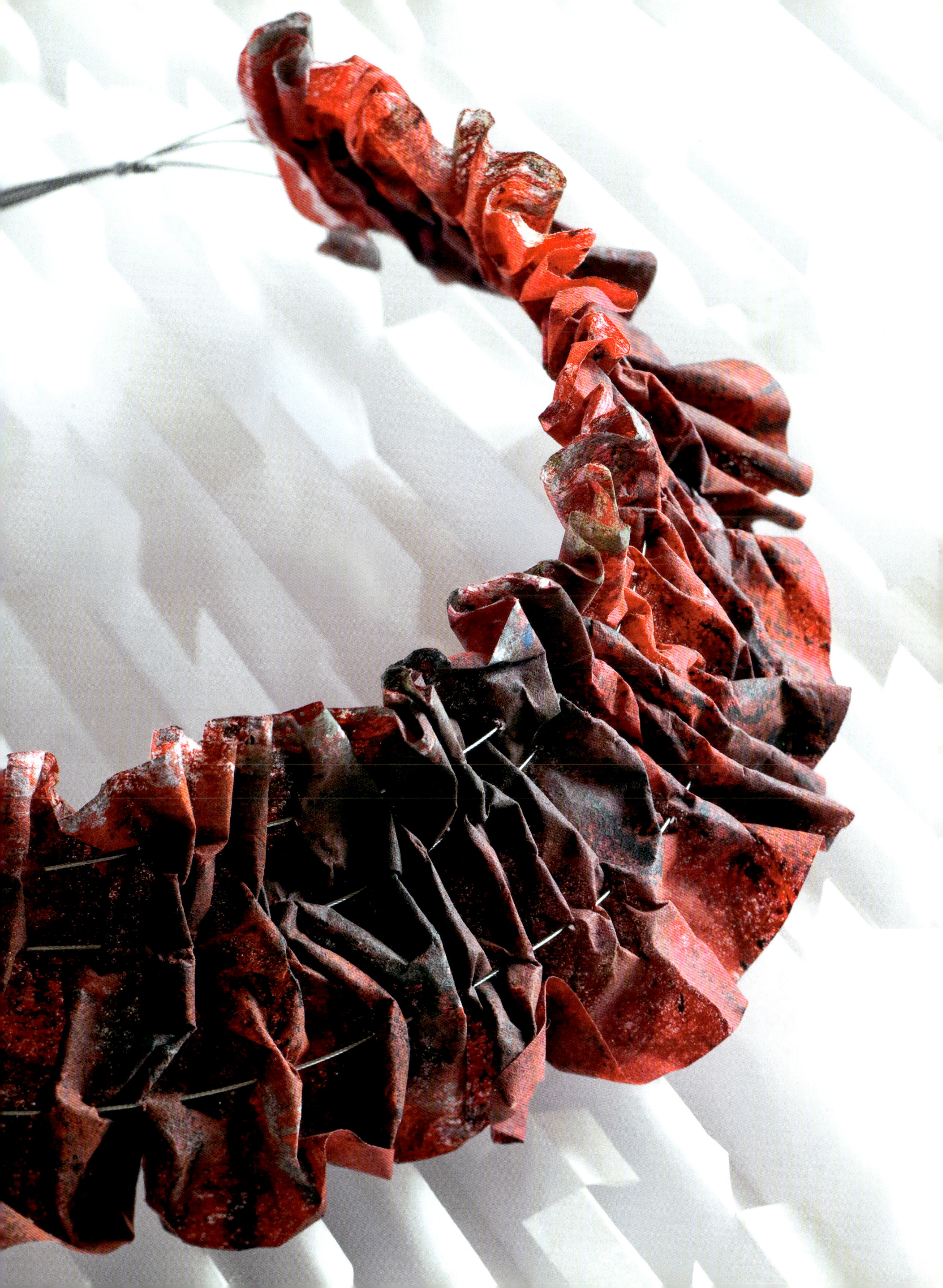

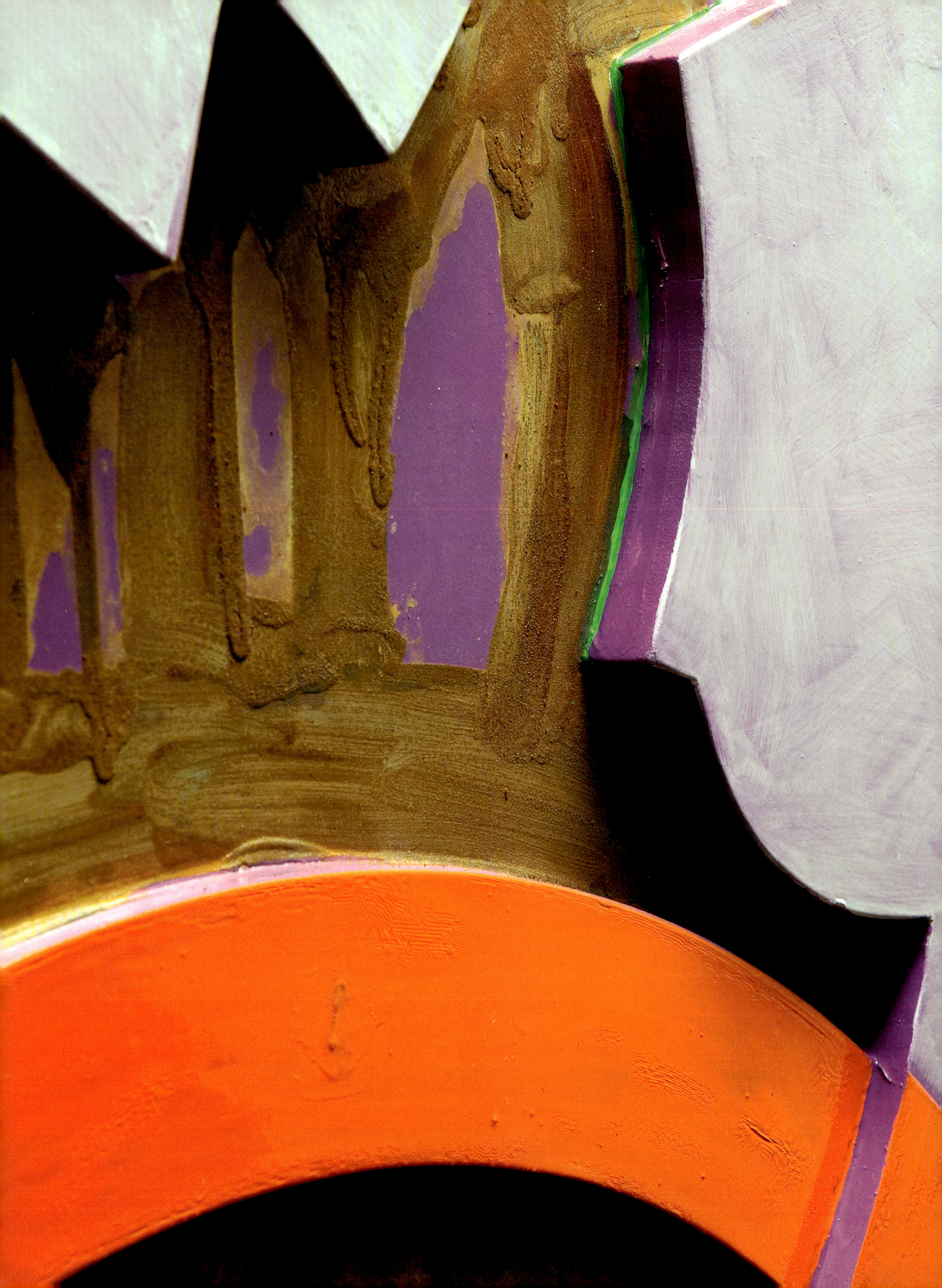

BESTES HANDWERK
Léonie von Roten

Skulpturen, Neue Medien, Malerei

■ Viele Künstler entscheiden sich irgendwann im Leben für eine Technik und bestimmte Materialien. Doch Léonie von Roten ist in dieser Hinsicht deutlich weniger festgelegt: „Das Konzept, die Aussage meiner Kunst entscheidet über Materialwahl und Technik" sagt die gebürtige Schweizerin, die im Waadtland geboren wurde, im Wallis aufgewachsen ist, aber auch lange in Basel lebte. Heute arbeitet und wohnt Léonie von Roten im idyllischen Sulzburg, mitten im Markgräflerland, und ihr Atelier bietet einen Querschnitt durch alle Techniken, mit denen sie sich in den letzten Jahrzehnten beschäftigt hat. Farben und Pigmente, Asche und Kohle, Holz, Glas, Textilien und Papier, Kunststoff und Metall ruhen in Kästen, Regalen, Körben und Glasbehältern: Sie sind gesammelt für neue Projekte. Und in ihrem Computer finden sich Tausende von Bildern und Ideen – zusammengetragen während vieler Jahre des Schaffens mit der Kamera. Genau betrachtet gibt es fast nichts, das Léonie von Roten nicht bereits zu Gemälden oder Skulpturen, zu digitalen Fotografien oder Installationen verarbeitet hat: je nach Eingebung, Ideen, Inspirationen. Die verschiedenen Kunstwerke lassen sich bei Ausstellungen in Deutschland oder in der Schweiz, aber auch in verschiedenen anderen Ländern bewundern und für die eigene Wohnung erwerben. Und sie machen immer aufs Neue nachdenklich, geben Anregungen für die Auseinandersetzung mit der Welt und dem eigenen Sein.

Léonie von Roten setzt sich in ihrem künstlerischen Werk nämlich immer wieder kritisch mit dem Leben der Menschen in ihrer urbanen Umgebung auseinander. Die Arbeiten tragen Titel wie „Erinnerungsorte", „Vergehen" und „Paranoya" – oder ganz einfach und doch vielsagend: „Mensch und Natur". Informationen über Léonie von Rotens aktuelle Projekte sowie die nächsten Ausstellungen findet man auf ihrer Webseite.

Léonie von Roten

Erlenweg 13
D-79295 Sulzburg

Telefon 00 49 (0) 76 34 / 6 94 97 02

www.leosan.ch

HANDWERK
Dorothée Rothbrust

Begegnung

Dorothée Rothbrust

Baiergasse 4
Postfach 239
CH-4126 Bettingen

Telefon 0041 (0) 61 / 601 20 74

www.kunst-werke.ch

Kunst entsteht aus Inspiration. Für Dorothée Rothbrust kommt es dabei immer auch auf die Begegnung mit der Umwelt und den Menschen an. „Meine Skulpturen entstehen im Dialog", sagt die Künstlerin „ich suche gern das Gegenüber". Die Wahl-Baslerin arbeitet mit harten Holzstämmen, die sie in ihren Ateliers in Weil am Rhein (Deutschland) und in Riehen (Schweiz) mit Kettensäge und Schleifgerät bearbeitet. Auf diese Weise entstehen Figuren und ihre „Geschichten". „Bereits die Stellung der Füße sagt viel über die Person, ihre Gefühle und Absichten aus", sagt Dorothée Rothbrust. Ihren besonderen Charakter verstärkt sie dann durch die für die Bildhauerei nicht übliche Bemalung ihrer Skulpturen. Für die Bilder geht Dorothée Rothbrust ebenfalls eigene Wege. Manchmal wie skizzenhaft für die noch zu schaffenden Skulpturen, manchmal wie als Nachsatz von schon bestehenden Holzarbeiten erscheinen die menschlichen Gestalten auf ihren Bildfahnen. Durch eine Behandlung mit Bienenwachs werden die Bilder dann zweiseitig transparent, und so empfand es die Künstlerin als naheliegend, auch die Bilder im Raume und im Licht zu installieren. „Lotterweiber" nennt die Künstlerin ihre als empfindsam, selbstbewusst und verletzlich beschreibbaren Menschengestalten. Lotterweib allerdings als Dialektausdruck des respektvollen Zuspruchs in der Sprache ihrer Herkunft, der Eifel.

Ihr Atelier in Weil am Rhein öffnet Dorothée Rothbrust zum jährlichen Tag der offenen Tür. In der übrigen Zeit verweist sie auf Ausstellungen, die in der Schweiz, Deutschland, Österreich oder Frankreich stattfinden, oder auf Auftragsarbeiten wie für die Offene Kirche Elisabethen in Basel, wo sie im Advent die traditionelle Krippenszene neu interpretiert hat. Auch hier stehen jene im Mittelpunkt, mit denen sich Dorothée Rothbrust immer befasst: die Menschen und ihre Begegnungen.

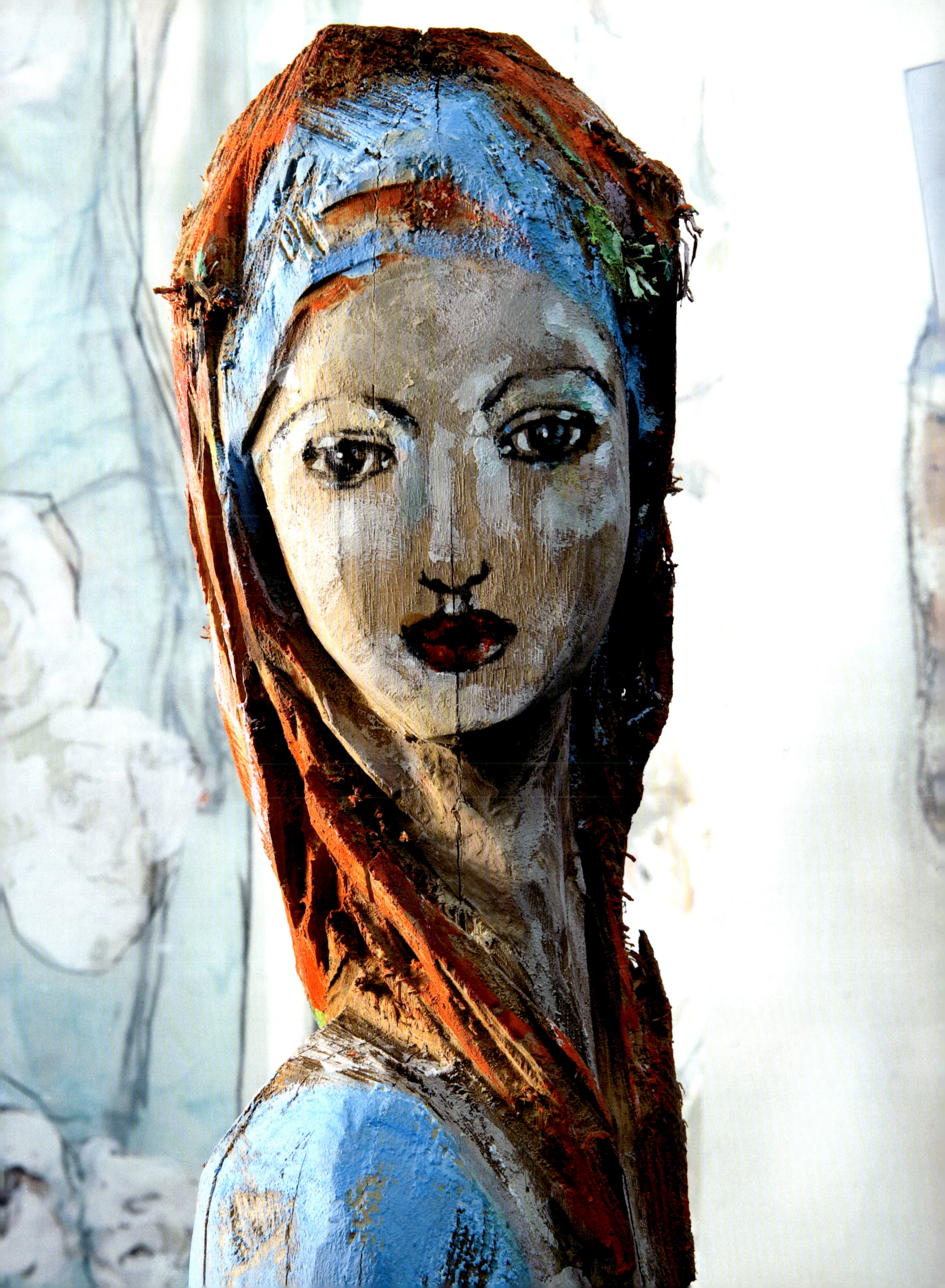

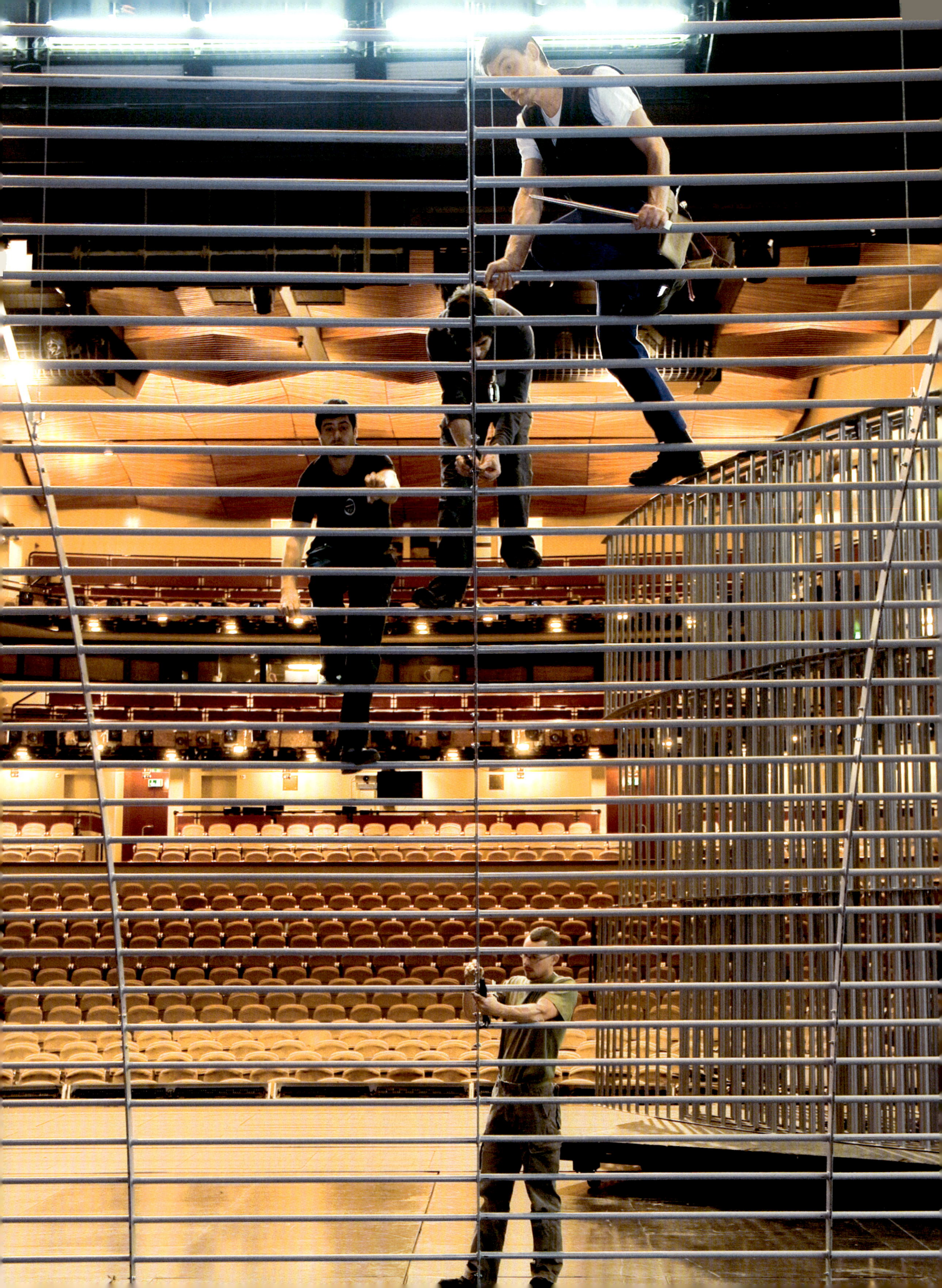

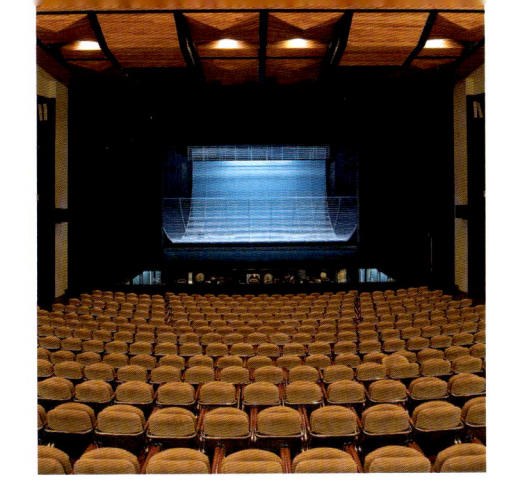

BESTES HANDWERK
Theater Basel

Handwerk für die Kunst

■ Das Programm der Basler Theatermacher ist ebenso umfangreich wie anspruchsvoll. Auf den drei Hauptbühnen werden in jeder Theatersaison sechs bis acht Opern inszeniert, sechzehn bis achtzehn Schauspiele und drei Ballettpremieren müssen geplant und zusätzlich diverse Stücke in anderen Spielstätten inszeniert werden. Und für jedes einzelne Kunstwerk bedarf es nicht nur der Regisseure, Bühnen- und Kostümbildner sowie der Akteure auf der Bühne, sondern auch jener, die normalerweise stets im Hintergrund bleiben. Die Handwerker sind es, welche die Visionen der Autoren, Regisseure, Bühnen- und Kostümbildner umsetzen, die dafür sorgen, dass die Zuschauer begeistert und die Kritiker vom Ergebnis überzeugt sind. Rund 20 Handwerksberufe sind im Theater Basel vertreten. Schreiner, Zimmerleute und Schlosser, Schneider und Theatermaler setzen während vieler Wochen der Vorbereitung alles darein, dass sich Kunst und Handwerk zu etwas Faszinierendem vereinen.

Weil gleichzeitig für zahlreiche Produktionen gearbeitet wird, ist eine gründliche Koordination im Bereich Handwerk unumgänglich. Nach dem Erstellen der Spielpläne legt die Verwaltungsdirektion mit dem Intendanten die Budgets fest, und die Regisseure beginnen mit ihren Bühnen- und Kostümbildnern an ihren Konzeptionen zu arbeiten. Der Technische Direktor nimmt mit seinem Team die Umsetzung vor. Nicht alles, was zuvor gewünscht wurde, lässt sich mit den zur Verfügung stehenden Mitteln auch verwirklichen, doch das Repertoire ist immer noch

Theater Basel

Elisabethenstrasse 16
CH-4010 Basel

Telefon 00 41 (0) 61 / 2 95 11 00
Telefax 00 41 (0) 61 / 2 95 12 00

www.theater-basel.ch

BESTES HANDWERK
Theater Basel

eindrucksvoll genug. So arbeiteten die Schreiner hingebungsvoll an den hölzernen Kulissen, in denen „Heidi" spielte, so wurde für den „Fliegenden Holländer" die Illusion von Schiff und Meer geschaffen, so ist die Dekoration für die „Legende vom heiligen Trinker" auf wenige Materialien und Farben fokussiert. Was aus den Holz- und Metallwerkstätten kommt, ist meist allerdings nur die Rohfassung des endgültigen Bühnenbildes. Erst die Theatermaler, Theaterplastiker und Möbler gestalten die Ursprungs-Werkstoffe wie Holz, Stahl und Gips bis zur Perfektion, geben ihnen das Aussehen von altem Linoleum, von Ledermöbeln oder Bücherregalen, vermitteln den Eindruck von Bergen und Gärten, von muffigen Tonstudios der 1950er-Jahre oder von schummrigen Bars der Achtziger. Die Handwerker der Kostüm- und Maskenateliers wiederum tragen das Ihre zum Gelingen einer Inszenierung bei, gestalten Masken, Hüte und Perücken, nähen und schneidern mittelalterliche Röcke, Uniformen und Abendkleider auf die Körpermaße der Schauspieler zu, lassen modische Trends durchscheinen und längst vergangene Zeiten lebendig werden. Vor der Premiere müssen die Arbeiten der unterschiedlichen Gewerke zusammengeführt werden. Das Bühnenbild muss den Anforderungen auf der Bühne gerecht werden und während der Szenenwechsel binnen weniger Minuten verwandelbar sein: ein Aufwand an Logistik, den der Zuschauer nach Möglichkeit gar nicht bemerken darf.

Es ist eben nicht nur die Schauspielkunst, es ist keineswegs bloß den Fähigkeiten der Regisseure oder dem Gespür des Intendanten zu verdanken, dass die Aufführungen am Theater Basel zu den bekanntesten in der Schweiz und im Ausland zählen. Auch wegen seiner handwerklichen Fähigkeiten wurde das Haus bereits zum wiederholten Mal mit der internationalen Auszeichnung „Opernhaus des Jahres" gewürdigt. Der Technische Direktor und seine Mitarbeiter versuchen, das Knowhow zu erhalten und weiterzugeben: So bildet man unter anderem Theatermaler und Dekorationsgestalter aus und lädt einmal im Jahr zum Tag der offenen Tür sowie zum Fundusverkauf: Nicht mehr benötigte Kostüme, Masken, Requisiten und kleinere Dekorationsteile werden bei dieser Gelegenheit an Theaterliebhaber abgegeben. Die großen Dekorationen indes, die oft überdimensionalen Holz- und Metallkulissen, die Bilder, Fußböden und Treppengeländer, die Bühnenaufbauten und Accessoires, werden entweder eingelagert oder fachgerecht demontiert. Das eine oder andere Stück, das zuvor bei einer Oper Verwendung fand, wird vielleicht schon im nächsten Jahr, anders zusammengebaut und bemalt, als Kulisse eines Schauspiels herhalten.

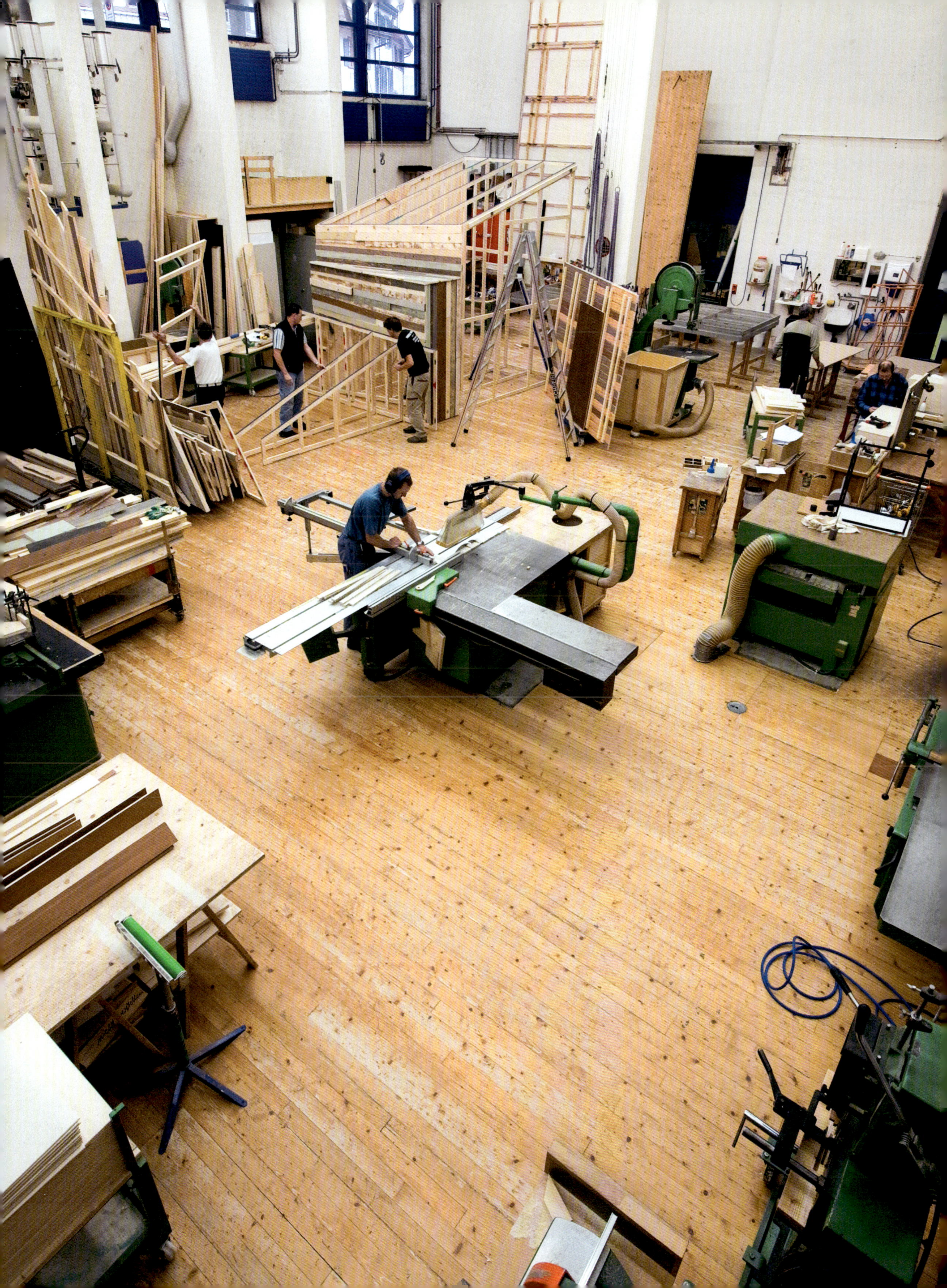

BESTES HANDWERK

Glas, Stahl, Holz &
die Geschichte der Zünfte

■ Früher was es auch in Basel einfach, die Quartiere der Handwerker ausfindig zu machen. Die Schiffer wohnten traditionell am Rheinufer von Kleinhüningen, die Schuster machten sich in der Eisengasse breit, und die Papiermacher siedelten bevorzugt in der St. Alban-Vorstadt. Heute sieht die handwerkliche Sache anders aus, viele kleine Firmen haben sich dort etabliert, wo die Mieten günstig sind, wo die Neugierigen vorbeiströmen oder wo Straßen und Autobahnen für schnellen Warenzu- und Abfluss sorgen. Entsprechend beweglich wurden die Kunden, die heute auch schon mal aus Basel hinaus ins Markgräflerland reisen, um die schönsten Gläser einzukaufen, die besten Küchenmöbel oder individuell nach den Ideen des Auftraggebers gesägte Regale, Tische und Stühle.

Vor langer Zeit gab es allerdings noch einen anderen Orientierungspunkt, um den Handwerker seiner Wahl ausfindig zu machen. Die Zünfte waren es, in denen sich schon im Mittelalter die Basler Handwerker zusammenschlossen, um ihre Interessen wahrzunehmen – und zumindest deren steinerne Überbleibsel sind im Basler Stadtbild noch immer erkennbar. So baten etwa die Scherer, Sattler, Sporer, Maler und Glaser schon Anfang Mai des Jahres 1361 den Bürgermeister, ihren Zunftbrief zu erneuern. Das Dokument existierte schon einige Zeit zuvor, war aber beim großen Erdbeben von 1356 und der darauf folgenden Brandkatastrophe vernichtet worden. Damals stürzten nicht nur viele Gebäude ganz oder teilweise ein, es kam auch zu zahlreichen Feuern im Zentrum der Stadt und in der St. Alban-Vorstadt.

BESTES HANDWERK

Einst war es undenkbar, dass ein Handwerker seiner Tätigkeit innerhalb der Stadtmauern nachgehen konnte, ohne Mitglied der zuständigen Zunft zu sein. Zu den ältesten Basler Berufsverbänden dieser Art gehört die Zunft zu Hausgenossen, in welcher sich schon Ende des 13. Jahrhunderts die Wechsler und später die Gold- und Silberschmiede sowie einige andere Gewerke zusammenfanden. Die ersten bekannten Einteilungen der Basler in unterschiedliche Handwerke datiert übrigens aus dem Jahr 1248. Dass sich in der Safranzunft die Gewürzhändler über wichtige geschäftliche Projekte austauschten und in der Zunft zu Weinleuten die Weinhändler, ist nachvollziehbar. Weniger eindeutig ist für den Uneingeweihten, dass die Großkaufleute in der Schlüsselzunft zusammenkamen und diese, allein der hier gebündelten finanziellen Mittel wegen, ab dem späten 16. Jahrhundert als die bedeutendste Zunft Basels galt. Auch die Glaser hatten, wie die Zimmerleute, ihre eigene Vertretung – sie waren in der Zunft zu Himmel organisiert, so wie sich die Schlosser in der Zunft zu Schmieden heimisch fühlten. So manche Zunft passte sich dem Wandel der Zeit an, berücksichtigte neue Erfindungen und Berufe, die erst in der Neuzeit zu den mittelalterlichen hinzutraten. Die Schmiedenzunft nahm irgendwann auch die Papiermacher, die Buchdrucker und – nochmals einige Jahrhunderte danach – sogar die Elektriker in ihre Reihen auf. In der Zunft zu Gartnern tummelten sich, wie der Name andeutet, die Obst- und Gemüsegärtner, aber auch die Pastetenbäcker oder die Wursthersteller, die sich einst als Bräter be-

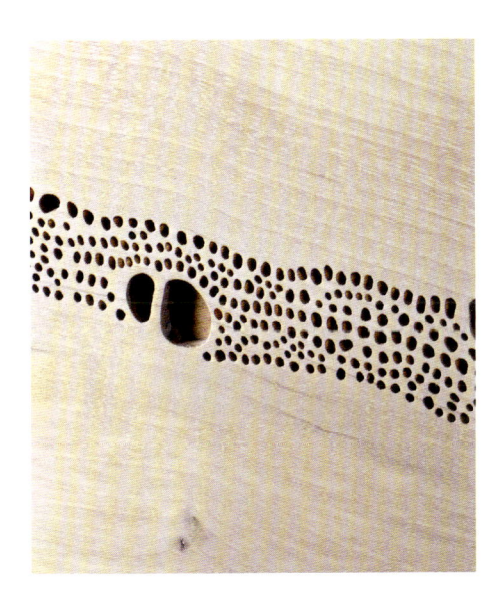

BESTES HANDWERK

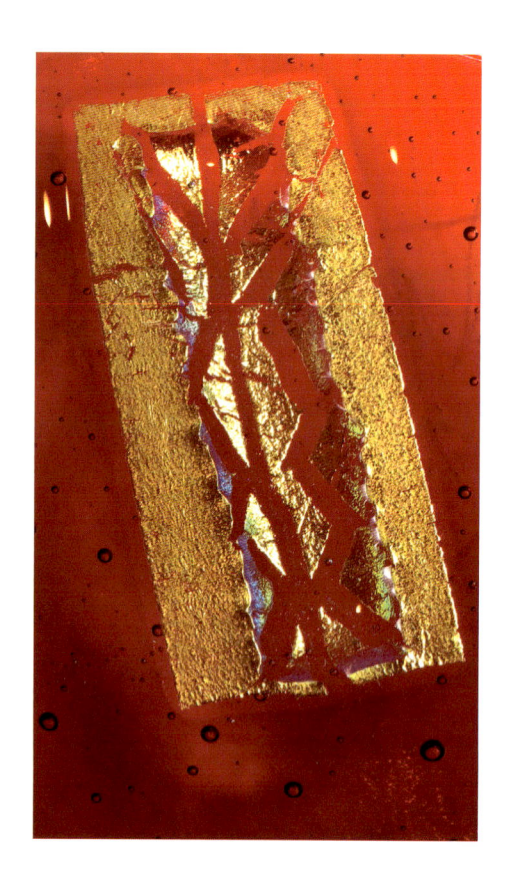

zeichneten. Reichlich kompliziert, und selbst die Basler wissen nicht aus dem Stegreif zu sagen, welche Zunft denn nun eigentlich zuständig ist für wessen Angelegenheiten ...

Heute ist die Bedeutung der Zünfte nicht mehr so offensichtlich wie einst, der Zunftzwang ist verschwunden. Doch immer noch prägen große Zunfthäuser das Stadtbild von Basel, und in vielen treffen sich nach wie vor die Zünfter, pflegen Beziehungen, feiern Feste und unterstützen Bedürftige. Eine alte Tradition, die zu Basel gehört wie die Mittlere Brücke, wie der lebendige Barfüßerplatz oder wie das imposante Rathaus am Marktplatz.

Apropos alt: Auch die Kunst, Glas zu schmelzen, zu formen und zu färben, ist uralt. Die Ägypter der Antike beherrschten die Technik meisterlich, und kein Historiker weiß genau zu erklären, wer je als erster auf die Idee kam, Glas herzustellen. Auch heute noch ist dies eine Tätigkeit, die viel Übung und Können verlangt, welche die exakte Einhaltung der Temperaturen erfordert und darüber hinaus auch Kreativität: Die Grenze zwischen Kunst und Handwerk wird bei den Meistern dieses Faches schnell überschritten. Die wenigen Experten, die in diesem Bereich noch tätig sind, müssen kaum Werbung machen, sondern werden von Liebhabern des künstlerisch hochwertigen Glases mündlich weiterempfohlen. Dass sich ihre Werkstätten eher auf dem Lande finden als mitten in der Stadt, ist kein Nachteil: Wer sich ernsthaft mit den ganz besonderen Glasprodukten beschäftigen will, wer den Unterschied zwischen Industrieglas und handwerk-

BESTES HANDWERK

lich erzeugten Gläsern kennt, der fährt auch Hunderte von Kilometern, um beispielsweise im Glashaus in Ballrechten-Dottingen nach den neuesten Stücken und Stilen zu schauen. Kaum anders ist es bei den Experten für Holz und Stahl, bei den Schlossern und Schreinern, die sich immer öfter darauf verstehen, nicht nur Bauteile zusammenzusetzen, sondern die Grenzen des jeweiligen Materials auszureizen. Küchen werden so gestaltet, dass sie auf den ersten Blick nicht wie Küchen wirken, sondern den Eindruck von Wohnräumen vermitteln – und so mancher Schrank, manches Regal gerät zu einem Kunstwerk, das in dieser Form nur ein einziges Mal existiert. Viele der kreativsten Möbelhersteller sind, aus Platzgründen nachvollziehbar, außerhalb der städtischen Grenzen ansässig geworden, haben im Laufe der Jahre die Werkstätten aus dem engen Zentrum erst in die Vorstädte und dann aufs Land verlegt. Eine Reise durch die Umgebung von Basel kann also neue Einblicke in die handwerkliche Vielfalt eröffnen. Und sie führt auch zu den besonders ausgefallenen Tätigkeiten: Die Produktion von feinsten Messern aus Damaszenerstahl gehört zu den Handwerken, welche in diesem Buch beschrieben werden, und selbst die Herstellung hölzerner Spiele oder die Produktion maßgefertigter Fahrräder ist nichts Außergewöhnliches mehr. In einer Zunft sind freilich längst nicht mehr alle organisiert, die mit Holz, Glas oder Stahl zu tun haben – an diese Modernisierung des Wirtschaftslebens haben sich inzwischen alle Basler gewöhnt.

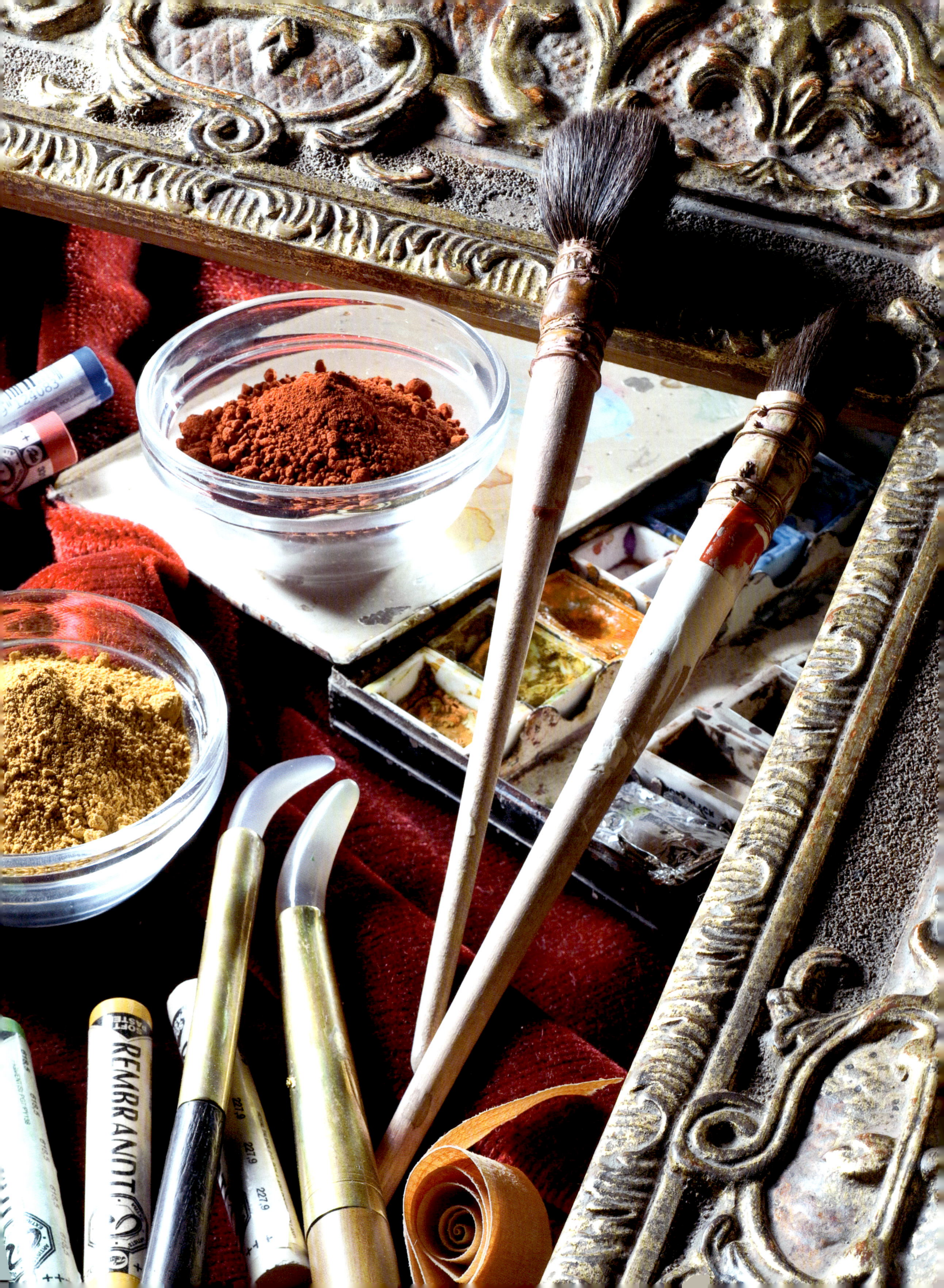
REMBRANDT

BESTES HANDWERK
Niklaus Knöll Rahmenkunst

Der Rahmen macht den Unterschied

■ Seit Max Knöll die Firma am 18. Februar des Jahres 1918 gründete, zogen Werkstatt und Ladengeschäft zwar das eine oder andere Mal um, blieben aber der Altstadt von Basel und dem Stadtviertel treu. Mal befanden sich die Experten für Rahmenkunst am Blumenrain, mal am Fischmarkt und im Strassburgerhof. Seit dem 1. April 1937 hat der Betrieb nun seine Heimat in der Herbergsgasse 4–6 gefunden. Auf den Firmengründer folgte dessen Sohn Niklaus, bevor Enkel Niklaus junior das Geschäft übernahm und die Tradition bis heute fortführt.

Schon der erste Blick in den Laden lässt die Vielfalt erkennen, die sich unter dem Begriff Rahmenkunst verbirgt. Niklaus Knöll sucht im Beratungsgespräch mit seinen Kunden nach der idealen Rahmung und Präsentation der ihm anvertrauten Gemälde und Grafiken. „In der Renaissance begann die große Zeit der Bilderrahmen", erklärt der Experte und präsentiert auch sogleich eine Anzahl von liebevoll ausgeführten, täuschend echt wirkenden Stilkopien. Selbstverständlich fertigt die Firma Knöll auch eine Vielzahl von modernen Rahmen an. Viele überlieferte und zum Teil bereits aus der Mode gekommene Methoden und Rezepte spielen noch eine Rolle. „Wir wenden noch alle alten Ornamenttechniken an", sagt Niklaus Knöll. Manchmal werden Stuckelemente oder aufwendige Gravuren angebracht, eindrucksvoll zu beobachten ist aber auch, wenn die fertig vorbereiteten Rahmen mit hauchdünnem Blattgold oder Silber belegt werden. Viele Arbeitsstunden sind für die Herstellung solcher Einzelstücke notwendig. Alle Rahmen werden maßgefertigt und nicht etwa aus vorgefertigten Leisten zusammengebaut. Wer keinen neuen Rahmen benötigt, sondern einen alten Rahmen, womöglich aus dem 18. oder 19. Jahrhundert sein eigen nennt, kann diesen hier restaurieren und ergänzen lassen. Auch das ist eine Serviceleistung, die hier schon seit den Anfängen angeboten wird.

Niklaus Knöll Rahmenkunst

Herbergsgasse 4–6
CH-4003 Basel

Telefon 00 41 (0) 61 / 2 61 60 06
Telefax 00 41 (0) 61 / 2 61 60 06

www.knoell-rahmenkunst.ch

BESTES HANDWERK
Der Zinkenbiber

Der Zinkenbiber
Franz Böhmer

Weihermatten 12
D-79713 Bad Säckingen

Telefon 0049 (0) 7761 / 55 34 54 45
Telefax 0049 (0) 7761 / 55 34 54 46

www.zinkenbiber.de

Massivholz, Treppen und Innenausbau

Der frei schwingende Holzstuhl, den Franz Böhmer gerade zusammengebaut hat, sieht auf den ersten Blick sehr ungewöhnlich aus. „Es haben schon Leute gefragt, ob sie sich daraufsetzen können", lächelt der Schreiner, Diplom-Ingenieur und Holz-Tüftler aus Bad Säckingen. Die Antwort lautet ja, das können sie ohne Probleme, denn die Komposition wird durch erprobte Technik zusammengehalten. Die verschiedenen Holzteile sind passgenau zusammengefügt und führen zu ungeahnter Festigkeit: Schwalbenschwanz und Zinke, wie es die Experten nennen, verbinden sich perfekt. „Es gibt keine bessere Verbindung für Massivholz". Franz Böhmer kann lange berichten von den Vorteilen dieser Technik, die des hohen Arbeitsaufwandes wegen kaum noch ausgeübt wird. Um dies zu ändern und das Ganze wirtschaftlich zu machen, entwickelte der Holzbegeisterte gleich eine Maschine, die das Ausfräsen übernimmt. Auf diese Weise werden Stühle, Tische oder ganze Treppen mit Zinkenverbindung erschwinglich. Franz Böhmer denkt immer über neue Anwendungen nach, sucht nach den besten Holzsorten und verwendet auch solche Stücke, die für die industrielle Verarbeitung keine Rolle spielen: ungedämpftes Nussholz etwa. „Was mich eigentlich zu dem Beruf gebracht hat, war mein Großvater", erinnert sich Böhmer. „Er war der erste Schreiner in der Innung Bamberg, der eine elektrische Hobelmaschine gekauft hat." Von Franken zog Franz Böhmer irgendwann ins Dreiländereck, wo er Kunden aus der Schweiz wie aus Deutschland betreut, mit Schränken, Schlafzimmereinrichtungen oder Parkett begeistert, mit ungewöhnlich langen und stabilen Wohnzimmertischen oder Massivdielen. „Wir sind klein genug, um individuell zu arbeiten", sagt Franz Böhmer, der selbst lange in der Produktentwicklung tätig war. Individuelle Gestaltung mit traditioneller Technik zu verbinden: für Franz Böhmer eine reizvolle Kombination von Vergangenheit und Zukunft.

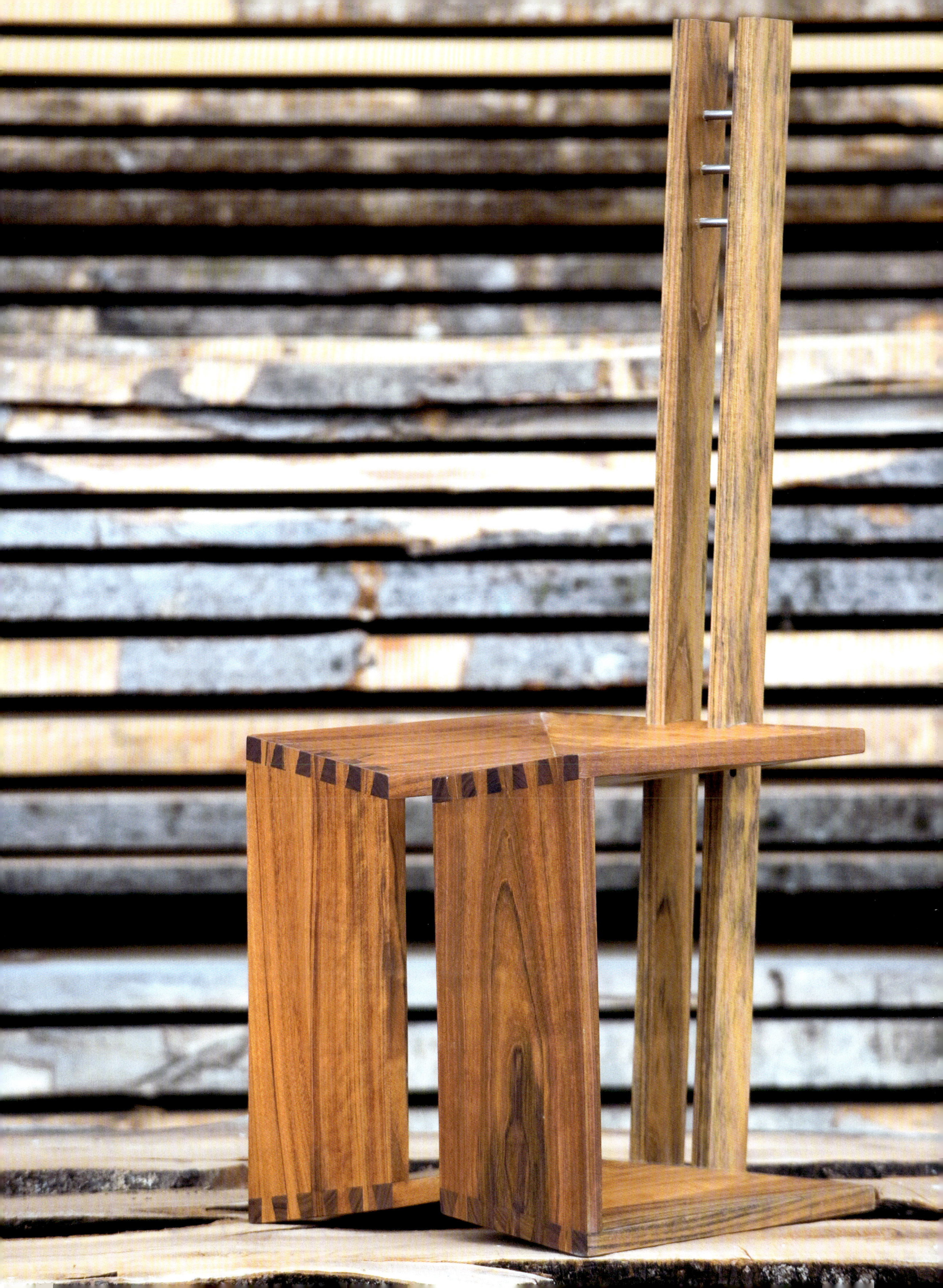

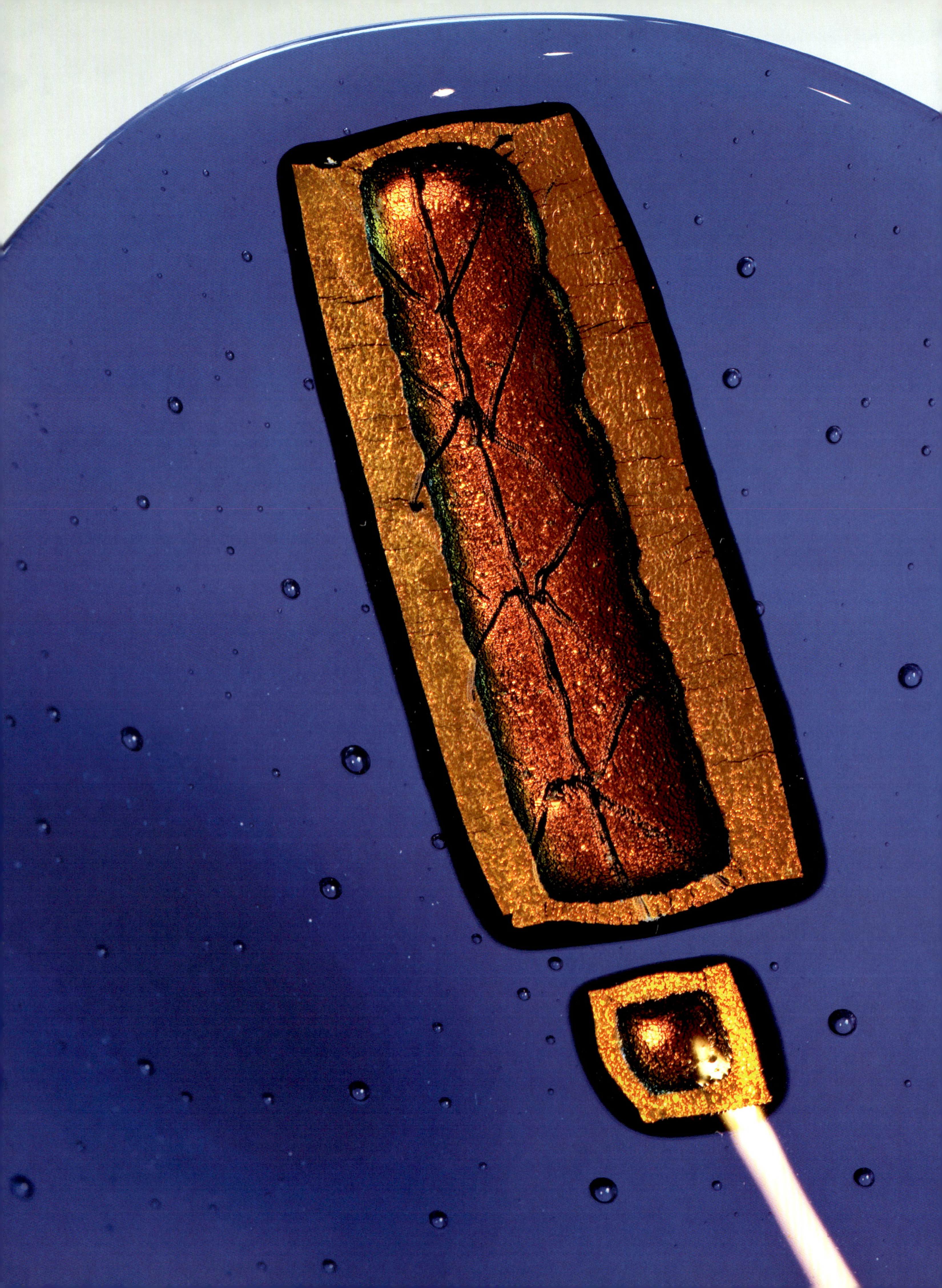

HANDWERK
Das Glashaus

Glaskunst ganz individuell

■ Bei der Glasherstellung auf die künstlerische Art kommt es auf die Details an. Die exakte Kombination verschiedener Rohstoffe, die genau einzuhaltenden Maße, die Berechnung der Temperaturen. Doch was Georg Krasztinat und Andrea C. Widmann seit nunmehr zwei Jahrzehnten in ihrem Glashaus verwirklichen, ist weit mehr als nur das Schmelzen von Rohmaterialien, das Formen von Gläsern, Vasen und Karaffen. Die Möglichkeit, alte Techniken und neue Ideen miteinander zu verbinden, sich immer an neue Herausforderungen zu wagen, zeichnet die Manufaktur aus. Fasziniert vom Glas ist Georg Krasztinat, der in Brasilien aufwuchs und in Staufen eine Ausbildung zum Kunstglasbläser absolvierte, seit Langem. „Wie genau die alten Ägypter darauf gekommen sind, weiß bis heute niemand", sagt der Experte, der gemeinsam mit Andrea C. Widmann mehrfach am Glassymposium im österreichischen Bärnbach teilgenommen hat. Die Kunsthandwerkerin Andrea C. Widmann ergänzt, mit ihrer Begeisterung für maurische Traditionen und den spanischen Architekten Gaudí, das künstlerische Bewusstsein des Glashauses. Inzwischen hat sich die Adresse in ganz Deutschland herumgesprochen, viele Liebhaber kommen von weit her, um Lampen, Gläser und Vasen zu bewundern, sich über die Farben und Muster informieren zu lassen. Das Programm wechselt regelmäßig, einen Katalog gibt es nicht. „Wir machen das Besondere", sagt Georg Krasztinat, „individuell auf die Wünsche des Kunden abgestimmt." Bestehende Techniken werden weiterentwickelt, das bereits bei den alten Ägyptern gebräuchliche Fusing – viele Einzelteile werden zu einem eindrucksvollen Ganzen verschmolzen – hat es den Glashaus-Inhabern besonders angetan. Und weil in dem Anwesen in Ballrechten-Dottingen noch genügend Platz war, entstanden nicht nur Werkstatt und Verkaufsraum, sondern auch ein Café, in dem hausgebackene Kuchen und saisonale Speisen serviert werden.

Das Glashaus
Georg Krasztinat und Andrea C. Widmann

Neue Kirchstraße 30
D-79282 Ballrechten-Dottingen

Telefon 00 49 (0) 76 34 / 59 25 72
Telefax 00 49 (0) 76 34 / 59 25 72

www.dasglashaus.com

Ruine der Burg Staufen, Staufen im Breisgau

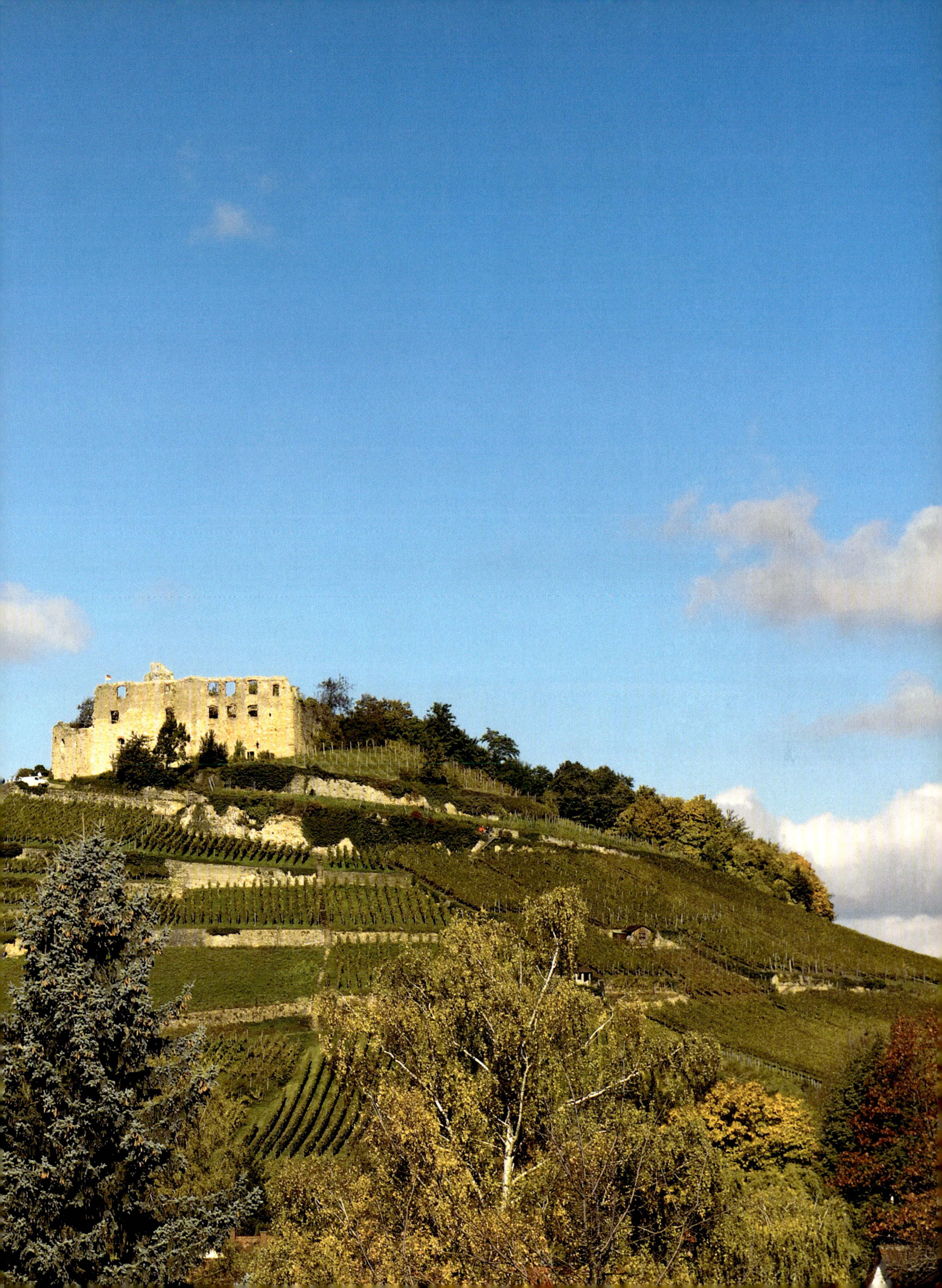

BESTES HANDWERK
kammoebel

Exquisites Handwerk

kammoebel

Tramstrasse 66
CH-4142 Münchenstein

Telefon 00 41 (0) 61 / 4 11 16 54

www.kammoebel.ch

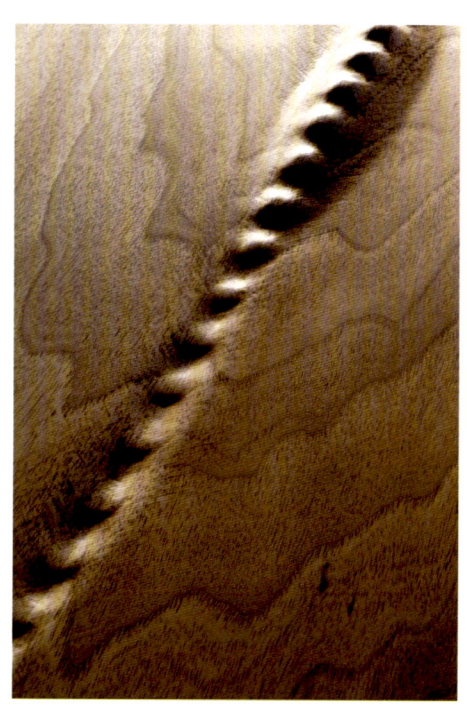

■ Manchmal geht Roman Kamm, Kopf des Unternehmens kammoebel, gegen die Schwerkraft an. „Grenzen ausweiten", nennt er das dann. Und denkt dabei sowohl an die Grenzen des Handwerks als auch an diejenigen des Materials. Mit Schwerkraft scheint auch die Last von Konventionen gemeint zu sein, denn über diese setzen sich seine Erzeugnisse mit Leichtigkeit hinweg. Sei es, dass ein Tisch in seiner Fragilität als elastisches Kunstwerk verblüfft, sei es, dass ganze Holzflächen um engste Radien gebogen werden, stets sprechen die Objekte aus seiner Werkstatt von intensiver Auseinandersetzung mit Material, Verarbeitungstechnik und Gestaltung.

Es ist diese Arbeitsweise, die den ausgebildeten Schreiner und Möbeldesigner auszeichnet und die von seiner Kundschaft speziell geschätzt wird. Kammoebel sei eigentlich zu verstehen als breiter Fundus an handwerklichen und gestalterischen Fähigkeiten, der ermögliche, mit optimaler Beweglichkeit auf die Erfordernisse der spezifischen Kundensituation einzugehen, erläutert Kamm dazu. „Meine Kunden wollen das Höchstmaß an Individualität", gibt er zu bedenken. Das oft sehr aufwendige Offertprozedere nimmt die gründliche Analyse der jeweiligen Situation als Grundlage, um das Vorhaben in wiederholtem Kundenkontakt über Skizzen, Pläne und Modelle zu konkretisieren. Tische, Stühle, Küchen oder Treppen sind so bei kammoebel streng durchdacht und in Material und Ausführung erlesene Unikate, die mehr darstellen als nur ein Möbelstück.

Als größte Auszeichnung empfindet Roman Kamm, wenn Stücke aus seiner Werkstatt ihren Besitzern so sehr ans Herz wachsen, dass sie zu persönlichen „Schätzen" werden. Auf der Suche nach solchen Schätzen wird in seiner Werkstatt viel gewagt, und letztlich zeigt sich, dass hier nicht einfach nur auf Biegen und Brechen experimentiert, sondern Handwerk auf höchstem Niveau betrieben wird.

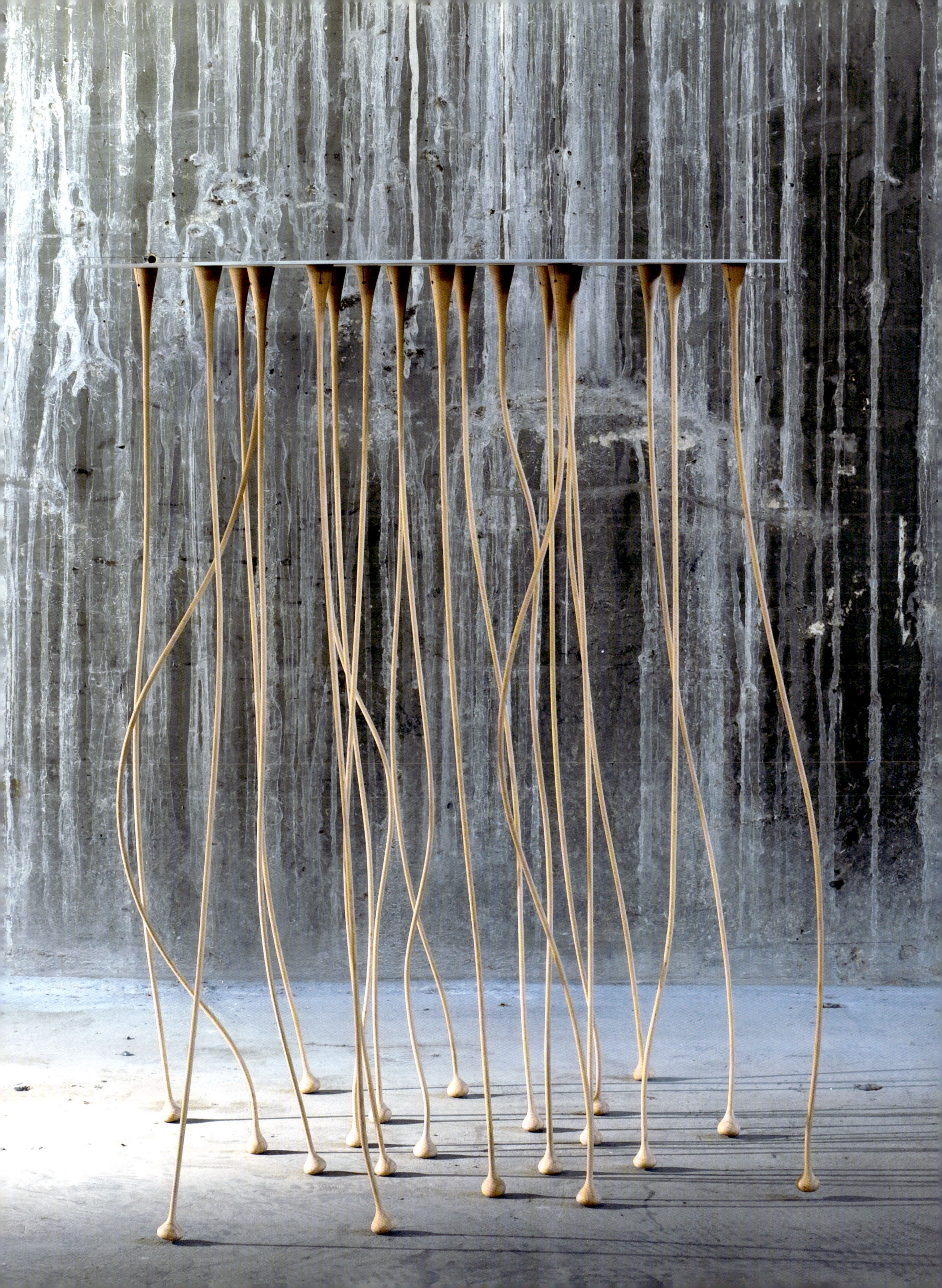

WOHNGEIST

BESTES HANDWERK
WohnGeist

Wohnen mit Ausstrahlung

■ Die Herstellung der allerfeinsten Schränke, Tische, Stühle und Betten bedarf einer hohen Kunstfertigkeit. Auf die Details kommt es an, mit höchster Aufmerksamkeit und einer Menge Fingerspitzengefühl müssen Leisten angebracht, Bretter geschliffen und Oberflächen poliert werden. Dass im Unternehmen WohnGeist also gleich mehrere Frauen in der Produktion arbeiten, ist deshalb nur konsequent.

Bei WohnGeist werden nämlich ausschließlich individuelle Möbel gefertigt, die sich erheblich von Massenprodukten unterscheiden und hochwertige Materialien kombinieren. Das Unternehmen mit Design-Atelier in der Basler St. Alban-Vorstadt hat klare Prinzipien. Natürliche Materialien werden so zu Tischen und Stühlen, zu Treppen und Böden, zu ganzen Wohn- und Büroräumen verarbeitet, dass sie zeitlos wirken und durch pure Eleganz beeindrucken. Von wenigen Ausnahmen abgesehen, verarbeitet WohnGeist ausschließlich Massivholz, nach Umweltschutzkriterien eingekauften Ahorn, Eiche oder Nussbaum, Birne oder Olive, gegebenenfalls mit Stahl, Stein oder Glas ergänzt. Dass alle Stücke Swiss made sind, ist den Kunden längst bekannt.

Doch es sind nicht nur Sideboards und Schemel, Büroregale und Arbeitstische, die in den neu eingerichteten Werkstätten in Frenkendorf entstehen: Auch für seine hochwertigen Küchenaccessoires hat sich WohnGeist einen Namen gemacht. Salz- und Pfeffermühlen, Messerblöcke und Schneidbretter werden mit derselben Akribie gefertigt wie Möbel, werden mit biologischen Mitteln behandelt und so präzise ausgefräst, dass Kochen zum Genuss wird. Die passende Küche, als Einbau- oder stilvolle Möbelküche, liefern Stefan Senn und seine Mitarbeiter und Mitarbeiterinnen gern dazu. Und wer dann noch den schönsten aller denkbaren Werkzeugkästen mit nach Hause nehmen und selbst feilen möchte: Auch den gibt es bei WohnGeist!

WohnGeist AG
Stefan Senn & Catherine Pfaehler

Rheinstrasse 41
CH-4402 Frenkendorf

Telefon 00 41 (0) 61 / 2 72 18 18
Telefax 00 41 (0) 61 / 2 73 97 70

www.wohngeist.ch

BESTES HANDWERK
Stolz

Stolz GmbH

Tramstrasse 66
CH-4142 Münchenstein

Telefon 00 41 (0) 61 / 413 00 08
Telefax 00 41 (0) 61 / 413 00 09

www.schreinereistolz.ch

Stolz aufs ganz besondere Holz

Wenn es um das Thema Holz geht, ist man bei Andi Stolz in jedem Fall richtig. Seit sich der Schreiner aus der Region im Jahre 1999 selbständig machte, hat er alle Aspekte dieses einzigartigen Rohstoffes kennengelernt und sein Angebot nach und nach erweitert. „Wir decken alles ab, was mit Holz zu tun hat", berichtet Andi Stolz. Im Laufe der Zeit wurde die Werkstatt vergrößert, bald zog die kleine Firma aufs Walzwerkareal nach Münchenstein und eröffnete unweit der Schreinerei auch einen Show-Room. Doch man sollte sich nicht täuschen lassen: Was darin zu sehen ist, umfasst nur einen kleinen Teil des Angebotes, das von Böden bis zu Decken reicht, das Küchen ebenso umfasst wie Türen oder Treppen.

Vor allem hat sich Andi Stolz allerdings auf das Sanieren alter Wohnungen und Häuser spezialisiert. Wenn es darum geht, ein jahrzehnte- oder gar jahrhundertealtes Parkett zu reparieren, zu ergänzen oder gar komplett nachzubauen, dann ist der Experte aus Münchenstein die erste Adresse für Basler oder jene Kunden, die ihren alten Bauernhof im Elsass oder das historische Gebäude im Jura auf den neuesten Stand bringen wollen. Auch die Renovierung von traditionellen Hotels – wie dem Krafft in Basel – oder Restaurants gehört zum Repertoire. Möbel aus feinstem Nussbaum- oder Birnbaumholz werden passend zur vorhandenen Einrichtung oder nach neuen Ideen gefertigt, alte Balken so hergerichtet, dass sie ihre tragende Funktion noch erfüllen, aber auch Wohnflair ausstrahlen. Bei der Erarbeitung individueller Kücheneinrichtungen berücksichtigt Andi Stolz neue Trends und Techniken – und selbst bei der Frage des perfekten Weinregals weiß der Holz-Experte genau Bescheid, passt bereits Vorhandenes an das Neue an und sorgt dafür, dass existierende Patina nicht verlorengeht. Wichtig ist in jedem Fall die Erfüllung der Kundenwünsche. Grenzen gibt es kaum – sofern das Holz im Mittelpunkt der Arbeit steht!

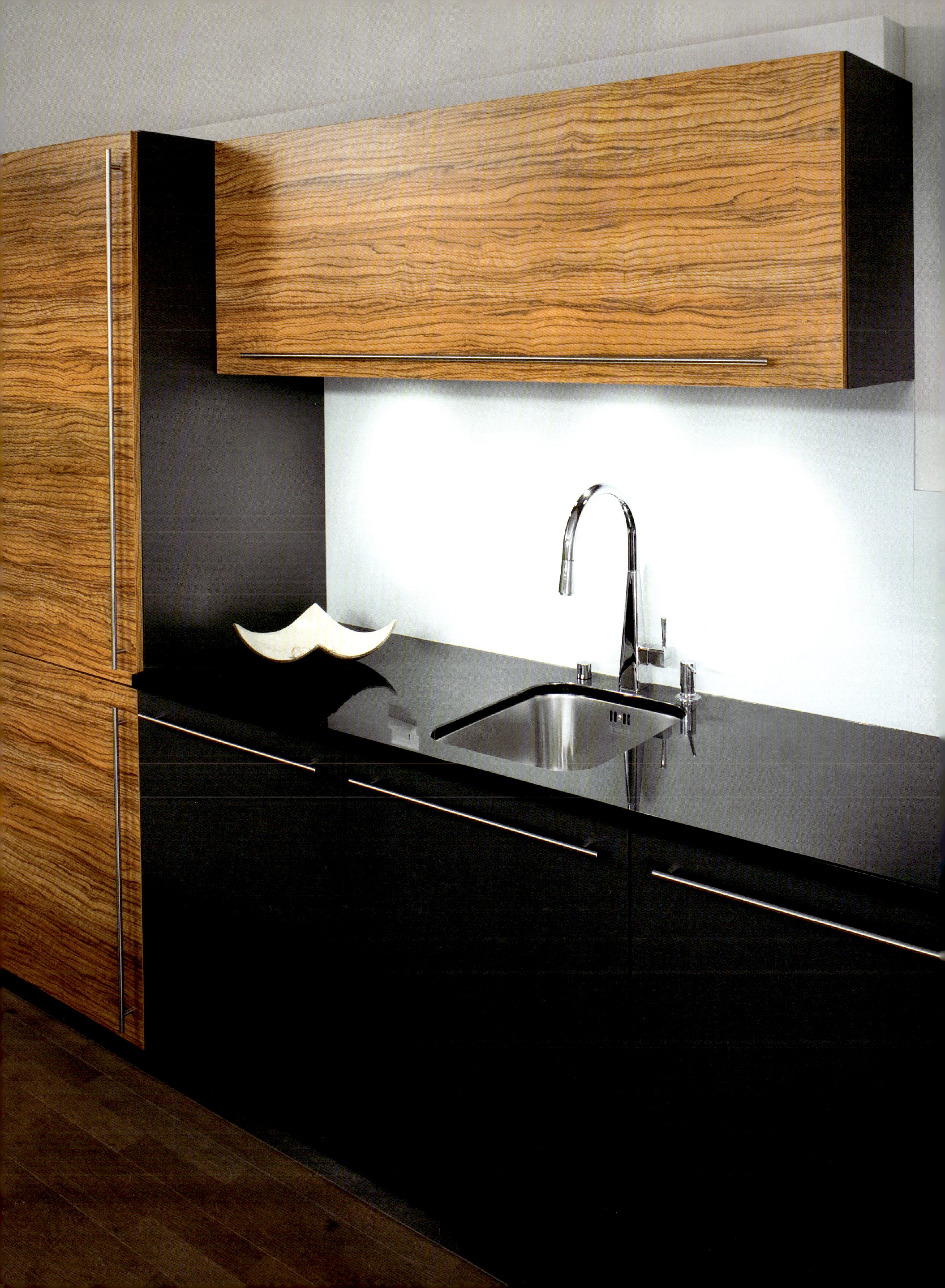

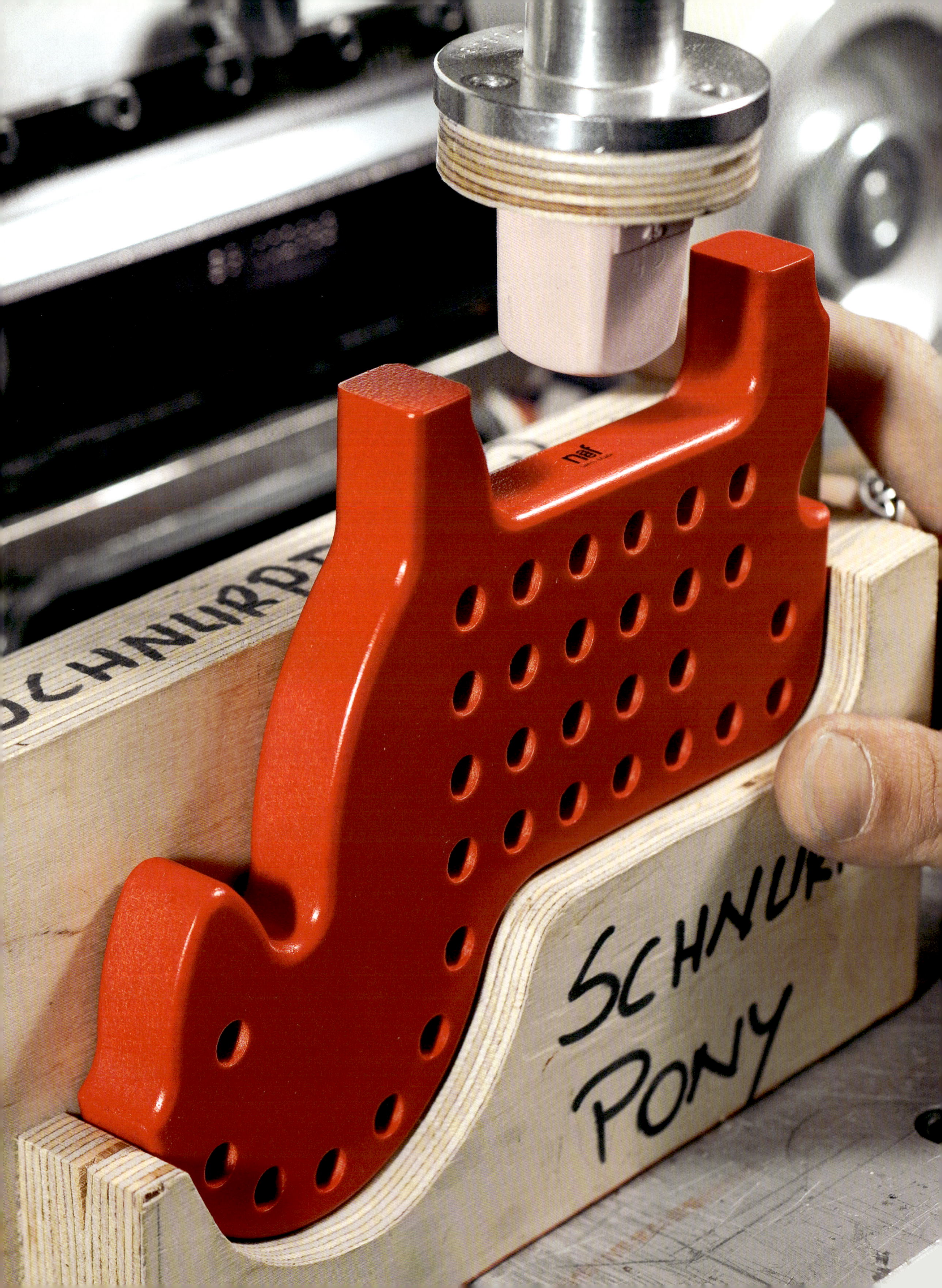
CHNURPF
SCHNUR
PONY

BESTES HANDWERK
Naef Spiele

Kreatives Spielen

■ Als der gelernte Schreiner und Innenarchitekt Kurt Naef sein allererstes Spiel entwickelte, da nutzte er selbstverständlich jenen Grundstoff, mit dem er bereits die meisten Erfahrungen gesammelt hatte. Aus Holz entstand 1956 das erste Produkt des kleinen Unternehmens, es kamen im Laufe der Jahre zahlreiche weitere Spiele hinzu, und allen ist zweierlei gemeinsam: Sie werden aus Holz gefertigt, vor allem aus Ahorn, und sie sollen Kreativität vermitteln, die Sinne ansprechen und die Fantasie anregen. Kurzfristiger, in Überdruss ausartender Zeitvertreib ist nicht gefragt, und selbst Erwachsene können mit den detailgetreu gefertigten Spielen eine Menge anfangen.

„Dazu gehört auch, dass man mit beiden Händen spielen muss", erklärt Hans-Peter Engeler. Vor wenigen Jahren übernahm der Sohn von Kurt Naefs Frau Lotti den Betrieb, brachte Ideen ein, entwickelte ein neues Corporate Design, blieb aber den Ideen des Gründers treu. Die Spiele werden ausnahmslos in der Schweiz hergestellt, Handarbeit spielt eine große Rolle, und bei den Rohmaterialien ist die ökologische Qualität wichtig, achtet man auf Farben, die garantiert nicht gesundheitsschädigend sind. Während fast alle Spielzeuge, die in den Regalen der Warenhäuser stehen, inzwischen in Übersee produziert werden, ist es bei Naef Spiele genau umgekehrt. „Wir liefern in 40 Länder, sogar nach Asien", sagt Hans-Peter Engeler. Kurt Naefs allererstes Spiel ist auch heute noch im Angebot, doch immer wieder kommen neue dazu, werden Muster gedrechselt und Testverkäufe durchgeführt. Und natürlich spielt Hans-Peter Engeler mit seinem Team auch konsequent selbst, bevor er den Auftrag zur Serienherstellung erteilt. Genau diese Akribie führt auch zur Selbstbeschränkung, lässt das Familienunternehmen in einem von Konzernen beherrschten Markt überleben. „Wir wollen nicht zu groß werden", sagt der Chef. „Aber kreativ bleiben!"

Naef Spiele AG
Hans-Peter Engeler

Untere Brühlstrasse 11
CH-4800 Zofingen

Telefon 00 41 (0) 62 / 7 46 84 84
Telefax 00 41 (0) 62 / 7 46 84 80

www.naefspiele.ch

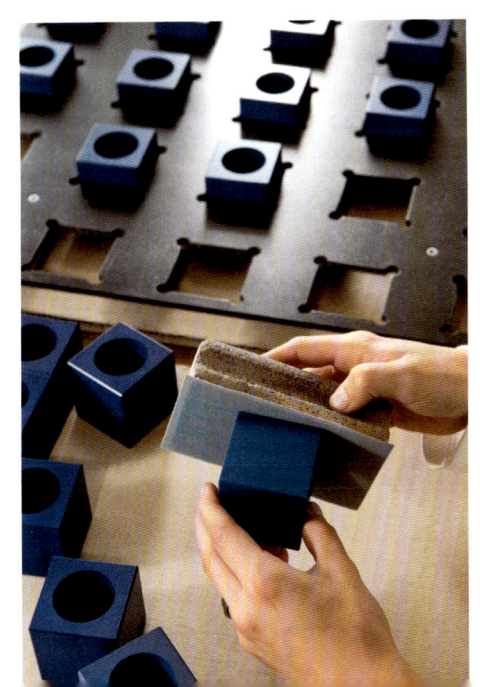

BESTES HANDWERK
ZBÖ – Natürliche Raumgestaltung

Küchen auf natürliche Art

ZBÖ – Natürliche Raumgestaltung
Reiner Dietsche

Gewerbestraße 17
D-79219 Staufen

Telefon 0041 (0) 76 33 / 50 00 16
Telefax 0041 (0) 76 33 / 78 09

www.zboe-raumgestaltung.de

■ Bernd und Reiner Dietsche planen ihre Möbel stets so, dass Enttäuschungen ausgeschlossen werden und zweifelhafte Überraschungen unmöglich sind. „Wir bauen immer in Zusammenarbeit mit unseren Kunden", sagt Reiner Dietsche. Tische und Regale, Bettgestelle der Luxusklasse und immer wieder jene Bauteile, für welche die Firma im Breisgau und im Markgräflerland bekannt wurde: Küchen. Besser gesagt: Kochwerkstätten, die sich den Bedürfnissen der Nutzer anpassen wie ein Maßanzug. Was in den Ausstellungsräumen in Staufen zu sehen ist, stellt nur eine Anregung und einen kleinen Teil dessen dar, was möglich ist. Was wirklich machbar sein könnte, erklären die Dietsches im Beratungsgespräch. „Die Küche muss in den Raum passen", sagt Reiner Dietsche, „und ausgemessen wird natürlich beim Kunden daheim".

Wichtig ist für die Schreinerei auch die Verwendung der richtigen Materialien. Als ökologischer Betrieb arbeitet die ZBÖ zum größten Teil mit Massivhölzern, die vor allem aus Deutschland stammen. Tropenhölzer aus zweifelhaften Herkünften sind tabu, die Oberflächen der Hölzer sind zum größten Teil offenporig gehalten; Glas, Edelstahl und Granit sind allerdings ebenfalls unverzichtbar. Die computergestützte, von jahrzehntelanger Erfahrung begleitete Verarbeitung führt zu Küchen-Ergebnissen, die viele Jahre lang Begeisterung und Freude am Kochen vermitteln. „Die Wertbeständigkeit ist uns wichtig", betont der Chef, der keinen Widerspruch sieht zwischen natürlichen Materialien und modernster Technik sowie neuesten Trends, die Küchen zu einem Bestandteil des Wohnbereichs machen. Um die passenden Geräte kümmern sich Bernd und Reiner Dietsche dann auch gleich: Vor allem italienische Herde, etwa der Marken Steel und Ilve, haben es ihnen und ihren Kunden angetan. Ein wenig mediterranes Flair ist auch in Baden nie fehl am Platz!

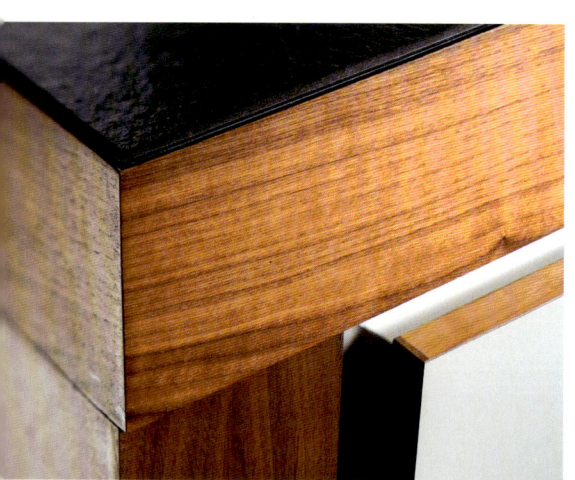

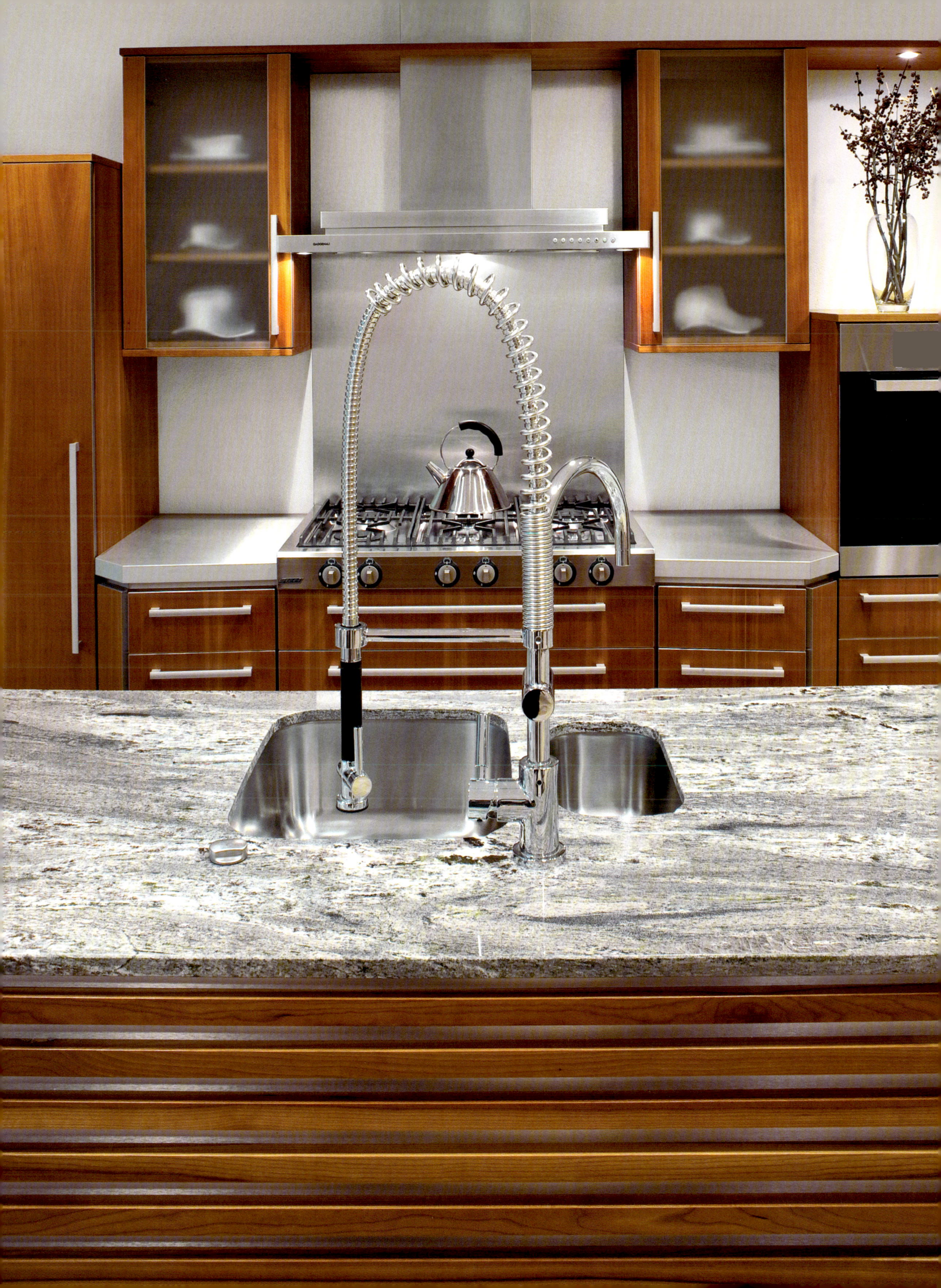

°C

BESTES HANDWERK
Bauteilbörse Basel

Recycling mit Zukunft

■ Vor anderthalb Jahrzehnten war die Basler Bauteilbörse noch ein Unikat in der Schweiz, die Idee der Wiederverwertung feierte Premiere. Warum nicht, so lautete die ursprüngliche Idee, einfach Bauteile so wiederverwerten, wie es bei gebrauchten Autos seit Langem üblich ist? Weshalb nicht abgebrochene Sanitäranlagen oder Mauerteile, Fensterrahmen und Heizkessel herrichten und ein zweites Mal ihrer Bestimmung zuführen? Ja, sogar ganze Küchen, Badewannen und Duschkabinen werden durch die Basler Bauteilbörse vermittelt (und vor der Weiterverwendung ausgebessert und gereinigt), Kleinteile wie Lichtschalter und Steckdosen sind ebenfalls im Sortiment.

Inzwischen hat sich das System nicht nur bei den Baslern etabliert, die Bauteilbörse wurde auch zum Vorbild für etliche andere Institutionen mit gleichem Konzept in der Schweiz. Aus Sanierungen und Abbrüchen in ganz Basel und Umgebung stammen die Schätze, die sich im riesigen Lager in der Turnerstrasse stapeln – nach Materialien und Größen sortiert. Peter Schmid, der Geschäftsführer der Bauteilbörse, und seine Mitarbeiter versuchen, dem Trend zur Wergwerfgesellschaft entgegen zu wirken, wollen aber auch den Charme der Vergangenheit bewahren. Manche Teile sind nämlich bereits so bejahrt, dass sie bereits wieder einen nostalgischen Charme besitzen; mit einem Preis von zehn bis maximal 40 Prozent des Originals sind sie also stets günstig. Und manchmal stößt das Team der Bauteilbörse – viele Arbeitsplätze wurden mit Stellenlosen besetzt – auf echte Trouvaillen. Wie bei einem alten Hotel, das vor einigen Jahren renoviert wurde und beim Abbruch einige Schätze freilegte. Die Badewanne, in der früher mal Mick Jagger ausgeruht haben dürfte, fand in Windeseile einen Abnehmer. Eine neu erworbene Wanne hätte nicht nur mehr gekostet, sondern mit Sicherheit sehr viel weniger Geschichte vorzuweisen gehabt!

Bauteilbörse Basel

Turnerstrasse 32
CH-4058 Basel

Telefon 00 41 (0) 61 / 6 90 90 10

www.btbbasel.ch

BESTES HANDWERK
Hansjörg Kilchenmann

Messer als Kunstwerk

Hansjörg Kilchenmann
Messerschmied

Mittlere Strasse 48
CH-4056 Basel

Telefon 00 41 (0) 61 / 2 61 08 77

www.messerschmiede.info

Viele Handwerker behalten ihre erlernten Fertigkeiten gern für sich, eingeweiht werden lediglich Lehrlinge und Gesellen. Hansjörg Kilchenmann sieht das anders, hat keine Geheimnisse vor seinen Kunden und anderen Neugierigen. Ganz im Gegenteil: Das seltene Handwerk des Messerschmiedes möchte er bekannter machen. Regelmäßig veranstaltet der Basler, der ursprünglich aus der Zentralschweiz stammt und den Beruf aus Begeisterung für die Metallverarbeitung wählte, Kurse in der Kunst des Messermachens. Während einiger Stunden lernen die Interessierten, wie man ein Schneidwerkzeug zusammenbaut, wie man Griff und Klinge bearbeitet. Man kann sogar sein eigenes Messer schmieden lernen, vom unförmigen Metallblock bis zum glänzenden Werkzeug.

Wenn er gerade keine Kurse gibt, fertigt Hansjörg Kilchenmann eigene Messer aus unterschiedlichen Stahlsorten. Die auffälligsten werden aus dem legendären Damaszenerstahl hergestellt, also aus jener Metallsorte, die auf der Oberfläche ein charakteristisches, an Holz erinnerndes Muster aufweist. Eine Folge der Technik, die Hunderte von Lagen unterschiedlicher Stahlsorten zusammenschmiedet. Wie Blätterteig legen sich diese aufeinander, führen zu elastischen, gleichzeitig aber auch harten Klingen. Wer ein solches Messer-Kunstwerk sein eigen nennt, muss es eigentlich nur noch richtig schleifen – oder einen Experten in seiner Nähe wissen. Hansjörg Kilchenmann schärft eigene und fremde Stahl-, aber auch Keramikmesser so, dass sie anschließend butterweich ohne den geringsten Druck durch Papier oder reife Tomaten schneiden. Auch wenn man selbst Messer zu Hause nachschleifen kann, ist nicht nur ambitionierten Hobbyköchen die zeitweise Konsultation des Experten empfohlen. So halten es auch die Profis diverser Basler Hotels oder Restaurants: Alle paar Monate liefern sie ihre Messer in der Mittleren Strasse ab, um sie für den Einsatz am Herd wieder fit zu machen.

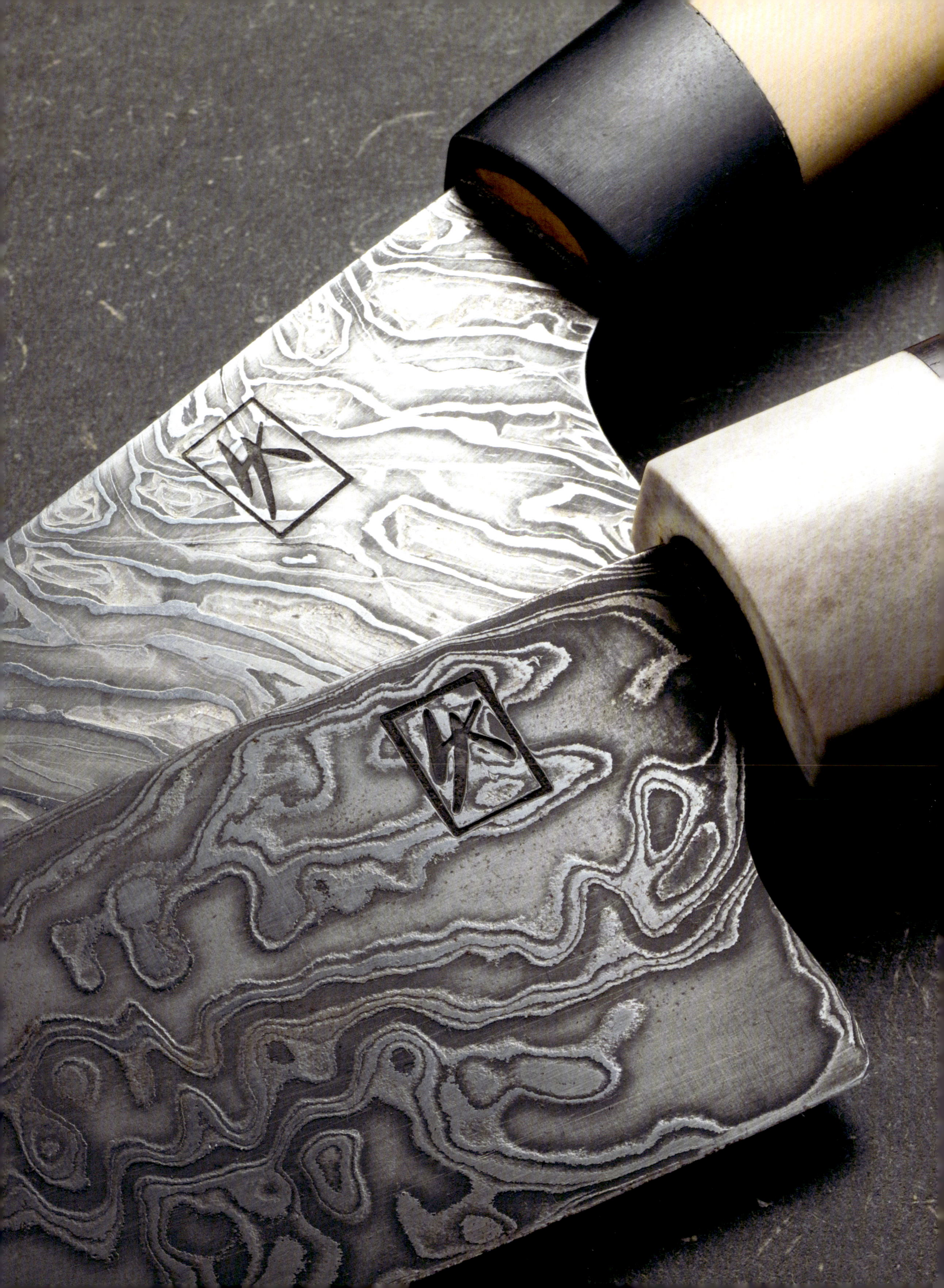

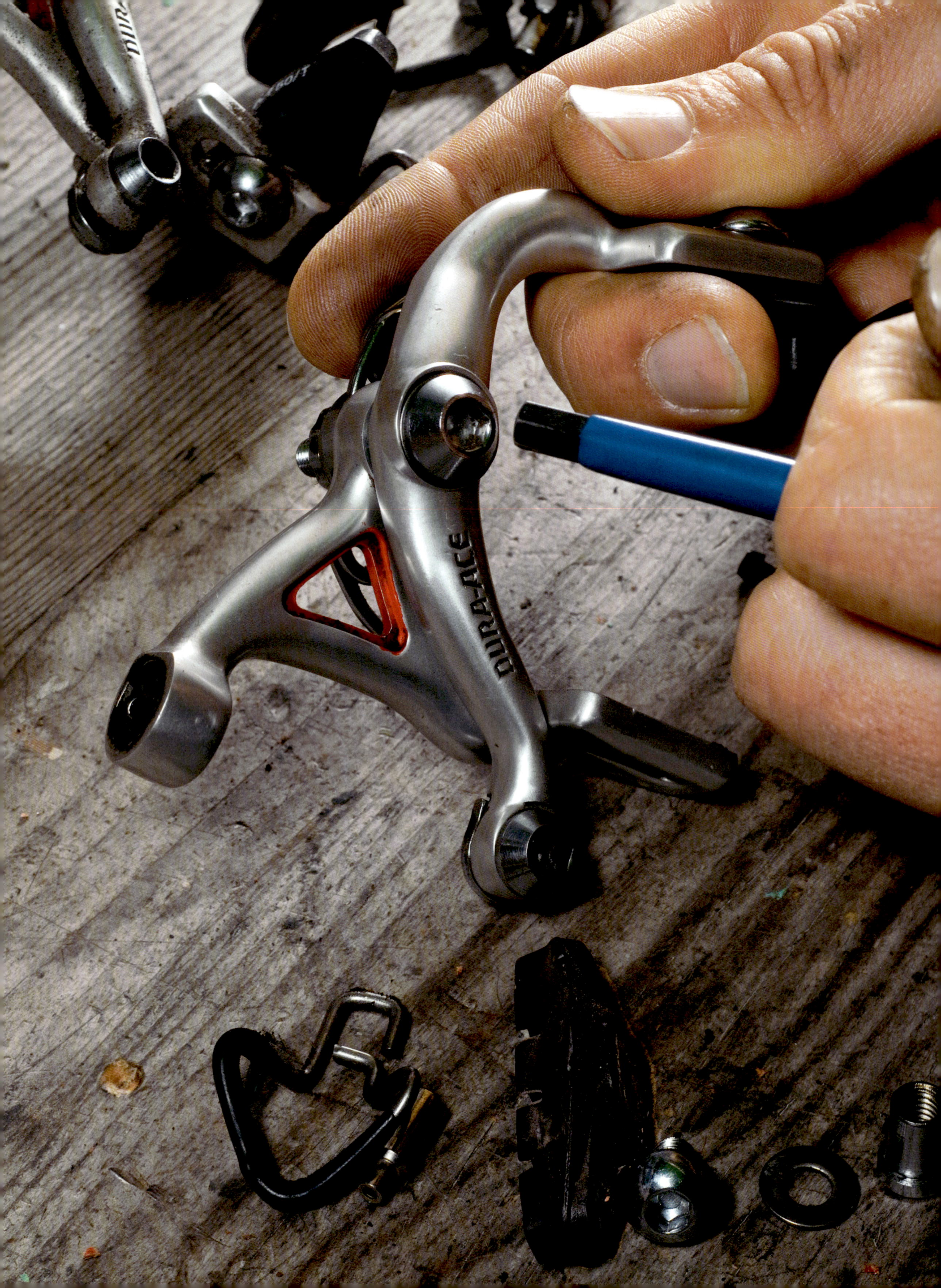
DURA-ACE

BESTES HANDWERK
ChezVelo

Individueller Fahrradbau

■ Inspiriert durch Optik und Eleganz der Fahrräder vergangener Tage, können Christian Berra und Andreas Schabbach nicht genug bekommen von den Zweirädern, welche Radhelden einst über die Alpen und die Pyrenäen brachten. Auch sind diese Fahrräder in ihrer Einfachheit und ihrem Flair kaum zu überbieten, was die beiden Kreateure dazu veranlasst, sich ausschließlich mit dem Rahmenwerkstoff Stahl zu befassen. Im Gegensatz zu den modernen Hochleistungsmaschinen besticht dieses Material durch die Vielseitigkeit im Bereich der Gestaltung und Bearbeitung.

Die Schöpfungen, die in ihrem Atelier in Rodersdorf entstehen, sind alte Klassiker in einem neuen historischen Kleid, Neuaufbauten mit eigener Gestaltung und eigenem Gesicht sowie zunehmend eigene Entwicklungen und Kreationen im Rahmenbau auf Maß und Wunsch. Was alt ist, das haben Christian Berra und Andreas Schabbach schnell herausgefunden, muss im Fahrrad-Business noch längst nicht schlecht sein. „Wir kreieren und gestalten neue Velos aus alten Teilen", erklärt Andreas Schabbach. Bestens erhaltene, oft noch völlig ungebrauchte Rahmen, Gangschaltungen, Bremszangen und Laufräder werden nach den Vorstellungen des Kunden zu etwas Einzigartigem zusammengebaut. Egal ob Rennrad, Randonneur oder puristisches Singlespeed, der Charme und die detailverliebte Umsetzung machen jedes Fahrrad zu einem Unikat, das auf die Bedürfnisse und die individuellen Maße des späteren Besitzers eingeht. Das Bestimmen von Farben, Materialien und Formen ist dabei ein Prozess, in den der Besteller stets eingebunden ist und welcher im Atelier, bei der Entstehung des Maß-Velos, mitverfolgt werden kann. Am Schluss zahlt der, der nicht nur von A nach B fahren möchte, sondern ein ganz besonderes Rad sein eigen nennen will, kaum mehr als für ein hochwertiges Markenrad aus dem herkömmlichen Fachhandel. Der Besitzer darf sich jedoch über ein unverwechselbares Einzelstück freuen, auf dem man wie angegossen sitzt.

ChezVelo
Christian Berra und Andreas Schabbach

Biederthalstrasse 26
CH-4118 Rodersdorf

Telefon 00 41 (0) 61 / 5 61 73 35
Telefax 00 41 (0) 61 / 5 61 73 36

www.cro-mo.com

BESTES HANDWERK

Schmuck, Uhren & eine lange Handelsgeschichte

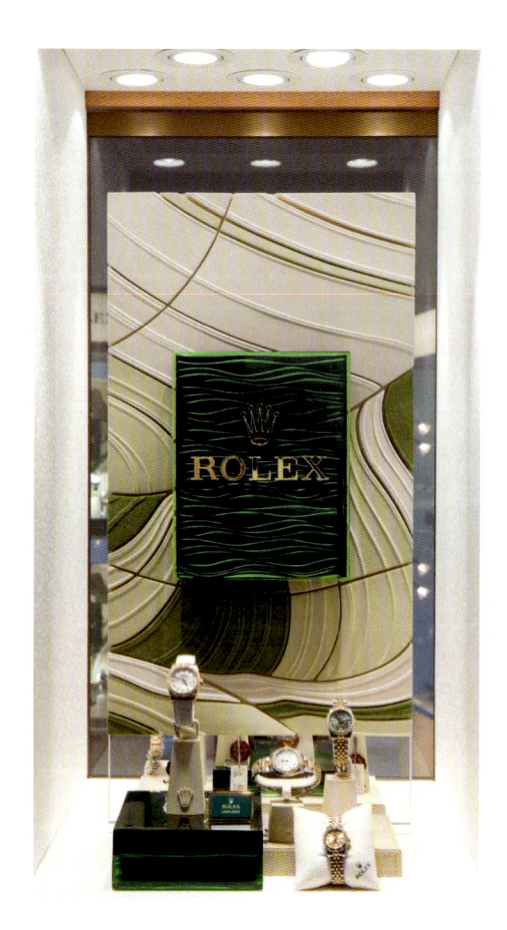

■ Die Begriffe Uhren und Schweiz werden vielerorts auf der Welt im gleichen Atemzug genannt. Kein anderes Produkt, außer vielleicht noch Schokolade und Käse, ist so sehr mit der Alpennation verbunden, wie es die Zeitmesser sind. Begriffe wie Rolex, Breitling, Patek Philippe und Omega werden heute fast synonym mit dem der Schweizer Uhrentradition verwendet, und dass die Schmuckstücke fürs Handgelenk auch modern daherkommen können, bewies vor einigen Jahren der Tüftler Nicolas Hayek mit seiner Swatch-Uhr. Lange Zeit indes verstand man unter Uhr vor allem eine schwere Standuhr, später eine Taschenuhr, die immer noch eine gewisse Größe und ein nicht unerhebliches Gewicht aufwies. Kleine, für jedermann mitführbare Armbanduhren, wie sie heute selbstverständlich sind, wurden erst gegen Ende des 19. Jahrhunderts populär, als es gelang, die für die Energieversorgung und die Zeitmessung notwendigen Teile auf sehr kleinem Raum unterzubringen. Vor allem das Militär war Schrittmacher der neuen Technik; klobige Taschenuhren erwiesen sich nämlich in Extremsituationen an der Front als unpraktisch. In Friedenszeiten übernahmen die, welche sich die Armbanduhren leisten konnten, diese Innovation, und im 20. Jahrhundert wurden schließlich die automatischen Uhren populär: Sie mussten nicht aufgezogen werden, sondern bezogen die notwendige Energie aus den Handgelenksbewegungen ihrer Träger.

Basel selbst und seine Umgebung waren zwar nie bekannt für ihre Uhrenindustrie, doch die Verbindungen zu den Zentren des Uhrmachergewerbes galten als eng. Vor allem die im Westen der Schweiz gelegenen

BESTES HANDWERK

Regionen Genf, Neuenburg und das Schweizer Jura, das heute ein eigener Kanton ist, waren (und sind) Hochburgen dieser Industrie. Auch der Weg nach Basel war, wenn es um die Vermarktung der Uhren ging, für viele Manufakturen vorgezeichnet. Schließlich hatte die Stadt schon im 15. Jahrhundert, lange bevor französische Hugenotten die Kenntnisse des Uhrmacherhandwerks von Frankreich in die Westschweiz brachten, eine der bedeutendsten Handelsmessen im deutschsprachigen Raum vorzuweisen: eine Messe, die aus der Notwendigkeit heraus entstanden war. Nachdem das Basler Konzil, das viele Jahre der Stadt zu wirtschaftlichem und kulturellem Aufschwung verholfen hatte, im Jahr 1449 beendet worden war, kehrte eine lange nicht mehr gekannte Ruhe ein zwischen Rheinufer und Spalentor. Basel war kurz davor, wieder zur Provinzstadt zu schrumpfen, als der damalige Bürgermeister Hans von Bärenfels beim Kaiser – damals noch für die Belange Basels zuständig – das Gesuch zur Abhaltung einer Messe stellte. 1471 war es so weit: Der Bürgermeister reiste eigens nach Regensburg, wo in jenem Jahr der Reichstag stattfand, und erhielt die Genehmigung, innerhalb der Basler Stadtmauern auf ewige Zeiten eine Frühjahrs- und eine Herbstmesse abzuhalten. Während die eine Messe, die im Frühjahr, nur kurze Zeit existierte, erwarb die Basler Herbstmesse eine Tradition, die sich allmählich tatsächlich der Ewigkeit nähert: Im Herbst 2010 wurde die 540. Messe abgehalten. Von Anfang an war die mehrwöchige Veranstaltung, die Ende Oktober öffnet, nicht nur eine Verkaufs-, sondern auch eine Vergnügungsmesse, auf der gegessen und getrunken wurde, wo man Attraktionen zeigte und wo spä-

101

BESTES HANDWERK

ter die neuesten Fahrgeschäfte lockten. Kaufleute aus der nahen und weiten Umgebung boten ihre Waren an, und die Besucher strömten nicht nur aus den Basler Vororten, sondern auch von weiter weg herbei. Auch nach dem Eintritt Basels in die Eidgenossenschaft 1501 änderte sich nichts am Zulauf der Neugierigen. Heute besitzt die Herbstmesse, die sich nicht nur am Messegelände ausdehnt, sondern über die halbe Innenstadt erstreckt, den Ruhm des ältesten Jahrmarkts der ganzen Schweiz, ist die größte Veranstaltung dieser Art im Lande und weit darüber hinaus. Dass Events wie das Oktoberfest in München und die Cannstatter Wasen Jahr für Jahr noch mehr Besucher anziehen, stört die Basler kaum: Beide Volksfeste besitzen einen anderen Charakter und eine unterschiedliche Tradition. Und sie können, was die Historie angeht, nicht mit der Veranstaltung in Basel konkurrieren. Zu den Besonderheiten, die man schon immer auf der Herbstmesse erweben konnte, zählte schon früher und gehört auch heute noch der Schmuck. Allerdings sind viele der angesehensten Goldschmiede und Juweliere Basels nicht auf der Herbstmesse präsent; wer ihre Kostbarkeiten bewundern will, muss sich schon die Mühe machen, persönlich deren Ausstellungsräume aufzusuchen. Viele der kleinen, sehr persönlich gestalteten Boutiquen finden sich zwischen Petersplatz und Marktplatz, im alten Stadtkern von Basel; der Besucher kommt fast automatisch an ihnen vorbei, widmet er sich sämtlichen Attraktionen der Herbstmesse, streift zwischen Petersplatz und Kleinbasel hin und her. Viele Gold- und Silberschmiede haben ihren eigenen Stil entwickelt,

BESTES HANDWERK

arbeiten mit geometrischen Formen oder mit Steinen, die sie auf Exkursionen in die Juraberge selbst gesammelt haben. Die Marken großer Schmuckfirmen von weltweitem Ruf sind in Basel zu haben, aber auch selbstständig arbeitende Kunsthandwerker, die bloß wenige, individuelle Stücke herstellen, bestimmen das Bild am Spalenberg oder in der Schneidergasse. Einige Spezialisten haben sich ganz und gar auf die Verarbeitung von Perlen konzentriert, andere befassen sich vor allem mit Ringen oder Halsketten. Und selbst ausgefallene Techniken finden in der Schmuckszene Basels, die bis in die Städtchen des Kantons Basel-Landschaft reicht, ihren Platz. Mokume Gane nennt sich eine der ungewöhnlichsten Methoden, Metalle zu Schmuckstücken zu verarbeiten: Die aus Japan stammende Technik erinnert an die berühmten Damaszenerstahlklingen, die einst bei den Samurai beliebt waren und heute einige der teuersten Koch- und Küchenmesser zieren. Ähnlich wie bei dieser Stahlverarbeitung, wo verschiedene Schichten miteinander verbunden werden und ein sandwichartiger Aufbau entsteht, geht es auch beim Mokume Gane zu. Hier arbeitet der Schmied allerdings nicht an Klingen, sondern stellt Ringe und Schmuckgefäße her, und statt Stahl zu schmelzen, werden Buntmetalle verflüssigt. Die Parallelen aber sind auf den ersten Blick zu erkennen: Damaszenerklingen und Mokume-Gane-Schmuckstücke zeichnen sich durch eine gemusterte, an Holz erinnernde Oberfläche aus. Faszinierend sind beide – und Beispiele für die Innovationskraft der Basler Handwerker.

BESTES HANDWERK
Anna Schmid Schmuck

Anna Schmid Schmuck

Schneidergasse 14
CH-4001 Basel

Telefon 00 41 (0) 61 / 2 61 66 70

www.anna-schmid-schmuck.ch

Schmuck-Geschichten

Ideen für ihre Schmuckstücke entstehen bei Anna Schmid nicht nur im Atelier, sondern auch bei Streifzügen durch die Schweizer Berge oder auf Reisen in andere Länder. „Ich bin schon für einige Wochen mitsamt der Werkstatt nach Elba gezogen", erinnert sich die Baslerin, die ihren Beruf als Schnittstelle zwischen Kunst und Handwerk versteht. Kreiert wird, im ersten Stock über dem Laden, nicht etwa jahraus, jahrein das gleiche Sortiment von Ringen, Ketten und Armreifen. Was hier in feiner Handarbeit entsteht, wechselt ständig; unterschiedliche Schwerpunkte und Projekte beeinflussen Formen und Materialien. „Ich arbeite gerne nach Themen und suche darin einen neuen Bezug zum Schmuckschaffen", sagt die gelernte Goldschmiedin, die auch eine Fortbildung in Tanz absolviert hat und die Dynamik der Bewegung oft auch in ihre Schmuckobjekte hineinarbeitet. Manchmal sind es jedoch nicht Tänze, sondern Steine, die mit ihrer Ausstrahlung zu besonderen Gold- und Silberarbeiten beitragen sollen – mitgebracht von einer ihrer Touren durch die Berglandschaft der Schweiz. „Bei Steinen werde ich ganz demütig", sagt Anna Schmid, die Schiefer und Granit mit Metallen kombiniert und auf diese Weise Schmuck schafft, wie es ihn kein zweites Mal gibt in Basel. Und wenn es nicht Steine sind, könnte es sich um Worte handeln. Sprachspiele und Texte, Kalligraphien und Lyrik: Auch dies vermag Anna Schmid mit Ringen, Ohrhängern und Ketten zu verbinden. „Was die Formen angeht, bin ich wie eine Bildhauerin", sagt die Schmuckkünstlerin, die dazu auch eine kleine Galerie für angewandte Kunst betreibt. Sie setzt regelmäßig Ausstellungen an und überrascht Stammkunden im Jahresverlauf mit Neuem. Vielleicht mit den Fruttaringen, die mit dem Bild von Früchten spielen, oder mit geschmiedeten Silberobjekten, die an die südeuropäischen Lilienknospen erinnern. Oder mit etwas, was Anna Schmid erst morgen einfallen wird …

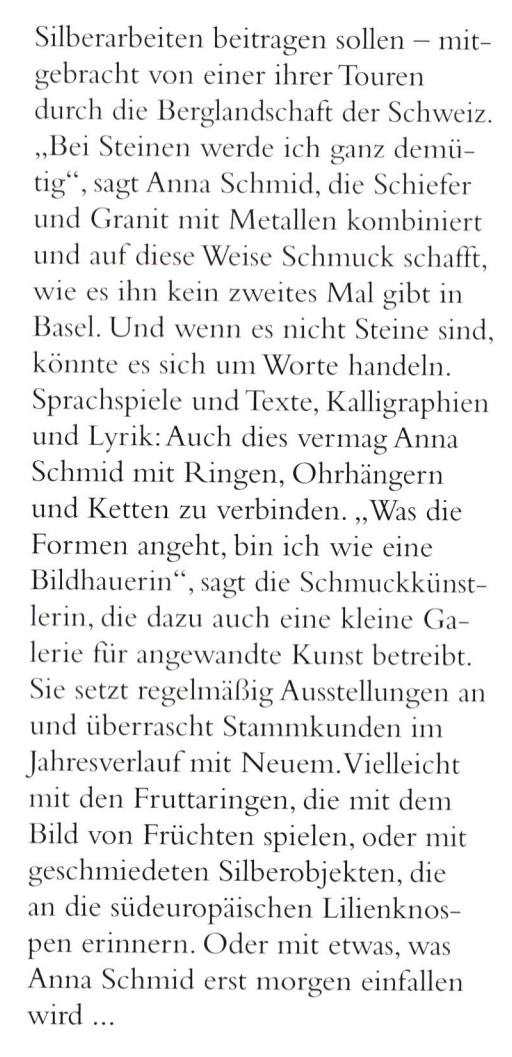

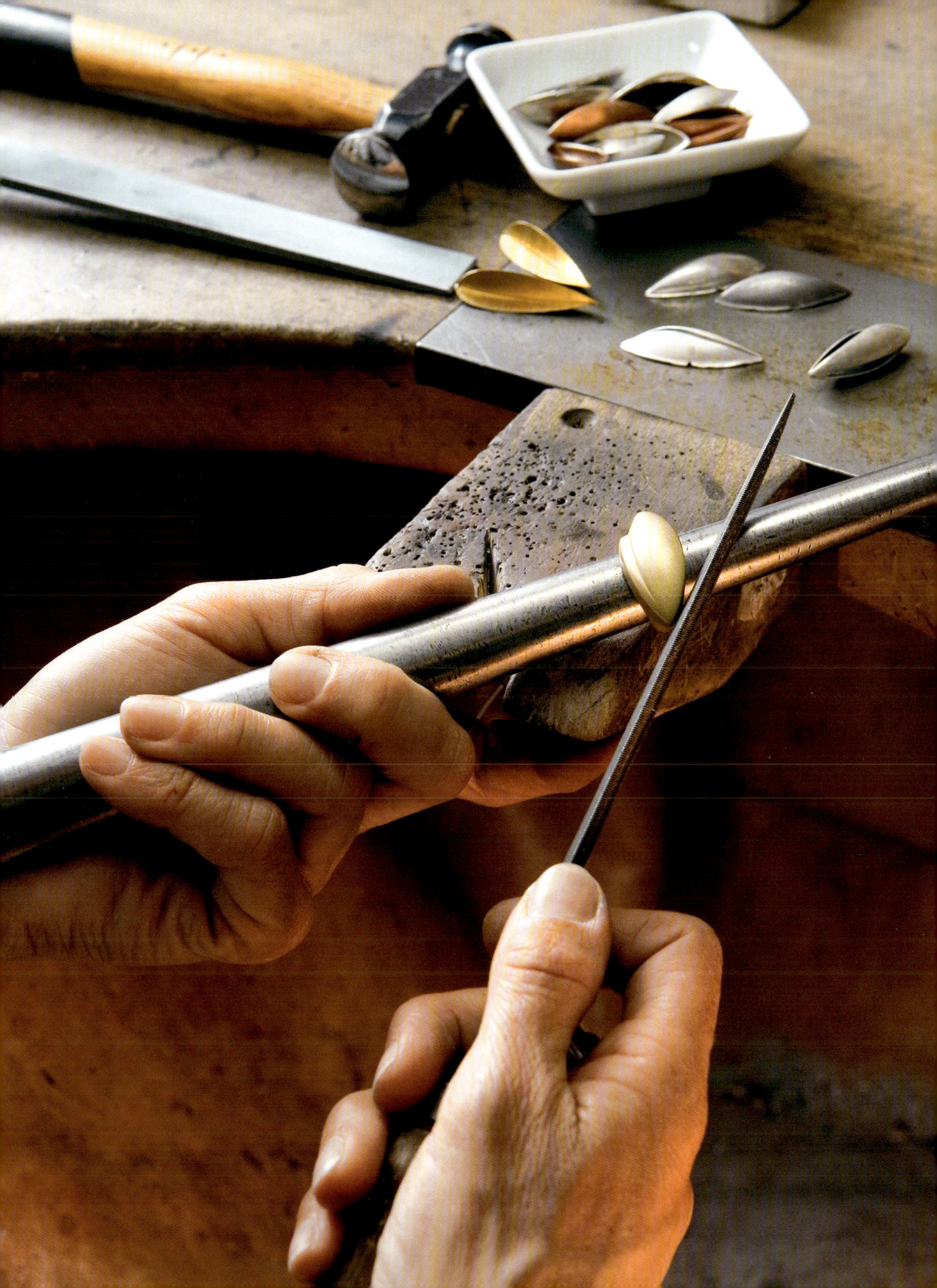

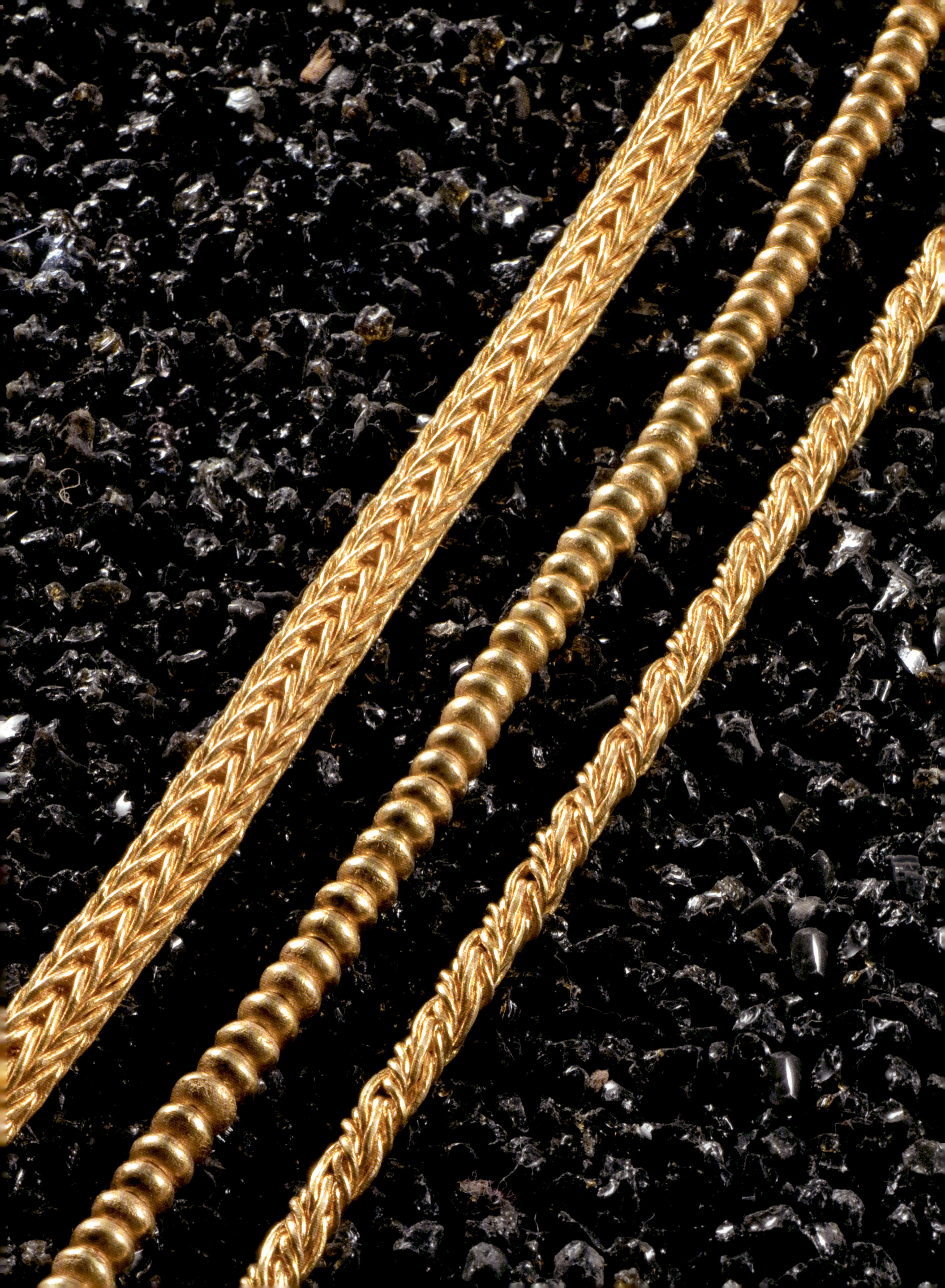

BESTES HANDWERK
Beat Lehmann

Zeitlosigkeit als Prinzip

Bei Beat Lehmann kann man sich exemplarisch darüber informieren, was die Besonderheiten des Goldschmiedehandwerks ausmachen – und was man unter einem eigenen Stil versteht. Der Experte vom Spalenberg, dem steilen, von kleinen Geschäften gesäumten Anstieg zwischen Marktplatz und Spalentor, vermag lange von den Finessen und Fertigkeiten seiner Zunft zu berichten, kann die verschiedenen Techniken, die unterschiedlichen Legierungen und die aktuellen Trends erläutern. Und er berichtet über die eigenen Kreationen, die vor allem mit wenigen Formen, Farben und Materialien auskommen, die Gold, Silber und Steine auf das Wesentliche reduzieren. Unnötige Verzierungen sind nicht unbedingt die Leidenschaft des Meisters, Beat Lehmann will seine Ringe und die Ketten, will Ohrhänger und Armreife zeitlos und elegant gestalten. So zeitlos, wie das ganze Geschäft eingerichtet ist und wie es dem Charakter des Chefs entspricht.

Gefertigt werden sämtliche Produkte – neben Manschettenknöpfen und Eheringen auch Broschen, Krawattenhalter und vieles mehr – im eigenen Atelier hinter dem Laden. Durch die geöffnete Türe lässt sich stets ein Blick auf die feilenden Lehrlinge erhaschen: Beat Lehmann legt großen Wert darauf, dem Nachwuchs Können und Tricks zu vermitteln. Dass die Goldschmiedekunst eine Zukunft hat, auch in Zeiten der industriellen Fertigung, steht für den Basler nämlich fest. Wer einmal die maschinell gemachten Ketten und Ohrhänger mit denen aus handwerklicher Herstellung vergleicht, der kann dieser These nur vollen Herzens zustimmen. Die Schlichtheit und Eleganz des Lehmann-Schmucks ist nämlich nicht mit der Belanglosigkeit der Massenproduktion zu verwechseln. Filigrane Details, perfekt gearbeitete Verschlüsse und aufwendig geglättete Oberflächen machen die Basler Schmuckstücke zu etwas Besonderem – und zu Musterexemplaren eines einzigartigen Handwerks.

Beat Lehmann

Spalenberg 32
CH-4051 Basel

Telefon 00 41 (0) 61 / 2 61 96 14
Telefax 00 41 (0) 61 / 2 61 96 15

www.beat-lehmann.ch

BESTES HANDWERK
Chronometrie Spinnler + Schweizer

Uhren und Schmuck seit 1920

Chronometrie Spinnler + Schweizer AG

Am Marktplatz 11
CH-4001 Basel

Telefon 00 41 (0) 61 / 2 69 97 00
Telefax 00 41 (0) 61 / 2 69 97 08

www.spinnler-schweizer.ch

Neun Jahrzehnte Erfahrung, eine lange Familiengeschichte und immer wieder neue Ideen: Die Epoche des Basler Uhren- und Schmuckspezialisten begann bereits im Jahr 1920. Was damals noch ein kleines Atelier war, hat sich bis in die Gegenwart zu einem der angesehensten Uhrenspezialfachgeschäfte der Nordwestschweiz entwickelt. Kontinuität besteht auch bei den handelnden Personen: Die Familie Spinnler ist nach wie vor maßgeblich beteiligt am Erfolg der Firma, mit Roger Schweizer, diplomierter Uhrmacher-Rhabilleur, kam vor 20 Jahren ein erfahrener Partner hinzu. Ganz zu Anfang der Firmengeschichte hat man es sich allerdings nicht träumen lassen, dass die Chronometrie heute nicht nur eines der führenden Uhrenfachgeschäfte der Nordwestschweiz geworden ist, sondern auch namhafte Uhrenhersteller vertritt. Rolex, IWC, Breitling, Hublot oder TAG Heuer gehören, neben anderen bekannten Marken, zu jenen Produkten, über die man sich ausführlich und fachgerecht informieren kann. Auch deshalb, weil nicht weniger als elf Mitarbeitende, davon vier Uhrmacher, Sachverstand garantieren: Alle sind ausgebildete Fachleute, entweder als Uhrmacher oder als Uhren- und Schmuck Fachverkäufer/innen.
Im firmeneigenen Uhrmacheratelier werden gebrauchte Uhren fachgerecht revidiert; dass nur Originalersatzteile verwendet werden, gehört zur Selbstverständlichkeit. „Die Beziehung zu unseren Kunden hört mit dem Verkauf einer Uhr noch lange nicht auf", sagt Roger Schweizer. Der persönliche Kontakt gehört seit jeher zu den Vorzügen des Hauses – und so sind die meisten Kunden längst darüber informiert, dass hier auch Ringe, Colliers und andere Schmuckkreationen bewundert werden können. Trouvaillen der Marken Chopard und Meister zählen seit langem zum Sortiment. Neueren Datums ist das liebevoll eingerichtete Uhrenmuseum, das im Jahr 2005 im Zythuus, einem historischen Altstadtgebäude am Spalenberg, eröffnet wurde.

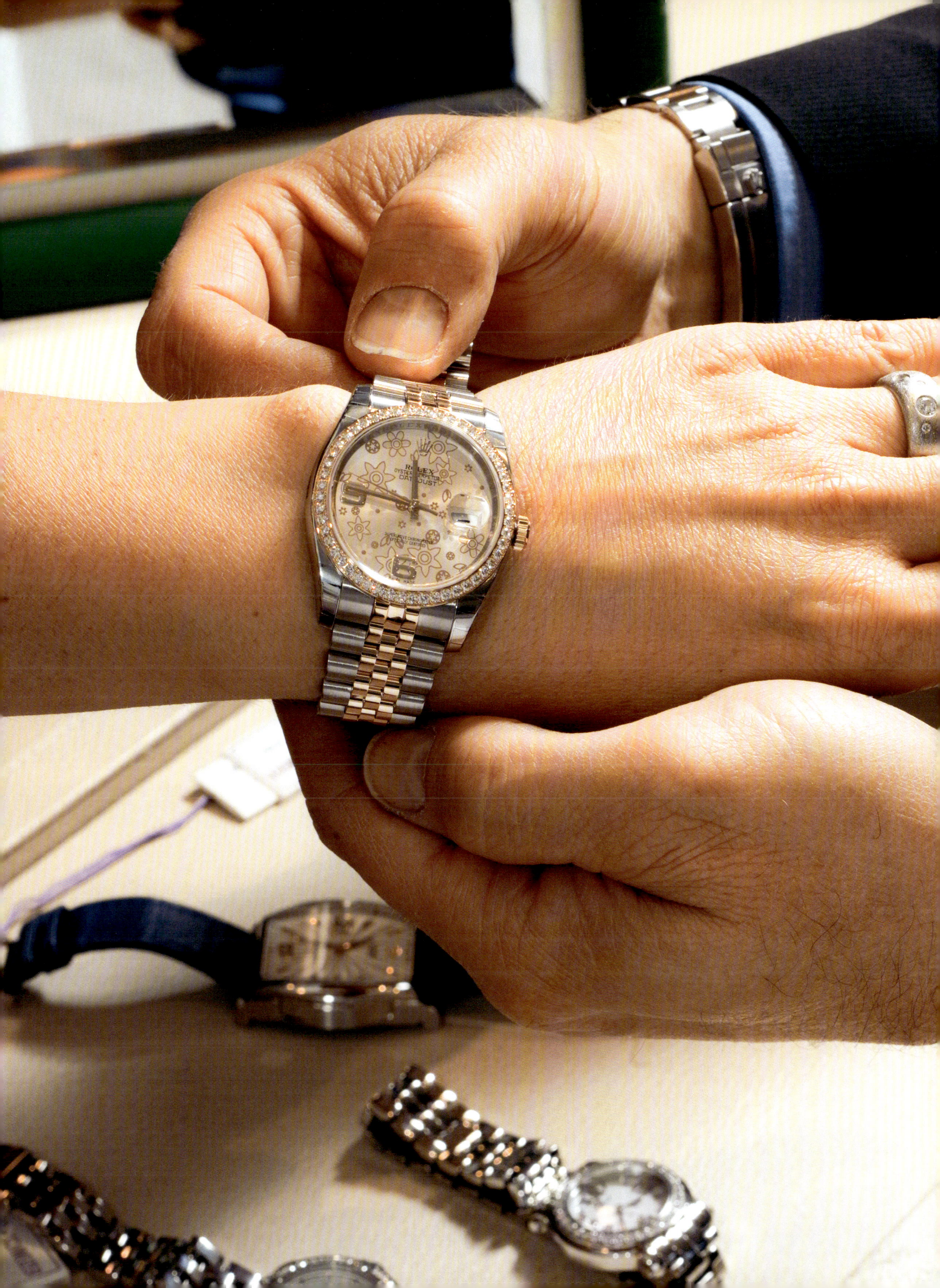

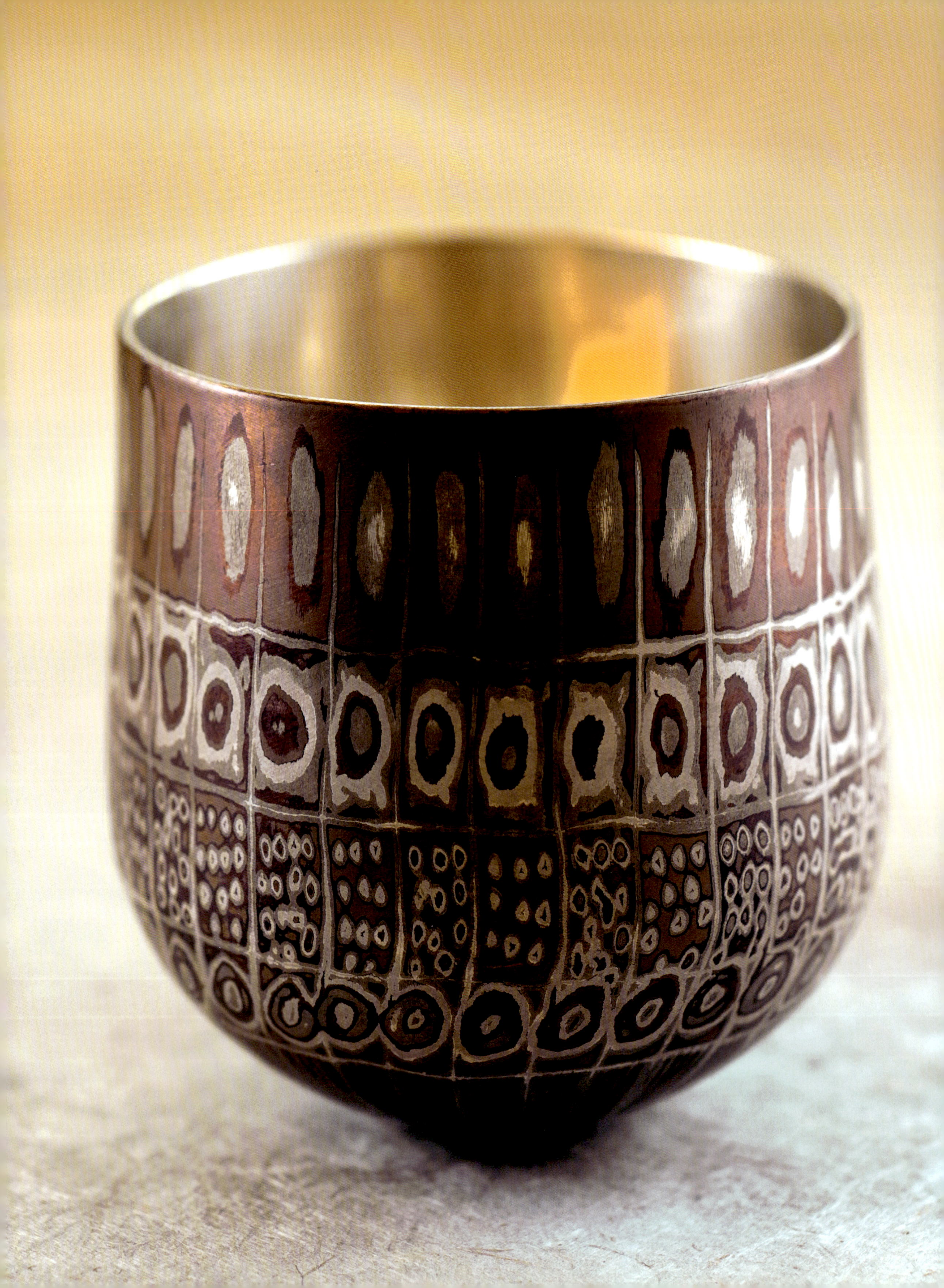

BESTES HANDWERK
Schmuck-Schmiede

Vom Zauber der Schichtmetalle

Hansruedi Spillmann kann sich ein Lächeln nicht verkneifen, wenn er an die vielen Goldschmiedemeister denkt, die er schon weitergebildet hat. Der Birsfelder hat nicht nur viel dazu beigetragen, Mokume Gane in Mitteleuropa bekannt zu machen, er praktiziert es auch selbst seit über zehn Jahren mit großem Enthusiasmus.

Im Gegensatz zum bekannteren Damaszenerstahl (Eisen, Stahl) besteht Mokume Gane aus Buntmetallen (Kupfer, Messing, Neusilber) und allen Variationen der Edelmetalle. Ein anderer wichtiger Unterschied besteht in der Schmiedetechnik. Damaststahl wird glühend geschmiedet, Mokume-Gane-Metalle hingegen kalt. Bei Damaststahl spricht man von mehreren Hundert feuerverschweißten Schichten, bei Mokume Gane sind es 5 bis 45 Schichten die meist über Wärme und Druck miteinander verschweißt werden.

Erstmals wurde Mokume Gane im 17. Jahrhundert zum Schmieden des Handschutzes (Tsuba) von Samurai-Schwertern genutzt, erst später eroberte die Technik den Schmuckbereich. Vergleichbar ist allerdings der sandwichartige Aufbau des Ausgangsmaterials, welches nach dem Fräsen, Bohren und Stechen sowie nach aufwendigen Schmiedearbeiten zu seiner charakteristischen Musterung der Oberfläche führt. Durch gezielte Weiterbearbeitung mit Oxidationsmitteln bekommt das Muster seine Farbigkeit und damit sein spezielles Aussehen.

In Hansruedi Spillmanns Atelier entstehen außergewöhnliche Becher, Schalen und Objekte, deren Oberfläche auf den ersten Blick an die Maserung von Holz erinnert, aber auch faszinierende fugenlose Fingerringe. So vielfältig wie die Formen, so unterschiedlich sind die Materialien – von Silber bis Palladium, von Gold bis Kupfer. Die Faszination von Mokume Gane erschließt sich auf den ersten Blick – jedenfalls sofern man die Anreise nach Birsfelden nicht scheut. Hansruedi Spillmann versendet nämlich nichts, sondern stellt sein Handwerk lieber persönlich vor.

Schmuck-Schmiede
Hansruedi Spillmann

Rheinstrasse 32a
CH-4127 Birsfelden

Telefon 00 41 (0) 61 / 3 11 28 17
Telefax 00 41 (0) 61 / 3 11 28 31

www.schmuck-schmiede.ch
www.mokume.ch

BESTES HANDWERK
kleine Rheinperle

kleine Rheinperle
Marlen und Stefan Wacha

Rheinsprung 10
CH-4051 Basel

Telefon 00 41 (0) 61 / 5 54 93 03
00 41 (0) 78 / 8 91 79 89

www.kleineRheinperle.ch

Kleine Perlen, große Kreativität

Von vornherein war eines klar: Der selbst entworfene Perlenschmuck der kleinen Rheinperle durfte nicht einfach in herkömmlichen Regalen oder Vitrinen präsentiert werden. Schon gar nicht in einem historischen Haus an einer der geschichtsträchtigsten Gassen Basels. Also haben Marlen und Stefan Wacha gleich bei der Eröffnung der kleinen Rheinperle nach ganz besonderem Material Ausschau gehalten. Die vom Holzwurm gezeichneten Regale, auf denen die selbst entworfenen und hergestellten Perlenketten ausliegen, sind in Wirklichkeit 150 Jahre alte Bretter aus dem Fußboden einer Kirche – und bringen die Perlen erst so richtig zur Geltung.

Sämtliche Schmuckstücke werden von Marlen und Stefan Wacha in Handarbeit gefertigt; beide erlernen gern neue Techniken und bilden sich ständig weiter. „Um den Vorstellungen unserer Kunden gerecht zu werden, ist uns der persönliche Dialog besonders wichtig", sagt Stefan Wacha, der aus Wien stammt und vor über 10 Jahren Basel zu seiner Heimat gemacht hat. Marlen Wacha fertigt neben Perlen- auch Silber- und Goldschmuck an, arbeitet alte Schmuckstücke um und erfüllt in allen Bereichen ihres Könnens persönliche Wünsche, die sie in der eigenen Werkstatt umsetzt.

Zusammen betreuen Stefan und Marlen Wacha ihre Kunden mit einer Individualität, die heutzutage selten geworden ist. Diese spiegelt sich auch in der Natur der Schmuckstücke wieder: Gerne werden für neue Designs Materialien verwendet, welche das Designerehepaar von seinen internationalen Schmuckmessebesuchen mitbringt. Spätestens beim nächsten Stammkunden-Event erzählen sie dann in gemütlicher Atmosphäre von ihren neuen Ideen und Produkten, die mit oder ohne Perlen realisiert wurden – und die auch in Zukunft individuell hergestellt werden, passend zur Philosophie der kleinen Rheinperle: stets individuell und persönlich zu bleiben.

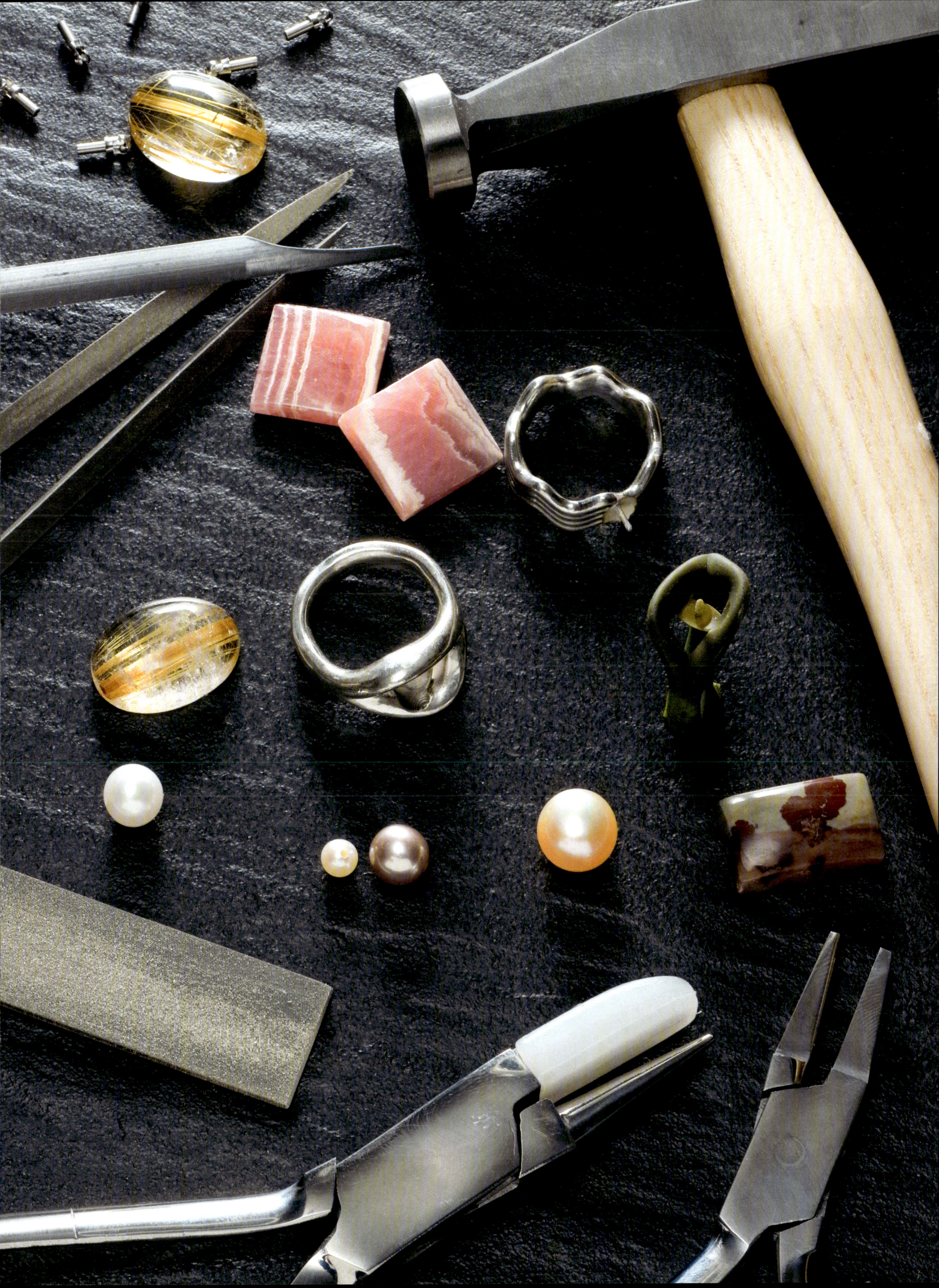

BESTES HANDWERK

Pflanzen & Natur – Basel & das Markgräflerland

■ Wenn die Basler die Natur genießen wollen, haben sie viele Möglichkeiten. Die Stadt selbst gilt als überdurchschnittlich grün, besitzt zahlreiche Parks und Grünflächen, einen nicht nur bei den kleinsten Baslern beliebten Zoo (allgemein als Zolli bekannt) sowie eine lebendige Umgebung. In kurzer Zeit ist man per Tram (Straßenbahn) im ländlichen Süden und Osten, wo sich bereits die Jurahöhen bemerkbar machen, kann in den Weinbergen von Muttenz herumspazieren oder sich eine ausgedehnte Wanderung in Richtung Laufen vornehmen. Im Westen entdeckt man die vergleichsweise dünn besiedelte und vom Tourismus weitgehend ignorierte südelsässische Region Sundgau (berühmt für eine kulinarische Spezialität namens frittierten Karpfen), und auf der von Großbasel aus gesehen anderen Seite des Rheins finden sich die Basler, sobald sie das sogenannte Kleinbasel oder den Tierpark Lange Erlen, eine beliebte Erholungsregion, durchquert haben, im Markgräflerland wieder – sozusagen im größten Garten der Stadt. Der Name des Markgräflerlandes leitet sich übrigens von den Markgrafen von Baden ab, welche die Herrschaft über die Region zwischen Lörrach und Heitersheim Anfang des 16. Jahrhunderts übernahmen. Später kam die Gegend zum Großherzogtum Baden, doch seinen besonderen Charakter bewahrte das Land der Markgrafen bis heute. Die Region südlich von Freiburg bis zur deutsch-schweizerischen Grenze ist prädestiniert für Ausflüge und Urlaube, für Wanderungen und Fahrradtouren. Dieser Teil des Ober-

BESTES HANDWERK

rheingrabens verfügt über besonders fruchtbare Böden und ein günstiges Klima, hier treten aufgrund der geologischen Besonderheiten der Region Thermalquellen an die Oberfläche: Badenweiler ist seit Langem ein bekannter Kurort. Zwischen den Schwarzwaldhöhen im Osten und dem Rhein im Westen mangelt es nicht an herausgeputzten Dörfern, an Weinbergen und Obstwiesen. Das Klima ist mild, die über die Burgundische Pforte herandrängende Luft warm, und in Staufen oder Sulzburg gedeihen oft Pflanzen oder Rebsorten, die anderswo in Deutschland Probleme hätten, reif zu werden oder zu überleben. Schon beim Besuch der Weingüter wird deutlich, dass hier alles ein bisschen anders ist als weiter im Norden des badischen Anbaugebietes. So spielt der Gutedel, eine weiße Rebsorte, hier noch eine wichtige Rolle, liefert leichte, fruchtige Weine, die nicht allzu viel Säure besitzen und die auch den schweizerischen Konsumgewohnheiten entgegenkommen. Gutedel wird außer im Markgräflerland vor allem in der Westschweiz, in kleinen Mengen auch im Elsass angebaut; hier wie dort nennt sich der badische Gutedel auf gut Französisch Chasselas.

Mit den Weintrauben ist die Obstkultur aber noch lange nicht erschöpft. Alte Apfelsorten und die angeblich besten Erdbeeren Süddeutschlands sind hier im Herbst beziehungsweise im Frühjahr zu entdecken. Wer zwischen April und Juni das Markgräflerland besucht, wird sich über die Fülle an heimischem Spargel begeistern können, und im Winter darf man sich Weihnachtsbäume aus origi-

115

BESTES HANDWERK

nal Markgräfler Produktion sichern. In den letzten Jahren hat die Anzahl der Bio-Bauernhöfe erheblich zugenommen, immer mehr Betriebe vermarkten ihre Ernte selbst und verzichten zumindest teilweise auf den Umweg über den Handel. Die Basler nutzen diese Einkaufsmöglichkeiten ebenso wie die Badener, während die Elsässer eher die eigenen landwirtschaftlichen Produkte wertschätzen – das südliche Elsass ist geologisch gesehen schließlich eine Art Spiegelbild des Markgräflerlandes. Vor Millionen von Jahren waren Vogesen und Schwarzwald schließlich noch in einem Gebirge vereint, bevor der Grabenbruch stattfand, sich ein Teil der Landschaft absenkte und sich die nunmehr beiden Gebirgszüge voneinander zu entfernen begannen. Die Landschaft, die zwischen ihnen entstand, wird heute durch den Rhein in zwei Teile geteilt ... Außer Burgen und Heilbädern, außer denkmalgeschützten Dörfern und ausgedehnten Waldgebieten an den Hängen des Schwarzwaldes findet sich im Markgräflerland auch eine ausgeprägte Pflanzenkultur. Dass die Pflege von Pflanzen unter den Begriff Handwerk fällt, ist unumstritten, obwohl die Gärtner, die Landschaftsgestalter und die Rosenzüchter streng genommen nichts herstellen, sondern nur das Vorhandene hegen und veredeln. Ähnlich wie die Tischler oder Sattler arbeiten auch die Markgräfler Gärtner fast ausschließlich per Hand, und die Erfolge ihrer Mühen kann man an vielen Orten der Region bewundern und kaufen.

BESTES HANDWERK

In Sulzburg-Laufen hat sich der Garten der Gräfin von Zeppelin vor allem auf Staudengewächse spezialisiert, nicht weit davon entfernt begeistert das Landhaus Ettenbühl mit seiner kaum zu übertreffenden Vielfalt an selbst gezüchteten Rosensorten. Das Engagement für die gärtnerische Kultur ist in diesem Teil Badens übrigens nicht neu: Helen Gräfin Zeppelin, die Gründerin der Staudengärtnerei, begeisterte sich schon 1926 für diese Form der Gartenkultur. Das ererbte Weingut wurde damals in eine Gärtnerei umgewandelt, bald schon galt die Gräfin, ihrer Leidenschaft für diese Pflanzenkategorie wegen, nur noch als Iris-Gräfin. Heute erstreckt sich die von ihrer Tochter geleitete Gärtnerei über mehrere Hektar, und außer für Irisgewächse ist sie auch für Dahlien und Heckenrosen bekannt. Im Landhaus Ettenbühl dagegen kann man nicht nur Rosen bewundern und kaufen, sondern auch viele Leckereien, die mithilfe der Rosen veredelt wurden: Rosenzucker oder Rosenkonfitüre sind im eigenen Shop zu verkosten und zu erwerben.

Doch auch dem, der nichts kaufen möchte, geben die Gärtnereien des Markgräflerlandes jede Menge Anregungen für die eigene Gartengestaltung. Und wenn man nicht selbst Hand anlegen möchte, sondern sich einem Fachmann anvertrauen will, kann man immer noch die Hilfe eines professionellen Gartengestalters in Anspruch nehmen!

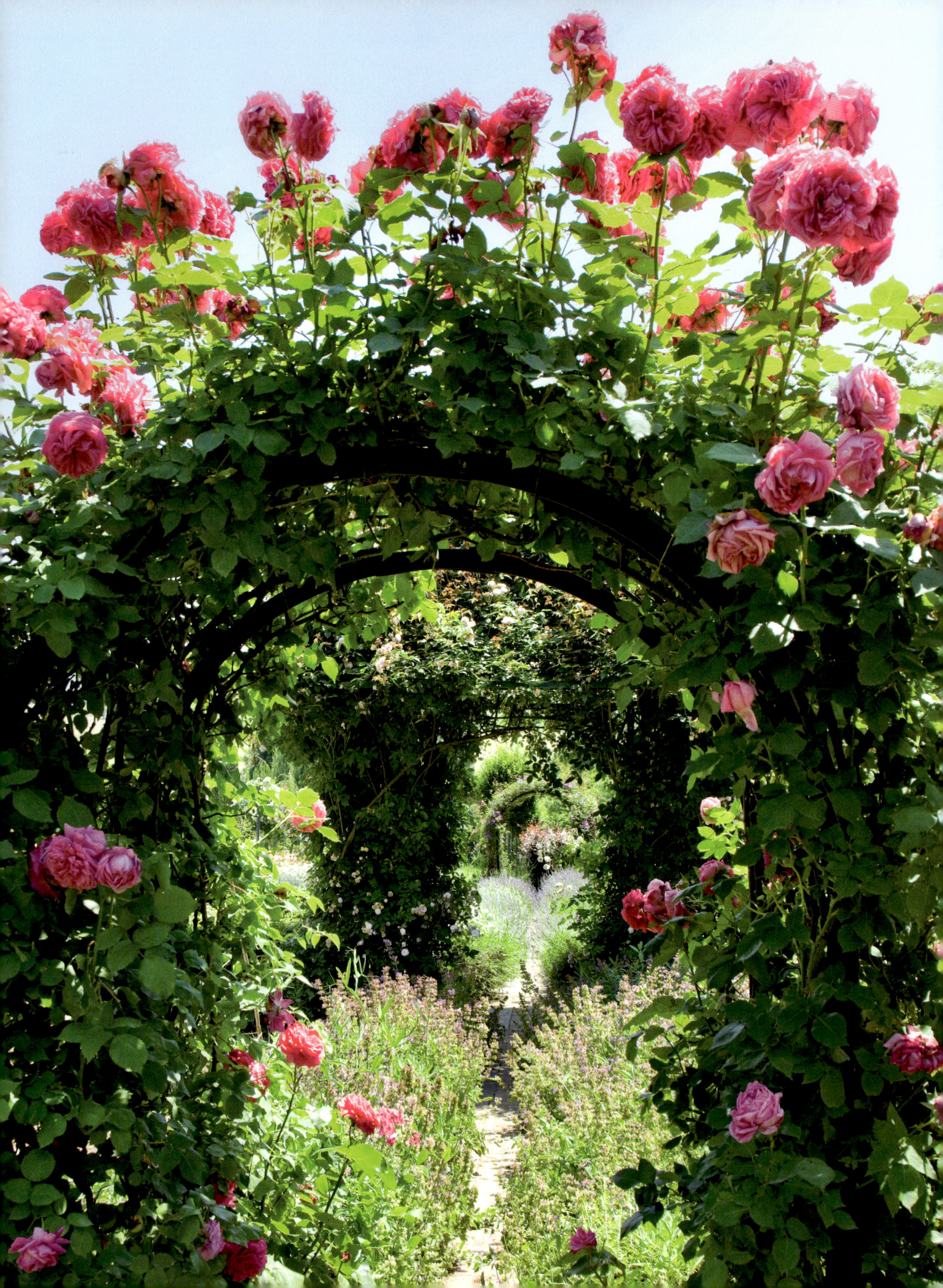

BESTES HANDWERK
Landhaus Ettenbühl

Rosen very british

■ Als Gisela Seidel mit der Gartenarbeit begann, vor vielen Jahren, da dachte sie noch keine Sekunde an ein Garten-Paradies mit Park und Restaurant, an weltbekannte Rosenzüchtungen, an kulinarisch-florale Spezialitäten und Gartenkurse. „Eigentlich habe ich den Garten für mich selbst angelegt", erinnert sich die Markgräflerin. Auf die Idee zu dieser Innovation kam Gisela Seidel nach mehreren Besuchen in England, nach vielen Touren durch einige der schönsten und architektonisch wertvollsten Gartenanlagen des Landes.

Mit vielen Inspirationen und einer Leidenschaft für alte Rosensorten machte sich die Neu-Gärtnerin, zurückgekehrt nach Deutschland, ans Werk. Aus den Weiden und Feldern nahe Bad Bellingen wurde eine Anlage, die heute zu den schönsten Englischen Gärten Badens, ja, ganz Deutschlands zählt.

Inzwischen ist die Sache auch nicht mehr nur eine private Leidenschaft, sondern längst für die Öffentlichkeit zugänglich. Zusammen mit dem englischen Gartendesigner John Scarman machte Gisela Seidel das Landhaus Ettenbühl zu einem Ausflugsort der Markgräfler und zu einem Ziel für Gartenfans aus Deutschland, der Schweiz und Frankreich. Auf mehr als fünf Hektar Fläche finden sich heute zahlreiche Themenbereiche, die oft, aber nicht immer mit Strauch- und Kletterrosen zu tun haben – das Arboretum mit vielen raren Sorten oder das 2010 neu eröffnete Labyrinth sind nur zwei der vielen Attraktionen. Besucher können einfach staunen oder Rosen kaufen: Nach der Ernte im Oktober werden die Rosen in die Erde eingeschlagen und können während des Spätherbstes und Winters, immer wenn der Boden offen ist, bis ins frühe Frühjahr wurzelnackt gepflanzt werden. Bei einem der von John Scarman geleiteten Kurse darf man sich mit den Finessen des Gartenhandwerks und des Gartendesigns vertraut machen. Rosen werden allerdings auch anderweitig verwertet und im Landhaus

Landhaus Ettenbühl
Gisela Seidel

Hof Ettenbühl
D-79415 Bad Bellingen-Hertingen

Telefon 00 49 (0) 76 35 / 8 27 97-0
Telefax 00 49 (0) 76 35 / 8 27 97-77

www.landhaus-ettenbuehl.de

BESTES HANDWERK
Landhaus Ettenbühl

Ettenbühl zu einer Vielzahl an Spezialitäten verarbeitet: Alle sind im Country Shop zu kaufen, werden hier neben Gartenbüchern, Gartenwerkzeugen und vielen anderen Nützlichkeiten angeboten. Die Rosenmanufaktur stellt in der Landhausküche eigene Tees aus unbehandelten Rosenblättern her und hat in den letzten Jahren eine Fülle an Spezialitäten kreiert, die es nur hier und nirgendwo anders gibt. Der Rosenpfeffer etwa verdankt seine blumige Schärfe der Kombination von Pfefferkörnern und getrockneten Blütenblättern, der Rosenhimbeeressig besitzt ein ebenso faszinierendes Aroma wie die Rosenkonfitüre oder der Rosenblütensirup. Sogar einen Rosenblütensecco – eine Mischung aus Wein und natürlichen Rosenblütenauszügen – gibt es zu kaufen. Im Ettenbühler Restaurant wird derweil ganz selbstverständlich mit Rosen gekocht. Der Küchenchef nutzt beispielsweise Rosenpfeffer für ein Rumpsteak mit Whiskysauce oder lässt einen Roseneisbecher mit Rosenlikör servieren. Auch über die Blumen hinaus geht es hier very british zu: Nachmittags bittet man zur klassischen englischen Tea Time ins gemütliche Café, Übernachtungsgäste dürfen sich morgens an einem English Breakfast (natürlich mit frischen Rosen als Tischdekoration und frischer Rosenkonfitüre) gütlich tun. Das Landhotel ist noch ein Geheimtipp unter den südbadischen Herbergen, verführt aber mit seiner Lage, der Ruhe und dem allgegenwärtigen Rosenduft – dass die Zimmer im altenglischen Landhausstil eingerichtet wurden, verwundert niemanden mehr. Die Bankettraümlichkeiten erlauben zudem die Ausrichtung kleiner und großer Feierlichkeiten: Auf Wunsch kombiniert Gisela Seidel diese mit einer Besichtigung der Gartenanlagen, mit einer Führung durch den Wassergarten oder die Versuchsanlage, in der stets neue Sorten heranreifen. So viele, dass ein einziger Besuch im Landhaus Ettenbühl beim besten Willen nicht genügt, wenn man alle Sehenswürdigkeiten des Gartens erleben möchte!

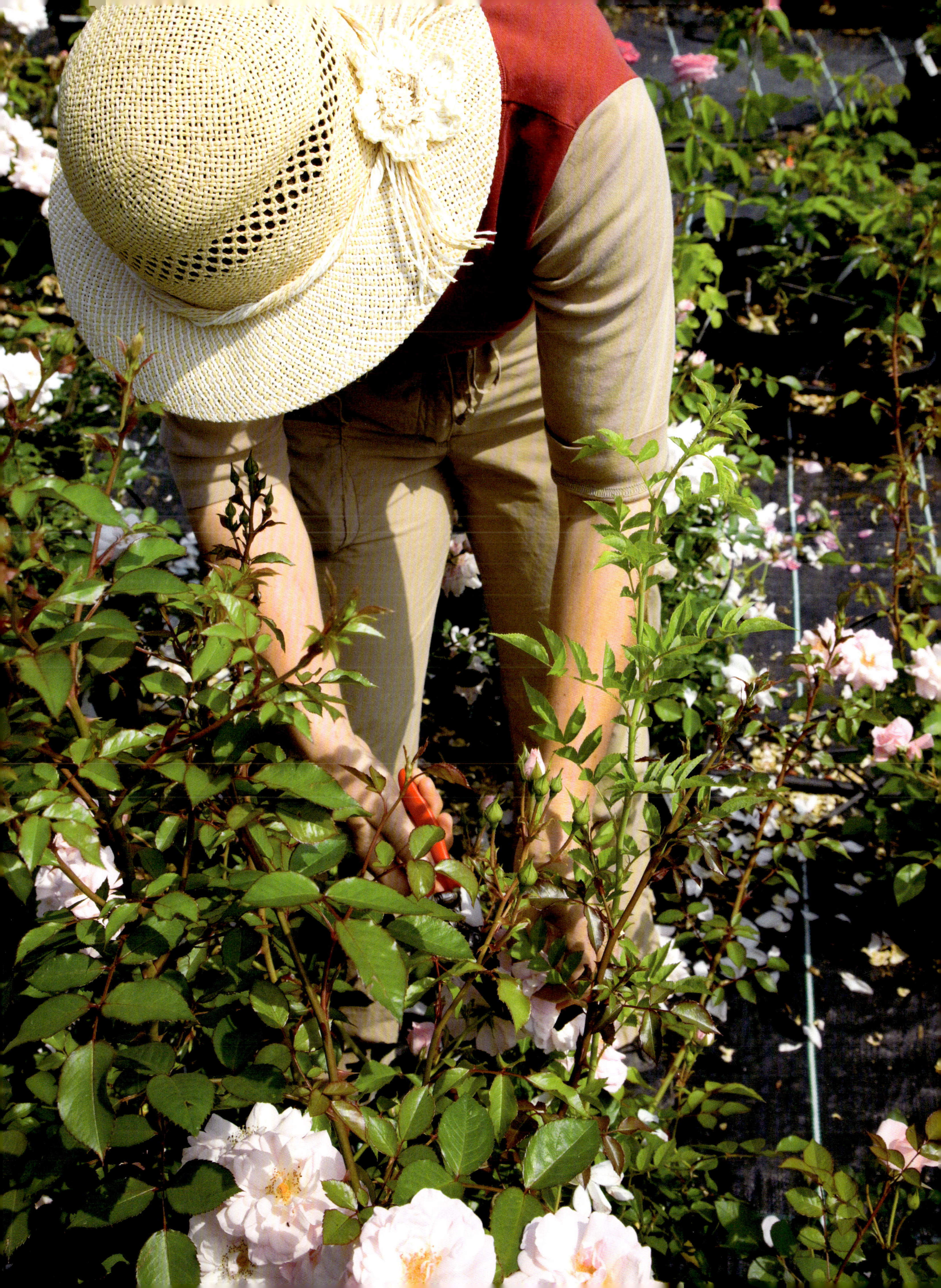

SWISS MADE
FABER CASTELL
Albrecht Dürer
INDANTHRENBLAU INDANTHRENE BLUE 8200-247
8200-233
FABER-CASTELL
RUMOLD
GERMANY
326.20

BESTES HANDWERK
Plantago

Gärten mit Niveau

■ Einen Garten kann man so oder so gestalten. Einfach mit viel gutem Willen und einer Menge Arbeitseinsatz. Oder mit einer ausgefeilten Konzeption, die persönliche Vorlieben des Besitzers ebenso einbezieht wie moderne Gartenarchitektur, die einheimische und kultivierte Pflanzen in eine Balance bringt. Andreas Sommerhalder und sein Plantago-Team haben die Gartengestaltung auf ein neues Niveau gehoben, haben Gestalter und Baufachleute, Pflanzenkenner und historische Kenntnisse ge- und versammelt. Und sie kombinieren Architektur und Gartenhandwerk zu etwas, das ästhetisch beeindruckt, aber auch funktionale Anforderungen erfüllt. „Kulturelle Kraft trifft auf natürliche Energie", umschreibt das der Garten-Philosoph. Sträucher und Bäume, Moose und Kräuter, vielleicht sogar ein ganzer Rebberg sind aber nur ein kleiner Aspekt all dessen, was Planung und Gestaltung der Firma Plantago ermöglichen. Natursteine und Flusskiesel spielen eine wichtige Rolle, Holz und Stahl sorgen für Begrenzungen, Pergolen oder Veranden machen die spätere Nutzung der Anlagen zum Erlebnis. „Wir wollen die Natur erhalten", betont Andreas Sommerhalder, „und wir sehen in diesem Bereich ein großes Potenzial". Schließlich wächst in den meisten Gärten nur ein kleiner Teil der bekannten Pflanzen, liegen allzu viele Grünflächen noch brach, werden allenfalls von wild wuchernder Spontanvegetation, aber kaum von den Menschen genutzt. Genau dem will Plantago entgegenarbeiten, will kleine Vorgärten und große Parks zu Lebensräumen veredeln, in denen man sich daheim fühlen kann. „Wir wollen die Menschen einladen, sich im Garten aufzuhalten", sagt Andreas Sommerhalder. Nicht nur, weil es so schön ist, sondern auch aus grundsätzlichen Erwägungen. Was könnte denn auch wichtiger sein für eine Gesellschaft als die Möglichkeit, der Natur im nächsten Umfeld zu begegnen und sich darin zu erholen?

Plantago GmbH
Andreas Sommerhalder

Tramstrasse 64c
CH-4142 Münchenstein

Telefon 00 41 (0) 61 / 6 03 24 24
Telefax 00 41 (0) 61 / 6 03 24 20

www.plantago.ch

BESTES HANDWERK
Staudengärtnerei Gräfin von Zeppelin

Liebe zu Pflanzen seit 1926

Staudengärtnerei Gräfin von Zeppelin

Weinstraße 2
D-79295 Sulzburg-Laufen

Telefon 00 49 (0) 76 34 / 6 97 16
Telefax 00 49 (0) 76 34 / 65 99

www.graefin-von-zeppelin.de

Für ihre riesige Auswahl an Stauden und Gehölzen ist die Staudengärtnerei Gräfin von Zeppelin in Laufen weltweit bekannt, doch viele Stammkunden denken bei der Erwähnung des Namens an Iris. „Meine Mutter hat die Gärtnerei 1926 gegründet", erläutert die heutige Geschäftsführerin Aglaja von Rumohr, „und sie hat schon damals Spezialitäten aus den USA und Frankreich importiert". Vor allem der Iris galt die Liebe der bald als Irisgräfin bekannten Gärtnerin Helen Gräfin Zeppelin, viele Sorten züchtete sie selbst. Das Spezialitäten-Sortiment des Betriebes beinhaltet heute mehr als 500 Iris-Sorten sowie unzählige Taglilien-, Türkenmohn- und Pfingstrosen-Sorten. Arbeit genug für die 30 Angestellten und die zehn Auszubildenden, die in einem einzigartigen Betrieb lernen dürfen. Wer hier seinen Abschluss macht, muss sich um die persönliche Zukunft im Gartenbereich keine Sorgen mehr machen. Doch die weitläufigen Außen- und Innenanlagen mit dem außergewöhnlich großen Staudensortiment stellen nur einen Teil des Angebots dar. Die Gärtnerei hat sich unter Leitung von Aglaja von Rumohr, die inzwischen von Tochter Karine unterstützt wird, zu einem Gesamtkunstwerk im Zeichen der Pflanzen entwickelt – so wurde die bundesweit größte Spezialbuchhandlung zum Thema Garten eingerichtet. In einem neuen Gebäude, das aller Voraussicht nach im Jubiläumsjahr 2011 eröffnet wird, können sich die Garteninteressierten nicht nur informieren, sondern auch bei Kaffee, hausgebackenem Kuchen, köstlichen Snacks und Markgräfler Weinen entspannen. Außerdem wurde das Gräfin-von-Zeppelin-Zentrum für Gartenkultur mit einem exklusiven Angebot an Seminaren und Gartenreisen gegründet. Und spätestens zu den einzigartigen Gartentagen zur Irisblüte Ende Mai, zu den Taglilientagen im Juli, zum Farbspektakel des Herbstfestes oder zum gemütlichen Adventszauber wird die Gärtnerei zum unumstrittenen Mittelpunkt des Markgräflerlandes.

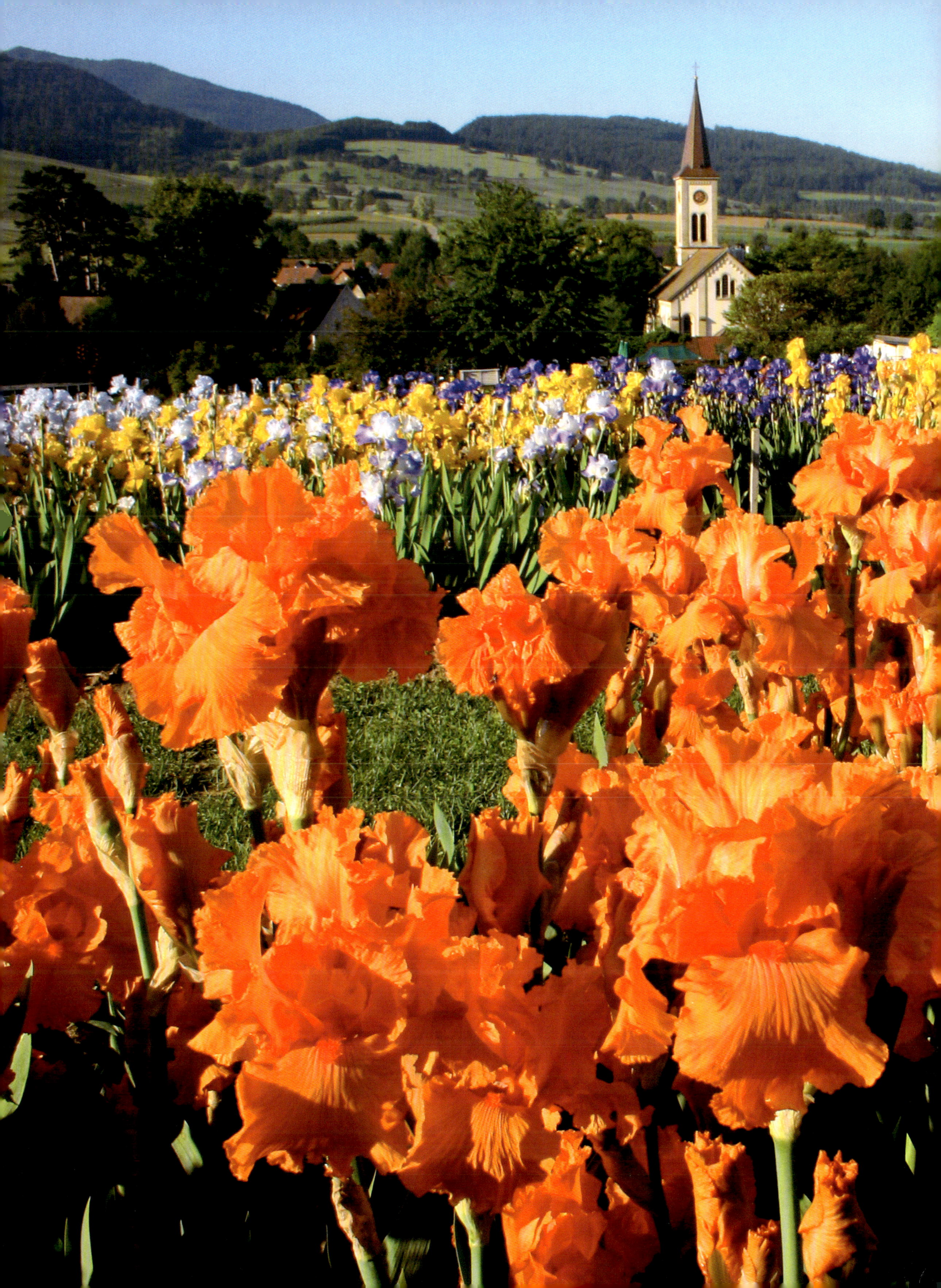

BESTES HANDWERK

Kleidung für alle Jahreszeiten

■ Man mache sich keine Illusionen: Der größte Teil dessen, was in den Geschäften von Basel, Freiburg, von Lörrach, Weil oder Liestal angeboten wird an Hosen, Blusen, Jacken und Schuhen, wird nicht handwerklich, sondern industriell erzeugt. Anders wären die günstigen Preise auch gar nicht zu erklären. Wie teuer ein wirklich per Hand produziertes Kleidungsstück zwangsläufig sein muss, erklärt sich schon beim Blick in die Kulissen eines Modeateliers in der Basler Altstadt. Viele Stunden arbeiten die Experten dort an einem einzigen Kleid, investieren nicht nur Ideen, sondern auch Fingerspitzengefühl und jahrelange Erfahrung in ein Kleid, in einen Rock oder einen aufwendig gefütterten Mantel. Maßschneider und Couturiers benötigen viele Stunden und mehrere Anproben für einen einzigen Anzug oder für ein Kleid, und selbst wenn solche Einzelstücke gewiss teuer sind, so scheinen die Kosten doch gar nicht mehr hoch, wenn man einen normalen Stundenlohn zugrunde legt und genau prüft, was man für sein Geld erhält. Die Einzelanfertigungen halten nämlich in der Regel auch deutlich länger als Vergleichbares aus der Massenproduktion. Eigentlich genug Gründe, künftig beim Erwerb der eigenen Kleidung nicht immer nach dem vermeintlichen Schnäppchen zu schielen …

Kleidung ist übrigens auch ein wichtiges Thema beim wohl bedeutendsten Ereignis im Jahresverlauf der Stadt Basel. Weihnachten, Ostern und der Beginn der Sommerferien sind nur ein Klacks gegen die Fastnacht, die nicht nur in Basel gefeiert wird,

BESTES HANDWERK

sondern die auch im Umland und in Südbaden tagelang mit Pomp und Aufwand für Ausnahmezustände in den Städten und Dörfern sorgt. Wer gar nicht genug bekommen kann vom närrischen Treiben, kann den Karneval sogar mehrfach feiern. Während beispielsweise in Lörrach zu den in Deutschland üblichen Zeiten getanzt und gesungen wird und an Aschermittwoch alles zu Ende geht, starten die Basler dann erst richtig durch. Der Straßenkarneval, die Fasnet, beginnt hier erst am Montag nach Aschermittwoch, exakt um 4 Uhr morgens. Wenn alles noch stockdunkel ist, treffen sich die Cliquen, wie sich die Fasnachtsvereine nennen, zum Trommeln, Pfeifen und Durch-die-Stadt-Marschieren. Unzählige kunstvoll gestaltete Laternen erhellen zum sogenannten Morgenstraich die Innenstadt Basels. Wer genau unter den Masken – den Larven – steckt, bleibt natürlich verborgen, doch eines steht fest: Die Basler haben in den Monaten zuvor viel Aufwand und eine Menge Geld in die passende Kleidung und die schönsten Masken investiert. Allerdings nur die Mitmachenden, deren Zahl längst in die Abertausende geht: Sie sind meist in festen Vereinen organisiert, manchmal auch nur in kleinen, „wilden" Clubs. Die Zuschauer indes tragen in der Regel keine Verkleidung und feiern, ganz im Unterschied zum Karneval in Köln oder Mainz, eher passiv mit. Auch die Sitte des üppigen Süßigkeitenwerfens, welche aus der Mitte Deutschlands bekannt ist, wird in Basel mit größter Zurückhaltung gepflegt; lediglich Orangen und Konfetti werden in

BESTES HANDWERK

größeren Mengen verteilt. Viel wichtiger als die Zugwagen sind in Basel – im Markgräflerland mit seiner alemannischen Fastnachtskultur geht es kaum anders zu – eben die Larven, die Verkleidungen, die Guggemusik und die musikalischen Reimvorträge in den Kneipen der Stadt: Schnitzelbänke nennen sich diese vor allem am Montag und am Mittwoch dargebotenen Ohren- und Augengenüsse. Die Basler Fasnacht endet ähnlich, wie sie begann: mitten in der Nacht, genau 72 Stunden nach ihrem Start beim Morgenstraich.

Der Grund für die Verspätung, mit der in Basel-Stadt und Basel-Landschaft Fastnacht gefeiert wird, liegt in dem Beharrungsvermögen der überwiegend protestantischen Basler. Eine Entscheidung der katholischen Kirche, die Sonntage der Fastenzeit vom Fasten auszunehmen, führte nämlich einst zu einer Vorverschiebung der 40 Tage dauernden Periode vor Ostern. Die reformierten Orte verweigerten sich diesem Prozess, und in fast allen diesen Gemeinden geriet die Fastnacht zusammen mit der abgeschafften Fastenzeit in Vergessenheit. Nur wenige Ausnahmen gibt es, vor allem Basel blieb der alten Fastenzeit-Rechnung und damit dem späteren Beginn der Fastenzeit treu, hielt am Brauch des Narrentreibens am Vorabend des Darbens fest. Im Gegensatz zum Mittelalter und zur frühen Neuzeit, als unorganisiert Schabernack getrieben wurde, ist die Fasnet heute allerdings eine straff organisierte Veranstaltung mit festen Terminen und Regeln. Besucher, welche die Tradition unterstützen wollen, können eine der in verschiedenen Farben geprägten Plaketten kaufen und damit ihre Wertschätzung

BESTES HANDWERK

der historischen Sitte deutlich machen: Wer die goldene Plakette trägt, zählt sogar zur Fasnet-Noblesse. Zwar gilt der Stadt-Basler Karneval als wichtigste Veranstaltung zum Auftakt der Fastenzeit in der ganzen Schweiz, doch besitzt auch die Chienbäse in Liestal (Kanton Basel-Landschaft) Ruhm und einen eigenen Charakter. Während der Fastnacht haben viele der Schneider Basels geschlossen, macht so manche Boutique Betriebsferien. Zuvor allerdings und in den Wochen und Monaten danach lässt sich in der Innenstadt zwischen Barfüßerplatz und Marktplatz, in der Spalenvorstadt oder in der St. Alban-Vorstadt bewundern, was das Bekleidungshandwerk hervorzubringen vermag: Hutmacher und Schuhspezialisten arbeiten Seit an Seit, Kleider aus fließenden Stoffen und eng anliegende, nach Maß gearbeitete Zweireiher entstehen, Dessous und individuell fabrizierte Taschen werden präsentiert. Nicht zu vergessen die passenden Brillen, die von großen Marken stammen können, die aber nach Wunsch eigens auf die Bedürfnisse und Kopfmaße des Nutzers angefertigt werden: aus Kunststoff oder Horn, aus Metall oder sogar aus Holz. Und weil niemand, der in der Basler Fasnet als Zuschauer mitfeiern möchte, Geld in Extra-Verkleidungen investieren muss, sondern in Zivilkleidung kommen darf (und sogar sollte!), hat er sogar ein größeres Budget für Alltagskleidung zur Verfügung. Vielleicht ist dies der Grund dafür, dass die Kleidungsangebote für eine Stadt von kaum mehr als 170 000 Einwohnern überraschend groß sind!

129

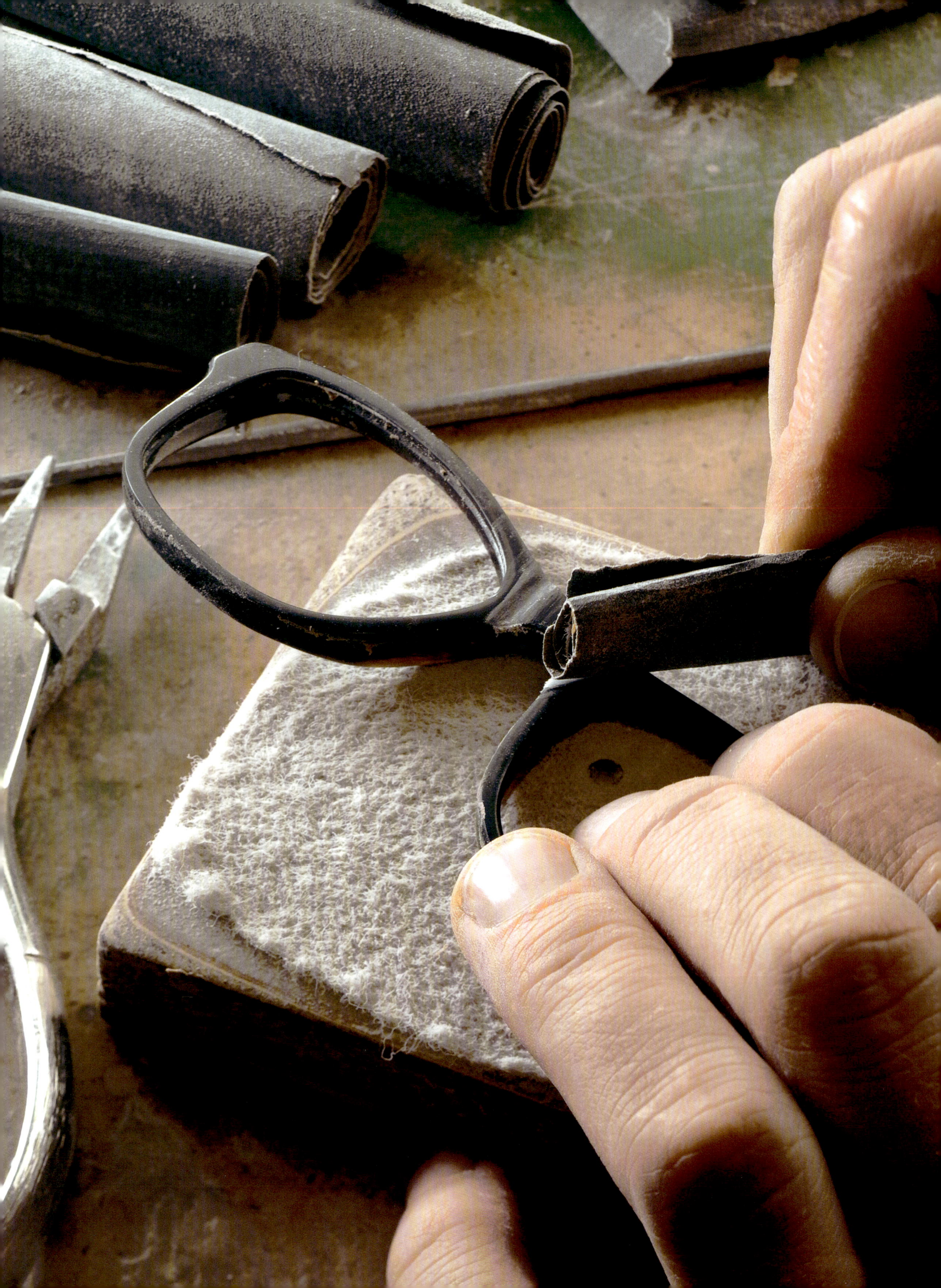

BESTES HANDWERK
Ramstein Optik

Schönheit in Büffelhorn

Wer vor dem Geschäft in der Sattelgasse steht, merkt Ramstein Optik die 112 Jahre nicht an. Transparenz und Eleganz, auf warme und einladende Weise. Von der feinmechanischen Werkstatt, die Carl Ramstein 1899 gegründet hatte, ist nichts mehr sichtbar. Aber Unternehmergeist und Kreativität des Firmengründers sind noch da, leben weiter im neuen Besitzer des ehemaligen Familienunternehmens: Andreas Bichweiler, selbst auch Optikermeister, hat die Ramstein Optik AG vor mehr als 20 Jahren übernommen und zu einem der führenden Augenoptikergeschäfte der Schweiz gemacht. Der Auftritt von Ramstein ist geprägt von Plakatkampagnen und Schaufenstern, die von Kunstschaffenden gestaltet werden und die zum Markenzeichen wurden. Dank der Konzentration auf hochwertige Brillenkollektionen, meist von Trendsettern und kleinen Manufakturen geschaffen, gilt Ramstein Optik heute auch als der Anbieter von exklusiven Brillenmodellen. Ein Paradebeispiel dafür sind die verschiedenen Fassungen aus Büffelhorn. Das Horn des Wasserbüffels, in ganz Asien als Haustier gehalten, ist dickwandiger als Kuhhorn und kann zu Platten gepresst werden. Daraus werden Brillenfassungen und Bügel gefräst. In aufwendiger Handarbeit werden die Rohlinge in Form gebogen und geschliffen und dann poliert. „Büffelhorn ist ein reines Naturprodukt und deshalb äußerst gut verträglich, zudem noch sehr leicht", erklärt Andreas Bichweiler. „Und da keine zwei Hornplatten von gleicher Farbe und gleichem Muster sind, erhält jeder Träger ein Unikat! Wir hatten ja schon immer eine Vorliebe für Büffelhorn-Brillen, aber dieses Jahr haben wir etwas Spezielles entworfen." Mit Stolz präsentieren Andreas Bichweiler und sein Team die Ramstein Horn, eine Kollektion von sieben Modellen, die von Mitarbeiterinnen und Mitarbeitern gestaltet und in einer Schweizer Manufaktur in kleinen Auflagen hergestellt werden.

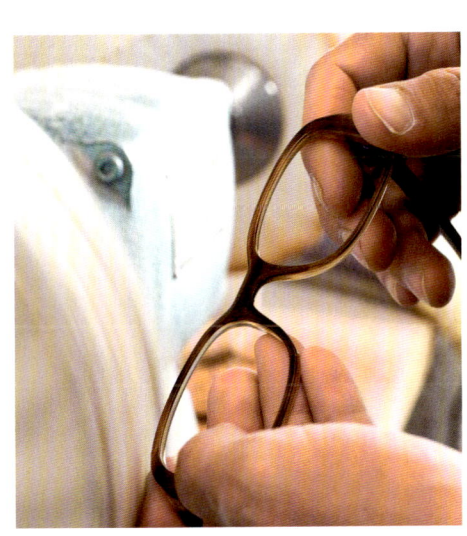

Ramstein Optik

Sattelgasse 4
CH-4001 Basel

Telefon 00 41 (0) 61 / 2 61 58 88

www.ramstein-optik.ch

131

BESTES HANDWERK
Individual Modedesign

Mode im Fluss

Individual Modedesign
Ursi Näf

Spalenberg 60
CH-4051 Basel

Telefon 00 41 (0) 61 / 2 61 58 20
Telefax 00 41 (0) 61 / 2 61 58 21

www.ursinaef.ch

■ Die allerneueste Mode, die gerade aktuellen Trends mögen wichtig sein für die Redakteure der Modezeitschriften, doch sie haben für Ursi Näf und ihre Kunden nur eine nachrangige Bedeutung. Was in dem kleinen Geschäft am Spalenberg ausgestellt wird, folgt nämlich keinen kurzlebigen Ideen, sondern einem festen, von Grund auf durchdachten Konzept. „Die Kleider entstehen in meinem Kopf", erklärt die Modemacherin, die lange als Textillehrerin gearbeitet hat und sich im Jahr 2000 als Designerin selbstständig machte. Gut zwei Jahre später öffnete Individual Modedesign am Spalenberg – und dessen Sortiment ist exakt so individuell, wie es der Name andeutet. Allen Kreationen gemeinsam ist der Verzicht auf extreme Enge. „Mich interessieren geometrische Formen", sagt die Baslerin. Quadrat und Rechteck, Dreieck und Kreisbogen finden sich immer wieder in den zweimal im Jahr neu erstellten Kollektionen. Nur eines wird man nicht entdecken im Repertoire: stark figurbetonte Stücke. Schließlich gibt es keinen vernünftigen Grund, sich in einengende Kleider zu zwängen, auch weite Röcke, Mäntel, Hosen und Oberteile können Stil und Eleganz ausstrahlen. Der Vielfalt sind kaum Grenzen gesetzt: Ursi Näf arbeitet mit Naturfasern wie Seide, Wolle, Baumwolle und Leinen – immer öfter auch mit Viscose, Polyester und Polyamid – und fertigt die Kleider in allen denkbaren Farben. Manche Kreationen erinnern an die formale Eleganz japanischer Modemacher, andere wirken so fließend, dass man von absoluter Zeitlosigkeit sprechen kann. Übrigens sind es keineswegs nur Damen, die sich am Spalenberg Nr. 60 einkleiden können, für Herren bietet Ursi Näf ebenfalls ein beachtliches Sortiment an Mode. Auch für dieses gilt allerdings, was man als Überschrift für das gesamte Konzept stellen könnte: Es ist höchst individuell und mit nichts anderem zu vergleichen, was man im Großraum Basel an Kleidung entdecken kann.

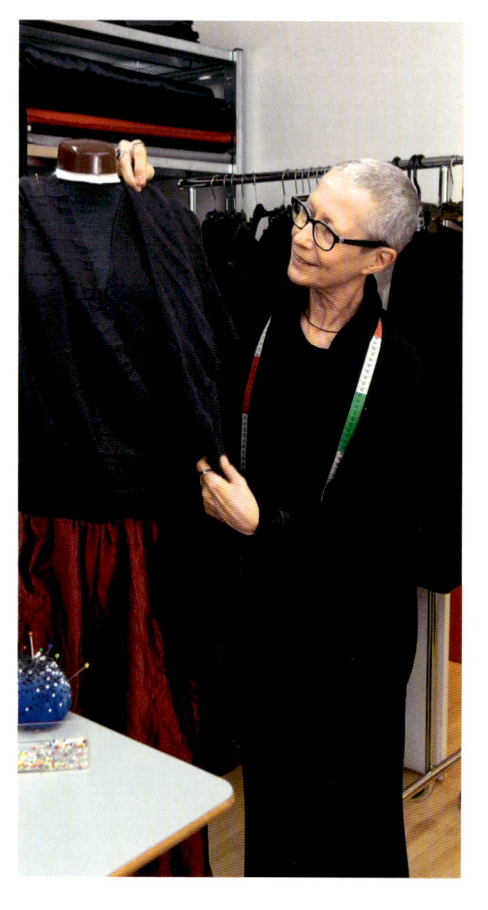

Rosenoberteil
gr. 1
Kragen

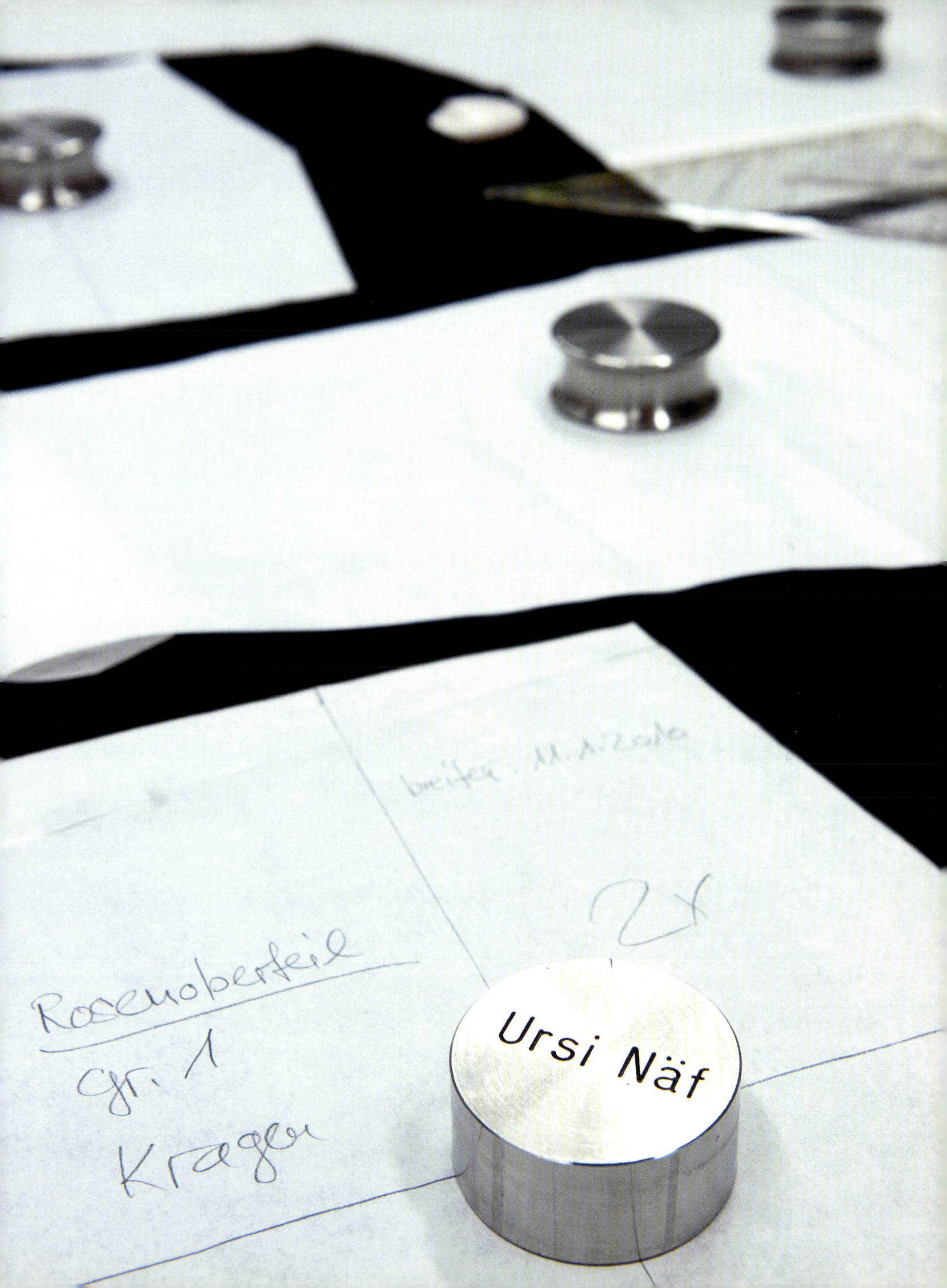

breite: 11.11.2010

2x

Ursi Näf

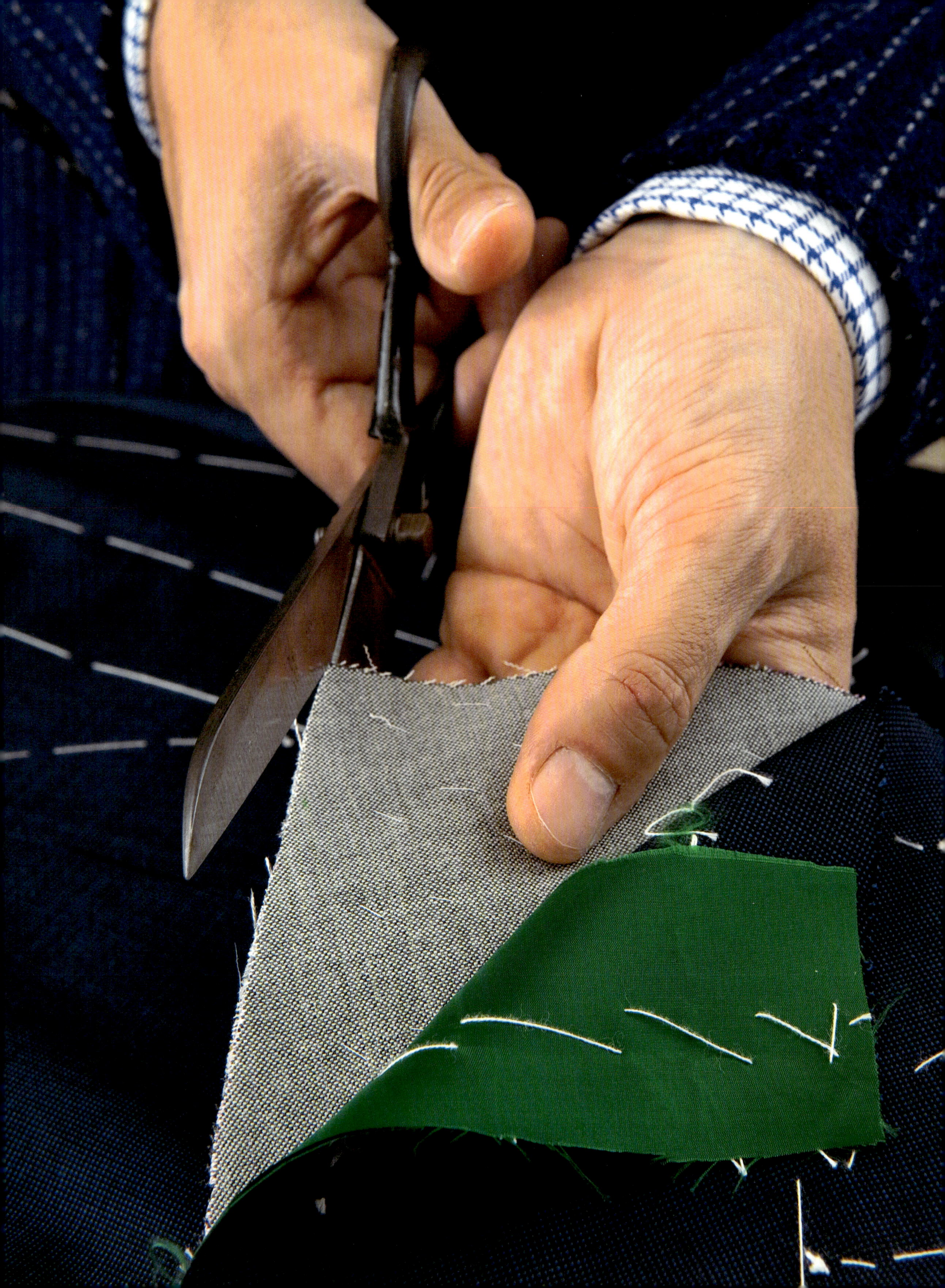

BESTES HANDWERK
Löwenzahn Menswear

Maßgenau und individuell

■ Die Feinmaßschneiderei gehört zu jenen Fertigkeiten, die beinah vom Aussterben bedroht sind. Nur noch wenige Experten in der Schweiz widmen sich der handwerklichen Herstellung von Anzügen, die nicht nur halbwegs passen, sondern perfekt auf die individuellen Maße des Trägers geschneidert werden. Eine Angelegenheit, die viel Erfahrung und Können erfordert – und nicht zuletzt auch eine sehr persönliche Beziehung zwischen dem Schneider und seinen Kunden. Genau diese Verbindung könnte nirgendwo anders in Basel so gut hergestellt werden wie in der St. Alban-Vorstadt, einem der historischsten Stadtviertel, wo sich wie vor Jahrhunderten kleine Geschäfte aneinanderreihen. Wer hierher zum Einkaufen kommt, nimmt sich automatisch Zeit, um individuelle Antiquitäten, Möbel, Schmuckstücke oder Uhren zu erstehen. Oder um von Oliver Häberli in Fragen der passenden Kleidungsstücke beraten zu werden.

Der Experte verfügt über jahrzehntelange Erfahrung, ist Vorstandsmitglied im Centralverband Schweizer Schneidermeister, Präsident der Modekommission und selbst Lehrlingsausbilder. Und er weiß genau, auf welche Punkte es bei der Feinmaßschneiderei – die im Unterschied zur Maßkonfektion ganz ohne fertige Vorlagen auskommt – denn nun ankommt. Die Kunst, einen Anzug in handwerklicher Arbeit vom Schnittmuster bis zum wie angegossen sitzenden Endprodukt zu fertigen, verlangt viel Einfühlungsvermögen und wird von ausführlicher Beratung und Stoffauswahl ergänzt. Nach der Aufnahme sämtlicher Maße beginnt die viele Stunden dauernde Arbeit, die von Oliver Häberli und seinen Mitarbeitern persönlich ausgeführt wird. Zwei bis drei Anproben sind nötig, um Korrekturen vornehmen zu können und Passgenauigkeit zu garantieren. Das Ergebnis beweist, dass niemand in die Londoner Savile Row reisen muss, um einen individuellen Anzug in höchster Qualität zu erhalten: Der Ausflug in Basels schönsten Stadtteil genügt völlig.

Löwenzahn Menswear
Oliver Häberli

St. Alban-Vorstadt 66
CH-4052 Basel

Telefon 00 41 (0) 61 / 2 71 19 71

www.loewenzahn-menswear.ch

BESTES HANDWERK
Atelier Heinz Weller

Feinmaß für Körper und Seele

Atelier Heinz Weller
Heinz Weller

Hauptstrasse 40
CH-4132 Muttenz

Telefon 00 41 (0) 61 / 4 61 58 88
Telefax 00 41 (0) 61 / 4 61 58 88

www.weller-mode.ch

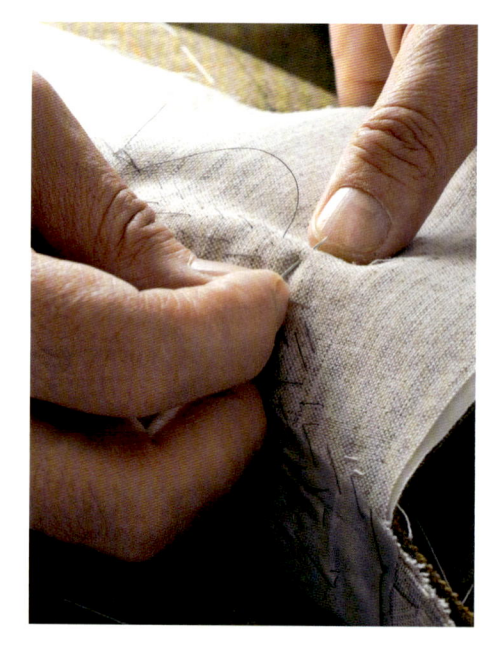

■ Das Maßnehmen am Körper ist das A und O eines Schneiders. Viele Längen und Weiten müssen genauestens ausgemessen und anschließend auf ein Schnittmuster umgesetzt werden. Doch das korrekte Ablesen des Maßbandes ist eben nur die eine Seite der Medaille. „Maßnehmen am Körper", sagt Schneidermeister Heinz Weller, „bedeutet auch das Maßnehmen an Geist und Seele." Der Experte aus Muttenz, der den seit 1928 existierenden Betrieb in der zweiten Generation führt, gehört seit mehr als fünf Jahrzehnten zu den bekanntesten Schneidern im Großraum von Basel. Lange leitete er die Modekommission des Schweizerischen Schneidermeisterverbandes, war in dieser Funktion für die Zusammenstellung der Herren- und Damenmodelle für die Vierländertreffen und die Weltkongresse zuständig. Für diese internationalen Modenschauen hat er selbst zahlreiche Modelle entworfen, angefertigt und mit viel Erfolg präsentiert. Dabei vernachlässigte er aber nie seine Kundinnen und Kunden, deren Vorlieben und Eigenarten er oft besser kennt als der jeweilige Ehepartner.

Das Atelier Heinz Weller bietet Feinmaßschneiderei und Maßkonfektion an. Während es bei der Konfektion darum geht, vorgefertigte Schnitte anzupassen, steht bei der Feinmaßschneiderei die aufwendige handwerkliche Verarbeitung des Schneidermeisters im Zentrum. Heinz Weller erarbeitet individuelle Bekleidung, welche dem Stil und der Persönlichkeit des Kunden entspricht, mit seinen Mitarbeitern im eigenen Atelier. Eine große Auswahl an feinsten Stoffen (Zegna, Loro Piana, Holland & Sherry) steht den Kunden zur Verfügung und Auswahl. Auf die Bestellung folgt eine Rohprobe – bei der alle Kanten und Nähte bloß geheftet und Änderungen mühelos möglich sind –, bevor der Kunde seinen Anzug einige Wochen später in Empfang nehmen kann. Ein Unikat, das bei entsprechender Pflege Jahrzehnte überdauern kann!

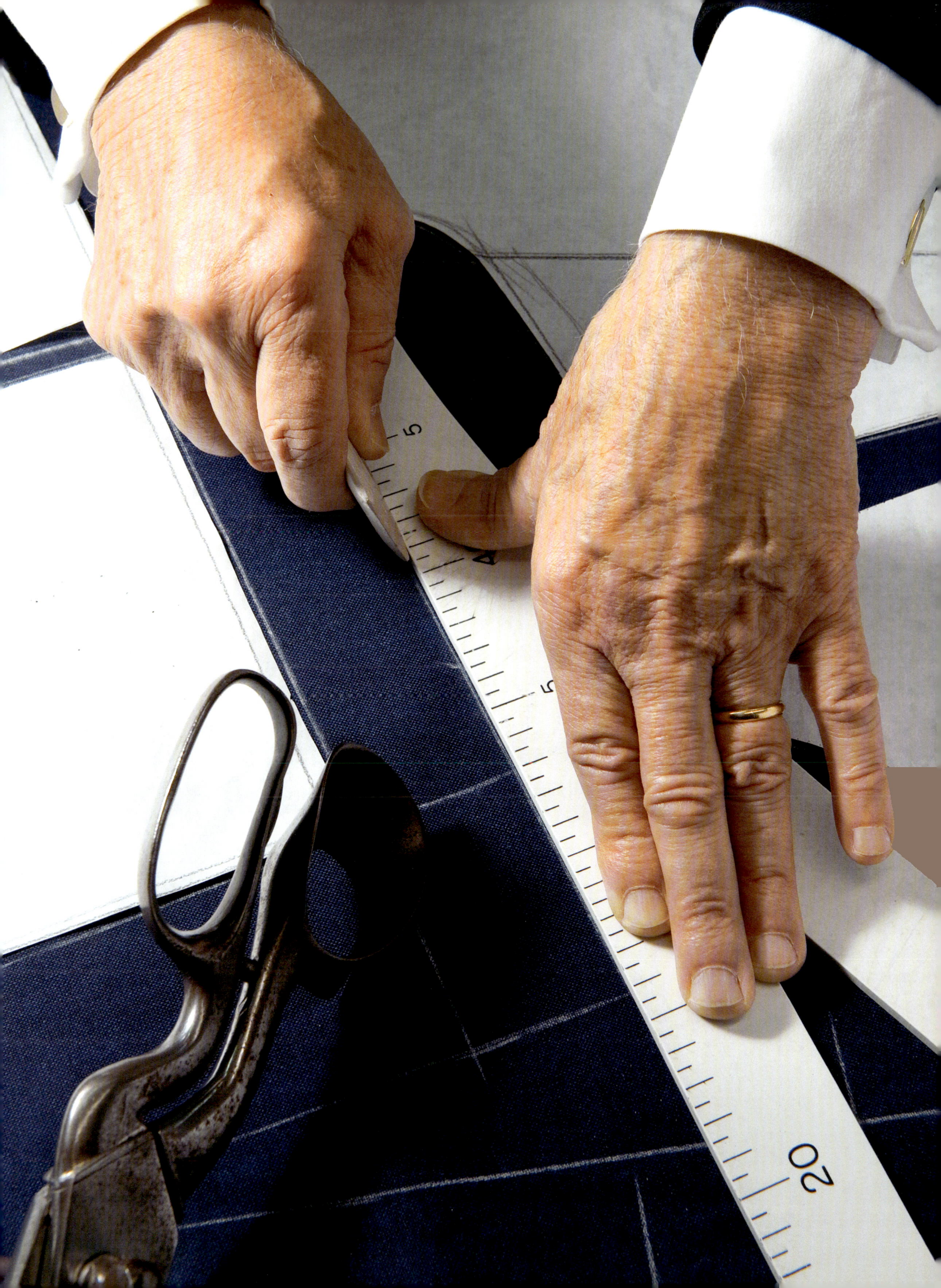

Mittlere Brücke, Basel

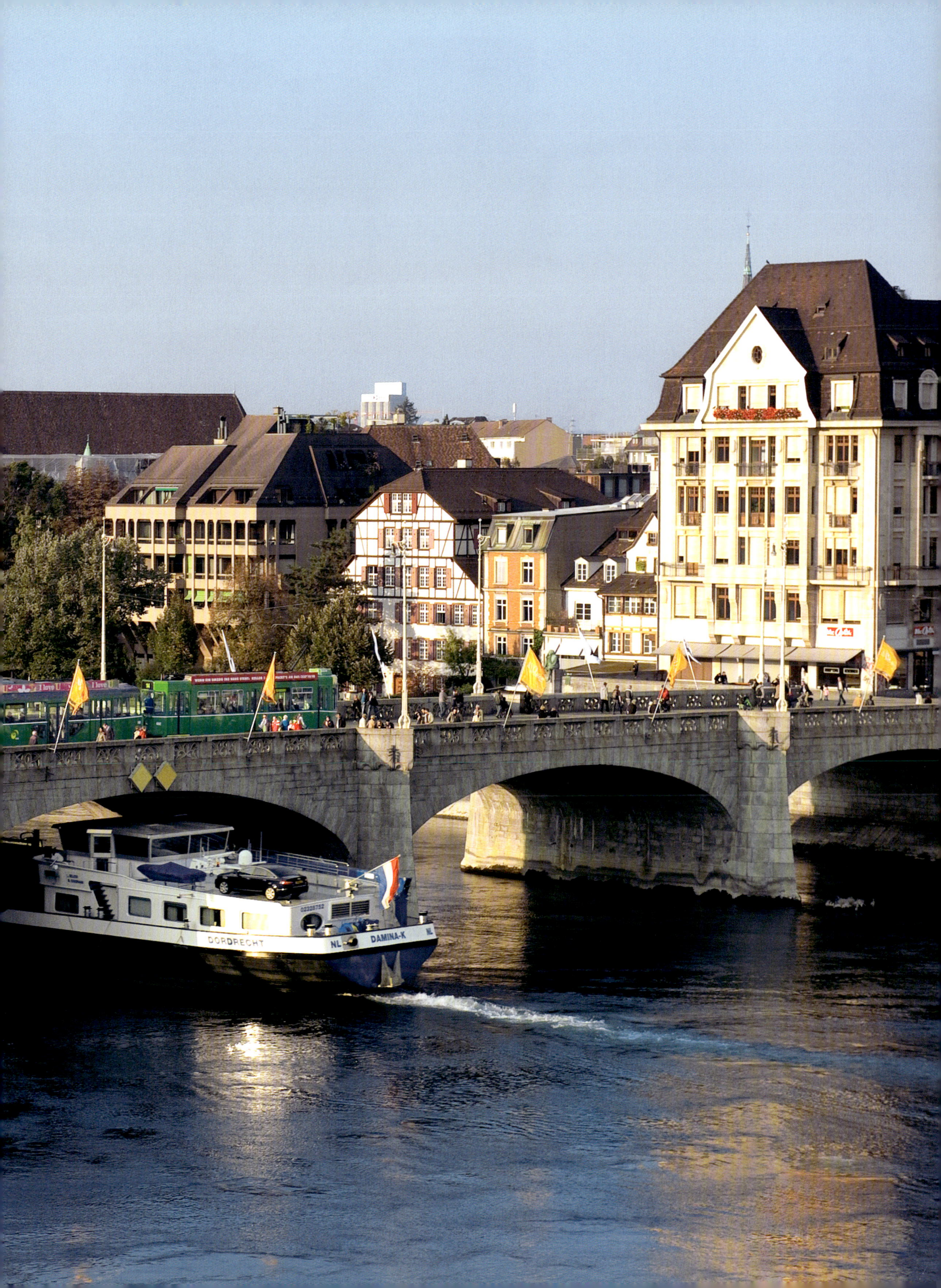
DORDRECHT
NL
DAMINA-K
NL

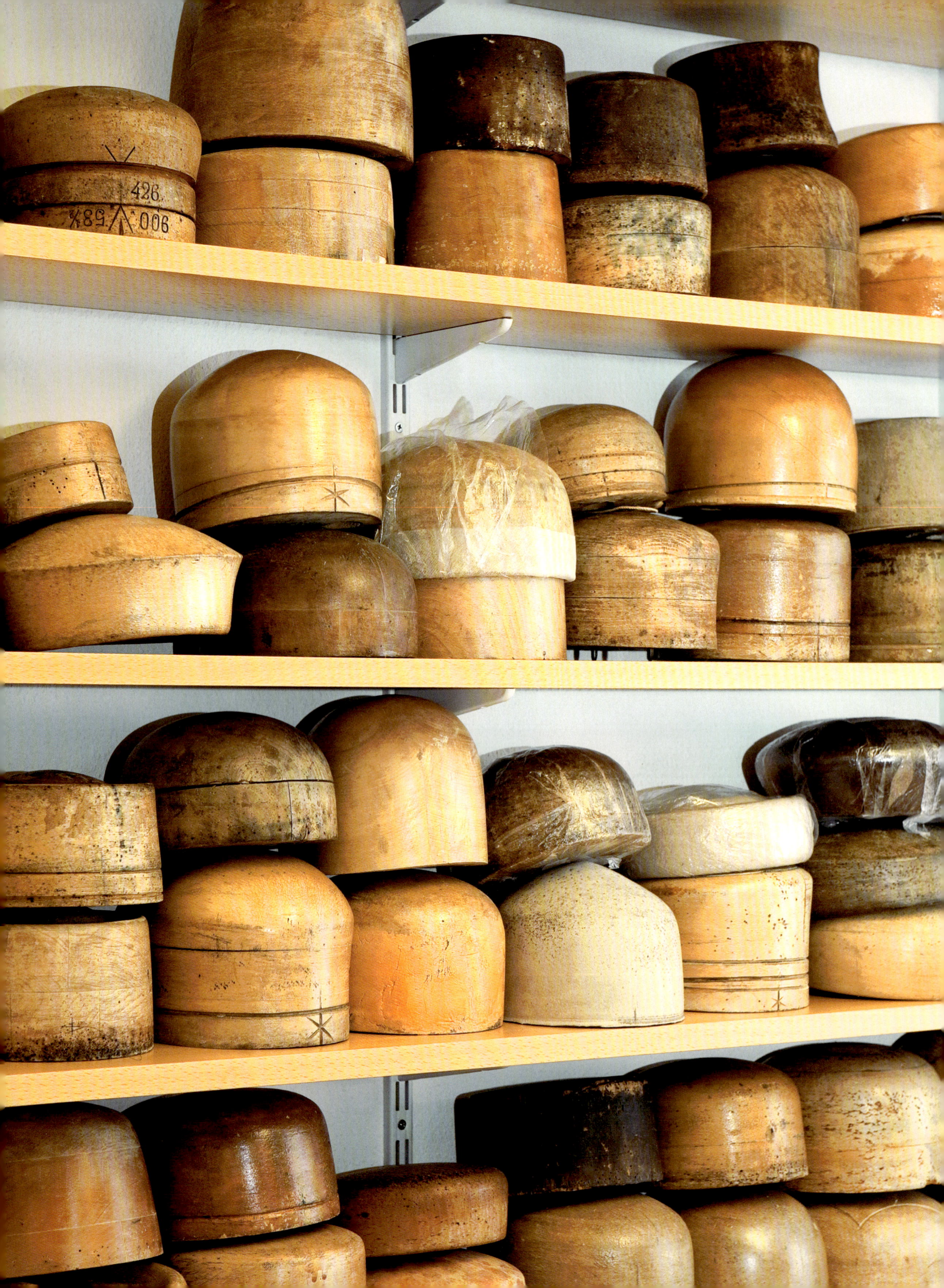
426

BESTES HANDWERK
CHAPEAU – Maria Hiepler

Hüte für alle Fälle

■ Mut zum Hut muss heute niemand mehr zeigen. Nachdem der Kopfschmuck einige Jahre lang fast aus der Mode gekommen war, jedenfalls in weiten Teilen der Bevölkerung, sind Mütze und Hut jetzt wieder akzeptiert bei älteren wie jüngeren Menschen. Maria Hiepler kennt sich in Bezug auf Kopfbedeckungen aller Art aus und weiß genau, welche Kappe oder welches festliche Accessoire zu welcher Gelegenheit passt. Die eine für den Alltag im Herbst, das andere zur Vernissage in einer Basler Galerie, ein dritter für die Wanderung in den Schweizer Bergen. Die Beratung kann schon mal länger dauern, denn mit einem anonymen Kaufhaus hat CHAPEAU nichts am Hut. So ist es möglich Form, Material, Farbe und Garnituren aus einem beachtlichen Fundus auszuwählen und das Produkt mitzubestimmen.

Den Hüten, die in dem seit vielen Jahren bekannten Laden angeboten werden, ist eines gemeinsam: Maria Hiepler stellt sie beinah alle selbst her zusammen mit ihren Mitarbeiterinnen. Im hinteren Teil des Geschäfts befindet sich das Atelier, wo man am Prozess des Hutmachens teilhaben kann. Das Dämpfen des Filzes, das In-Form-Bringen der Stoffe, die Fertigstellung mittels Nadel und Faden und die Verzierung mit Schleifen und Netzen – all das geschieht individuell und abgestimmt auf die Maße der Kunden. Selbst Außergewöhnliches – wie der prachtvolle Kopfputz zur Hochzeit oder ein zusammenlegbarer Reisehut samt Hutschachtel – findet sich im Repertoire. Zwar ist CHAPEAU im Wesentlichen dem weiblichen Haarschmuck gewidmet, doch entdecken auch männliche Hutträger die passende Kappe. Einblick in ein bemerkenswertes Handwerk, das früher allgegenwärtig war, mittlerweile aber selten geworden ist, bekommen alle Besucher: Maria Hiepler sorgt dafür, dass niemand ihr Geschäft in der Barfüssergasse verlässt, ohne zumindest ein wenig Faszination für die ganz besonderen Hüte gewonnen zu haben.

CHAPEAU – Maria Hiepler

Barfüssergasse 6
CH-4001 Basel

Telefon 00 41 (0) 61 / 2 72 77 74

www.chapeau.ch

BESTES HANDWERK
Raphael Blechschmidt

Haute Couture

Raphael Blechschmidt

Bäumleingasse 22
CH-4051 Basel

Telefon 00 41 (0) 61 / 2 71 25 26
Telefax 00 41 (0) 61 / 2 71 25 27

www.raphaelblechschmidt.ch

■ Zweimal im Jahr verwandelt sich das Geschäft von Raphael Blechschmidt in das Zentrum des Basler Modegeschehens. Jeweils im Frühjahr und im Herbst wird ein Laufsteg errichtet, werden die Kleiderständer hinausgeräumt und Sitzplätze für Stammkunden und andere Couture-Begeisterte geschaffen. Gut und gern 140 Menschen drängen sich dann an einer der allerersten Adressen der Stadt, bewundern drei Tage lang die neuen Kreationen, lassen sich von dem begeistern, was der Designer sich in den vorangegangenen Monaten hat einfallen lassen. Die Kollektionen werden jeweils in sechs bis sieben Wochen vor dem Präsentationstermin erarbeitet, vom Chefdesigner selbst und seinen elf Mitarbeiterinnen. Mit diesem Stamm an Fachwissen – allein sieben ausgebildete Schneiderinnen arbeiten fürs Unternehmen – gehört Raphael Blechschmidt zu den bedeutenden Haute Couture produzierenden Ateliers des Landes. Seine Ideen erhält der Chef, der den Beruf von der Pike auf erlernte, vor allem bei Reisen durch die Welt. „Reisen vermittelt viele Eindrücke", erklärt der Designer. Die Informationstouren müssen nicht mal nach Italien oder Paris führen, in die Zentren des Modegeschehens, sondern können auch in Berlin oder Barcelona enden. „Es ist bei mir wie bei einem Architekten", sagt Blechschmidt, „man kann überall Inspirationen gewinnen". Ein Giebel, eine Landschaft, eine Stukkatur an einem frisch restaurierten Altstadthaus: Schon ist die Eingebung für ein neues Abendkleid, für einen Mantel oder ein Kostüm da. Gefertigt wird übrigens stets auf Maß und individuell. Und weil Raphael Blechschmidt seit jeher Kleider schaffen wollte, die tragbar sind, werden die Stoff-Kunstwerke auch wirklich genutzt. Vielleicht auf einer der Kulturreisen, die Partner Peter Potoczky mit seiner Firma Divertimento organisiert und bei der auch viele Stammkunden teilnehmen. Neue Ideen sind bei diesen Gelegenheiten fest mit eingeplant …

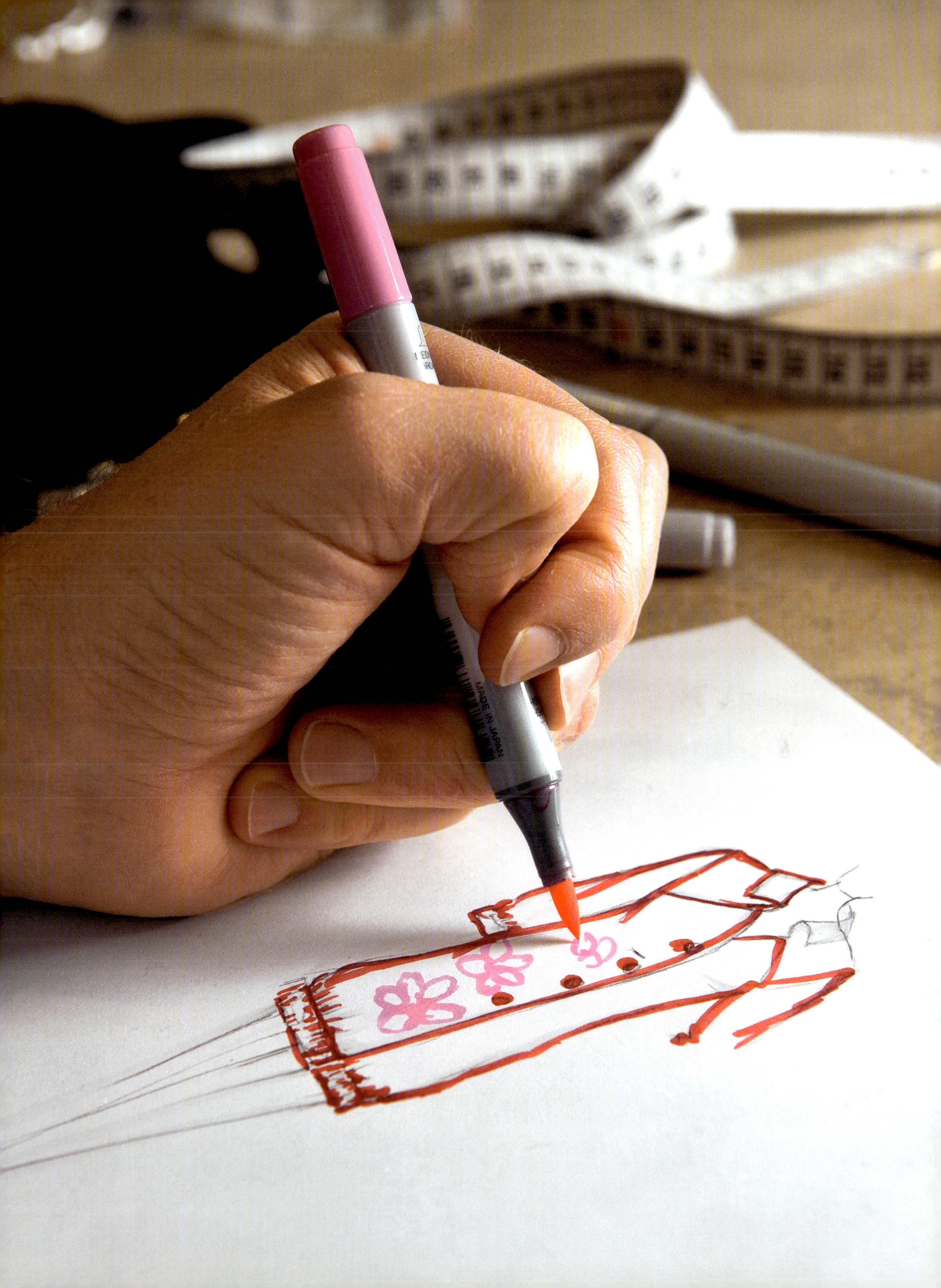
MADE IN JAPAN

wennnichtjetztwanndann

BESTES HANDWERK
wennnichtjetztwanndann

Die persönliche Tasche

■ Die Kunden der wennnichtjetztwanndann GmbH haben Fantasie. Sie bringen die merkwürdigsten Dinge mit in den kleinen Laden im Gundeldinger Quartier: Urlaubsfotos, einen gebrauchten Rega-Overall oder eine Lederjacke, die zwar schön ist, aber den aktuellen Formen nicht mehr gerecht wird. Vielleicht auch ein Surfsegel oder einen Fallschirm, an dem sie immer noch hängen. Die Taschenmacherinnen, Susanne und Wulfi Afheldt, stehen dann vor der Aufgabe, aus dem Gebrauchten etwas Neues zu schaffen, das Material in eine funktionelle und schicke Tasche zu verwandeln, die den Wünschen und Bedürfnissen der Kundin oder des Kunden entspricht. „Das funktioniert fast immer", sagt die eine der beiden Gründerinnen des ungewöhnlichen Taschenladens. Einzigartig, unverwechselbar und in ganz Basel garantiert kein zweites Mal zu haben. Auch in Zürich, Gstaad oder in anderen Städten sind die Taschen mit dem unverwechselbaren Logo anzutreffen. Im kleinen Ausstellungsraum an der Reichensteinerstrasse kann man die verschiedensten vorgefertigten Modelle ausprobieren und kaufen sowie, für die Gestaltung einer persönlichen Tasche, aus der großen Auswahl an Stoffen und anderen Materialien auswählen. Die beiden Taschenfrauen, Mutter und Tochter, haben als Quereinsteigerinnen im Accessoires-Geschäft den etwas anderen Blick aufs Handwerk. Nicht alle der anderswo erhältlichen Taschen sind schließlich praktisch und übersichtlich – deshalb entstand hier auch die herausnehmbare Innentasche, die mit vielen Fächern etwas Ordnung ins Taschenchaos bringt. Sie lässt sich mitsamt Inhalt von einer Tasche in die andere „zügeln". Dieses Prinzip ist bei den verschiedenen Standardgrößen, aber natürlich auch bei der besonders funktionellen Wickeltasche zu haben. Und wenn die Tasche für einen besonderen Zweck oder passend zu einem besonderen Outfit gefertigt werden soll: Die Afheldts lieben die Herausforderung!

wennnichtjetztwanndann GmbH
Susanne und Wulfi Afheldt

Reichensteinerstrasse 20
CH-4053 Basel

Telefon 00 41 (0) 78 / 7 07 50 31
00 41 (0) 76 / 5 92 42 38

www.wanndann.ch

BESTES HANDWERK
irui – lingerie atelier

Filigran darf es sein

irui – lingerie atelier
Tatjana Geiger

Vogesenstrasse 104
CH-4056 Basel

Telefon 0041 (0) 61 / 683 83 33
Termine nach Vereinbarung

www.irui.ch

■ Allzu viel Stoff ist es in der Regel nicht, der für die Kreationen der Baslerin Tatjana Geiger verwendet wird. Die Mühe dagegen, die in jedem Büstenhalter und allen Höschen steckt, ist beachtlich: Schließlich werden alle Teile nach Maß gefertigt, werden so genäht, gegebenenfalls mit Bügeln versehen und mit Spitzen verziert, dass sie passen wie angegossen, nicht drücken und mit fertig gekauften Dessous lediglich dem Namen nach zu vergleichen sind.
Apropos Name: Die Baslerin Tatjana Geiger ist mit ihrem Label irui – der japanische Begriff für Bekleidung – und ihrem persönlichen Service inzwischen nicht mehr nur Insidern bekannt. Im kleinen Atelier, unweit der Basler Innenstadt, begrüßt die Spezialschneiderin ihre Kunden selbst, berät über Stoffe, Modelle und Trends und erzählt auch gern, wie sie zum Beruf der Dessouskünstlerin gekommen ist. Eigentlich war Tatjana Geiger lange im sozialen Bereich tätig, bevor sie eine Ausbildung zur Damenschneiderin absolvierte, schließlich die Dessous für sich entdeckte und Fortbildungen absolvierte. „Das ist das, was mich wirklich interessiert", lächelt die Baslerin, die sich bei französischen Traditionen ebenso bedient wie bei japanischen. Filigran darf es sein, modisch sowieso, und an den Modellen arbeitet Tatjana Geiger schon mal ein paar Stunden. Kaum zu glauben, dass selbst der hochwertigste und zugleich individuellste, mit Stoffen und Spitzen aus Italien und Frankreich nach Maß gearbeitete BH hier nur wenig mehr kostet als manch trendiges Markenprodukt von der Stange. Und wer lieber selbst nähen will, hat auch gute Gründe, im Atelier vorbeizuschauen: Tatjana Geiger leitet nämlich regelmäßig Dessouskurse für Anfänger und Fortgeschrittene. Die passenden Pakete mit Stoffen, Spitzen und Schnittmustern kann man dabei auch gleich erwerben – ein bisschen Arbeit lassen sich auch begabte Hobby-Schneiderinnen gern vom Profi abnehmen!

irui BY TATJANA GEIGER

BESTES HANDWERK

Essen und Genießen seit Jahrhunderten

Es ist die Lage zwischen den Kulturen, die Basel als Genussmetropole auszeichnet. Schon in der Antike nahmen die Einheimischen Einflüsse von auswärts auf, importierten kulinarische Traditionen vom anderen Flussufer, ließen sich später von den Essgewohnheiten des französischsprachigen Jura und des Elsass inspirieren oder kauften all jene Produkte, die rheinab- oder rheinaufwärts herantransportiert wurden. Immer wieder in der Geschichte Basels wurden Rezepte von anderswo integriert in den Zutatenschatz der Einheimischen. Am deutlichsten wurde dieses Prinzip im späten Mittelalter, als Basel für einige Zeit als Mittelpunkt Europas fungierte. Papst Martin V. hatte Anfang des 15. Jahrhunderts entschieden, das Konzil, das Treffen der wichtigsten Würdenträger der katholischen Kirche, in Basel stattfinden zu lassen. Die Nähe zu den politisch wichtigen Zentren des späten Mittelalters dürfte bei dieser Wahl eine wichtige Rolle gespielt haben. 1431 trafen sich die Abgesandten aus Frankreich, der Schweiz, des Heiligen Römischen Reiches und anderer Länder am Rhein, richteten sich für Jahre häuslich ein und versammelten sich immer wieder zu Sitzungen und Beratungen. Das Basler Konzil sollte bis 1449 dauern, und seine Bedeutung ging weit über kirchliche Fragen hinaus. Die Konzilsteilnehmer wollten nämlich auch verpflegt werden, sie brachten Diener und Sekretäre mit in die Stadt, und mit ihnen kamen Kaufleute, fahrende Händler und Neugierige. Und es kamen Gewürze und Zutaten aus dem Süden und dem Norden nach Basel, die teilweise auch heute noch ihren Nachhall in der kulinarischen

BESTES HANDWERK

Kultur von Stadt und Landschaft finden.

Gewürze waren, glaubt man den alten Basler Rezeptbüchern, schon vor der Zeit des Konzils beliebt bei denen, die sich solche meist importierten Raritäten leisten konnten. Später machte sich die Zunft zu Safran, die Vereinigung der Basler Gewürzhändler, einen Namen: Nicht nur Safran wurde von deren Mitgliedern eingeführt, auch Pfeffer, Ingwer, Muskat, Piment und Nelken gehörten bald zu den kostbarsten Zutaten der Basler Bürgerküchen und jener Gasthäuser, in denen die höherrangigen Besucher bewirtet wurden. Die Wälder des Jura oder der Vogesen lieferten Wild, aus dem Rhein bezog man Lachs in damals noch eindrucksvoller Menge. Pasteten und Gallerten sowie Fleischragouts dürften in der Zeit des Konzils beliebt gewesen sein bei Tisch, aber auf den Märkten gab es auch schon das, was heute als Fast Food angeboten wird. Gebackene und mit verschiedenen Zutaten angereicherte Kleinigkeiten, Teigfladen (wie sie im ganzen süddeutschen Raum bekannt sind und manchmal als Flammkuchen, anderswo als Dünnele feilgeboten werden). Süße und salzige Wähen zählen heute noch zu den Leibgerichten der Basler, und in der Fastnachtszeit darf auch im 21. Jahrhundert ein urtümliches Gericht nicht fehlen: die sämige Basler Mehlsuppe. Wie eine andere Spezialität weist die fleischlose Suppe auf die an Fastnacht beginnende Fastenzeit hin: Die Basler Faschtewäije verdanken ihren würzigen Geschmack nicht etwa Speck oder Schinken, sondern vor allem dem reichlich verwendeten Kümmel. Im Februar und im März sind diese Ge-

BESTES HANDWERK

bäcke auch heute noch in praktisch allen Bäckereien des Kantons zu bekommen, werden oft in Gemeinschaft von Zwiebel- oder Käsewähen verzehrt.

Die vielen Gewürze haben aber auch in den süßen Backwaren ihre Spuren hinterlassen. Basler Brunsli gelten als Klassiker des Adventsgebäcks, und das Gegenstück zu den Nürnberger Lebkuchen, die Basler Leckerli, sind eines der beliebtesten Souvenirs, die sich Besucher einpacken lassen können. Gut möglich, aber nicht bewiesen, dass die Basler die Idee zum süßen Würzgebäck in Nürnberg aufgeschnappt haben und zunächst von dort Honig- und Lebkuchen importierten, um sie alsbald in leicht veränderter Rezeptur nachzubacken. Die frühesten Erwähnungen eines solchen Gebäcks stammen aus dem 14. Jahrhundert, und seine Beliebtheit dürfte sich während der Konzilszeit nochmals gesteigert haben.

Bis die Leckerli, die auch als Läckerli bekannt sind, erstmals unter diesem Namen in die städtischen Chroniken eingingen, sollte es aber noch einige Zeit dauern. Erst im Jahr 1720 taucht das Wort in schriftlichen Unterlagen auf, und in dieser Epoche wurde Basel im ganzen deutschsprachigen Raum bekannt für seine Zuckerbackwaren im Allgemeinen und die Leckerli im Besonderen. Das „Läckerli Huus" gehört heute zu den namhaftesten Erzeugern dieser Lebkuchen-Variante, doch das 1903 gegründete Unternehmen besitzt mitnichten ein Monopol und muss mit zahlreichen anderen Spezial-Bäckereien konkurrieren.

Wer isst, muss allerdings auch trinken – was die bedeutende Basler Tradition an Bier und Wein erklärt. Die früher noch existierenden kleinen Rebanlagen im Stadtgebiet sind verschwunden, doch die Leidenschaft der Stadt-Basler für die Gewächse des

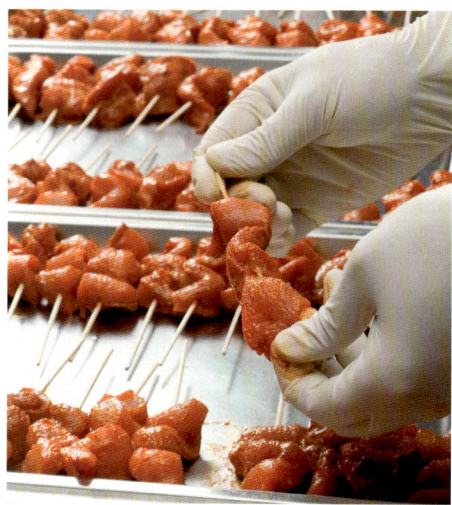

BESTES HANDWERK

benachbarten Halbkantons Basel-Landschaft und des Markgräflerlandes ist so groß wie die Begeisterung für die Elsässer Rieslinge und Gewürztraminer. Einst war Basel umgeben von riesigen Rebflächen, die mit der Klimaverschlechterung im 17., 18. und 19. Jahrhundert zurückgingen und im Zuge der Reblauskatastrophe Ende des 19. und Anfang des 20. Jahrhunderts endgültig zusammenschrumpften. Im Mittelalter mangelte es kaum je an heimischem Wein, was die Lust an fremder Ware allerdings nicht schmälerte: Die Chroniken berichten sogar von Fässern aus Zypern, die bereits im Jahr 1288 nach Basel importiert wurden. Dazu passt, dass vermutlich Anfang des 13. Jahrhunderts die Zunft zu Weinleuten gegründet wurde, in welcher sich Wirte und Weinhändler zusammenschlossen. Die feinsten Gasthäuser durften lange Zeit hindurch ausschließlich Wein ausschenken, das Bier blieb den einfacheren Tavernen vorbehalten.

Ab dem späten 15. Jahrhundert machten dann die Bierbrauereien mehr und mehr von sich reden, allerdings blieb ihre Zahl lange auf einige wenige beschränkt. Erst im 19. Jahrhundert gab es dann eine große Auswahl von kleinen und größeren Brauereien in Groß- und Kleinbasel sowie in der Umgebung der Stadt. Diese Vielfalt wurde im 20. Jahrhundert zusammengestutzt, die Kleinbrauereien verschwanden, die großen Bierkonzerne, welche rentabler arbeiten konnten, bestimmten von nun an das Feld. Bis im Jahr 1974 die Brauerei Fischerstube auf den Plan trat und Vorbild wurde für eine neue Kategorie von Kleinbrauereien: innovativ, auf höchstem Qualitätsniveau arbeitend und untrennbar mit ihrem Quartier verbunden.

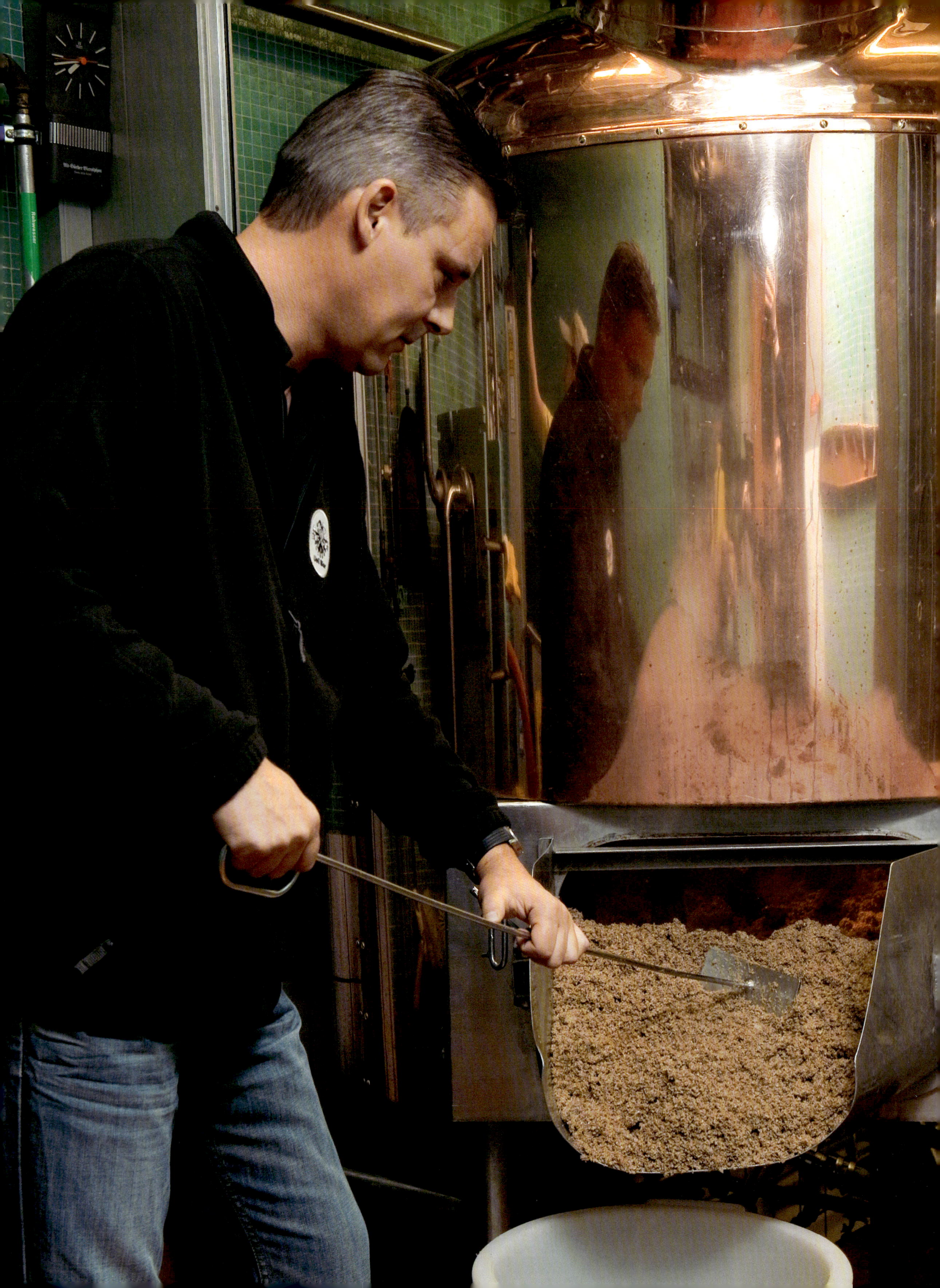

BESTES HANDWERK
Brauerei Fischerstube

Ueli Bier für Basel

Als im Jahr 1974 Biergeschichte geschrieben wurde in der Basler Rheingasse, war der Konzentrationsprozess in der Branche allgegenwärtig. Die noch wenige Jahrzehnte zuvor florierenden Kleinbrauereien waren längst verschwunden, wenige Konzerne beherrschten das Bild. Doch die Brauerei Fischerstube, die sich in jenem Jahr gründete, wollte die Uniformität nicht hinnehmen, der Arzt Hans Jakob Nidecker brach das Monopol, bewies Mut und Kreativität. „Am Anfang wollte man nur für das eigene Restaurant brauen", sagt die heutige Geschäftsführerin Anita Treml-Nidecker. Die Nachfrage der Basler war allerdings überwältigend, und jene drei Biersorten, die von Beginn an hergestellt wurden und die noch heute gebraut werden, fanden mehr und mehr Liebhaber. Inzwischen ist das Ueli Bier auch in ausgesuchten Lokalen Basels zu bekommen, wird im Teufelhof oder im Les Trois Rois ausgeschenkt, bereichert das Angebot des Schauspielhauses und die Vorräte privater Bierliebhaber: Fässer, Karaffen und seit 2005 auch Flaschen gehören ebenfalls zum Repertoire.

Heute wie einst ist der gesamte Brauprozess handwerklich und überdies öffentlich. Hinter Glasscheiben erkennen die Gäste des Brauereirestaurants Fischerstube die Gärtanks, können dem Braumeister auf die Finger schauen und anhand der Schaumbildung die Fortschritte der Fermentation abschätzen. Von Anfang an fand die Gärung nämlich offen statt – im Gegensatz zu den Prinzipien der großen Konzerne. Das Sortiment wurde behutsam ergänzt, umfasst neben Ueli classic, Ueli spezial und Weizenbier auch Event-Biere sowie saisonale Spezialitäten wie das Herbstbier Chasseur, das Festbier im Dezember oder den naturtrüben Winterbogg. Und warum nicht mal Holzspäne oder Tannenspitzen zufügen und dem Ueli Bier damit eine leicht exotische Komponente verschaffen? Solange die Qualität den Prinzipien von 1974 entspricht!

Brauerei Fischerstube
Brauereirestaurant Fischerstube
Brauereirestaurant Linde

Rheingasse 43 + 45
CH-4058 Basel

Telefon 00 41 (0) 61 / 6 92 94 95

www.uelibier.ch

BESTES HANDWERK
Coffee and more

Geröstet, gemahlen und gebrüht

Coffee and more
Thomas Schüle

St. Johannesgasse 14
D-79219 Staufen

Telefon 00 49 (0) 76 33 / 98 18 24
Telefax 00 49 (0) 76 33 / 92 98 09

www.coffeeandmore.de

■ Wer sich hauptberuflich mit Kaffee beschäftigt, der muss einen angeborenen Sinn haben für natürliche Rohstoffe und fürs Genießen. Der liebt den Duft von frisch gemahlenen Bohnen und den nach allen Regeln der Kunst gebrühten Espresso. Und der könnte sich niemals vorstellen, den lieben langen Tag in einem Büro zu verbringen, sondern pflegt lieber den Kontakt mit anderen Gourmets: in der eigenen Rösterei und im angeschlossenen Café, einem Treffpunkt von Staufenern und Besuchern. Thomas Schüle hat schon viele Jahre lang bloß Kaffee genossen, bevor er vor einigen Jahren begann, sich für Kaffeemaschinen zu interessieren und schliesslich zur Kunst der Bohnen-Veredelung fand. „2004 haben wir uns entschieden, eine eigene Rösterei zu gründen", sagt der gebürtige Staufener, der Gourmets heute in die Räume des Elternhauses bittet. Hier wird an jedem Dienstag und für alle Besucher einsehbar geröstet, hier wird die angelieferte grüne Rohware mittels heißer Luft in duftende dunkle Bohnen verwandelt – auf die denkbar schonendste Weise. Thomas Schüle sortiert die kleinen Aromabomben anschließend auf einer 100 Jahre alten Sortiermaschine, stellt sie zu speziellen Mischungen zusammen und verpackt sie luftdicht in handlichen Portionen. Jedenfalls sofern er den leicht nach Haselnuss duftenden Schümli-Kaffee, den aus dem afrikanischen Hochland stammenden Ethiopia Sidamo oder eine der vielen anderen Sorten nicht sofort zu Cappuccino oder Latte macchiato verarbeitet. Das „more" in Coffee and more steht nämlich für Staufens wohl individuellstes Café. Thomas Schüle serviert hier fast an jedem Tag des Jahres Kaffeespezialitäten mit der schönsten Crema, die man sich vorstellen kann, an Sonn- und Feiertagen von März bis Oktober auch selbst gebackenen Kuchen. Erklärungen zu den verschiedenen Robusta- und Arabica-Sorten, zur Geschichte des Kaffees und zum eigenen Weinberg (eine weitere Leidenschaft!) gibt es immer!

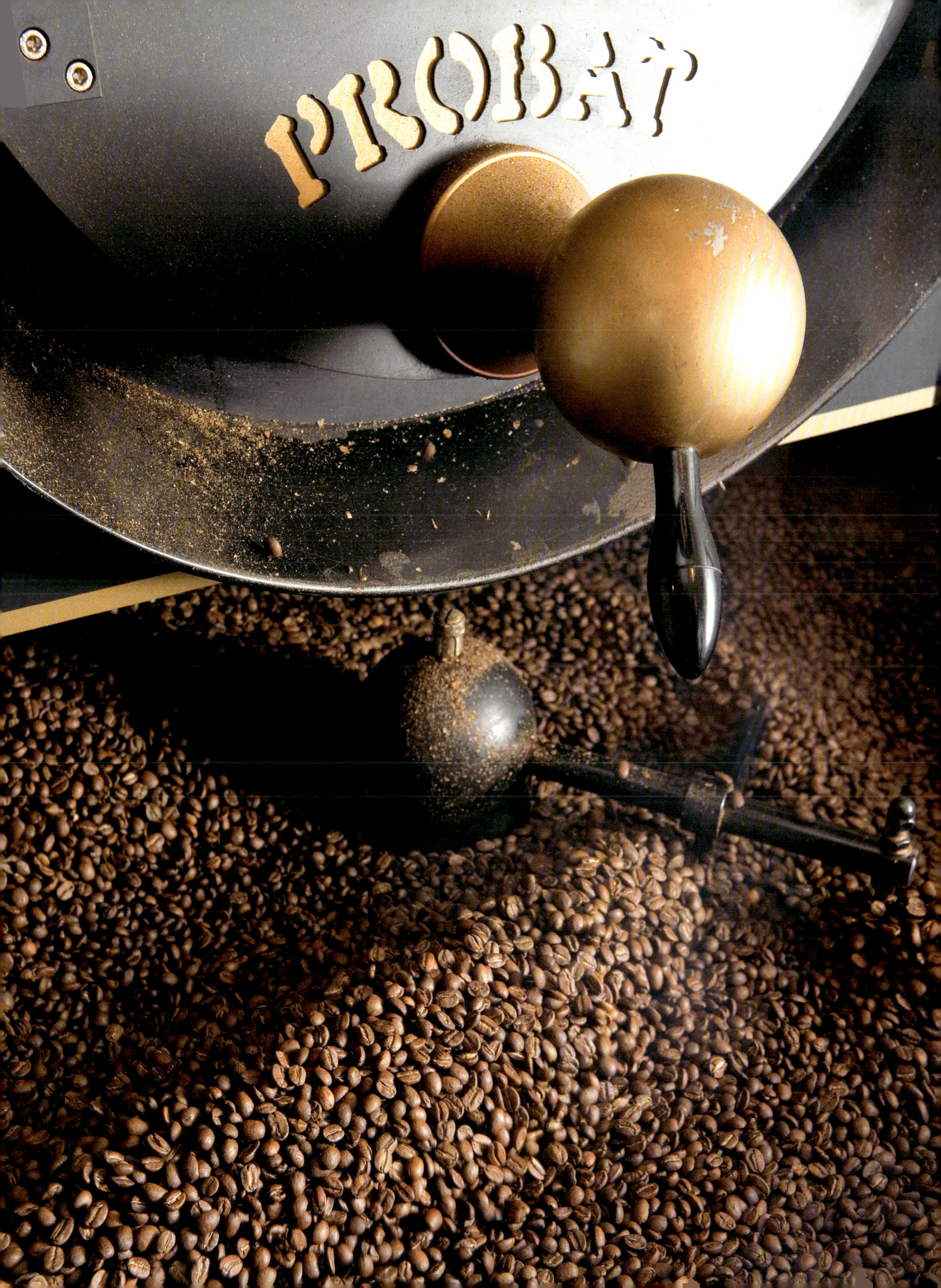
PROBAT

BESTES HANDWERK
Chocolaterie Axel Sixt

Raffiniertes aus Schokolade

Chocolaterie Axel Sixt
Axel und Alexandra Sixt

Kirchstraße 11
D-79219 Staufen

Telefon 00 49 (0) 76 33 / 80 12 55
Telefax 00 49 (0) 76 33 / 80 10 25

■ Die älteren Kunden erinnern sich noch gut an die Anfänge der Chocolaterie in einem ruhigen Ortsteil von Staufen. Als die ersten Truffes und Pralinés in der Werkstatt von Alexandra und Axel Sixt gefertigt wurden und die ersten Kunden an zwei geöffneten Nachmittagen vorbeikamen. Was zunächst nur ein paar Eingeweihte aus dem Dorf begeisterte, sprach sich schnell herum, wurde weit über die Nachbarschaft hinaus bekannt. Man könnte angesichts des heutigen Renommees der Chocolaterie meinen, dass Axel Sixt ein etabliertes Geschäft übernommen hätte, doch in Wirklichkeit begann der gelernte Konditor bei null. Die strengen Prinzipien, die er bis heute verfolgt, haben sich allerdings seit Beginn nicht verändert. Das liebevoll eingerichtete Ladengeschäft befindet sich mittlerweile neben der katholischen Kirche in Staufen.

Die Produktionsräume sind nach modernsten Kriterien ausgestattet. Mit raffinierten Rezepten für feinste Pralinen, mit viel Fingerspitzengefühl und Liebe zum Beruf werden Stück für Stück kleine Spezialitäten mit großem Geschmack gefertigt. Nur sorgfältig ausgesuchte Zutaten finden den Weg in die Lagerräume der Chocolaterie. Die Verwendung ausgesuchter Kuvertüren, Piemonteser Haselnüsse und edelster Tahiti-Vanille sowie beste Spirituosen sind die Grundlagen für feinste Pralinen wie Marc de Champagne, Nougattöpfchen, Knuspernougat, Cassistrüffel und viele mehr. Auf die Verwendung von Konservierungsmitteln wird bewusst verzichtet, was jedoch die Haltbarkeit der Produkte beschränkt. Als Partner der legendären französischen Schoko-Schmiede Valrhona verwendet Axel Sixt deren Kuvertüren, rollt sie, formt sie, schneidet sie – und bastelt auch an aufwendigen Schoko-Präsenten. Liebevoll präsentiert, sind die kleinen Pralinen aus Vollmilch und Zartbitter ein Genuss für Auge und Gaumen. Zum sofortigen Hineinbeißen sind sie beinah zu schade ...

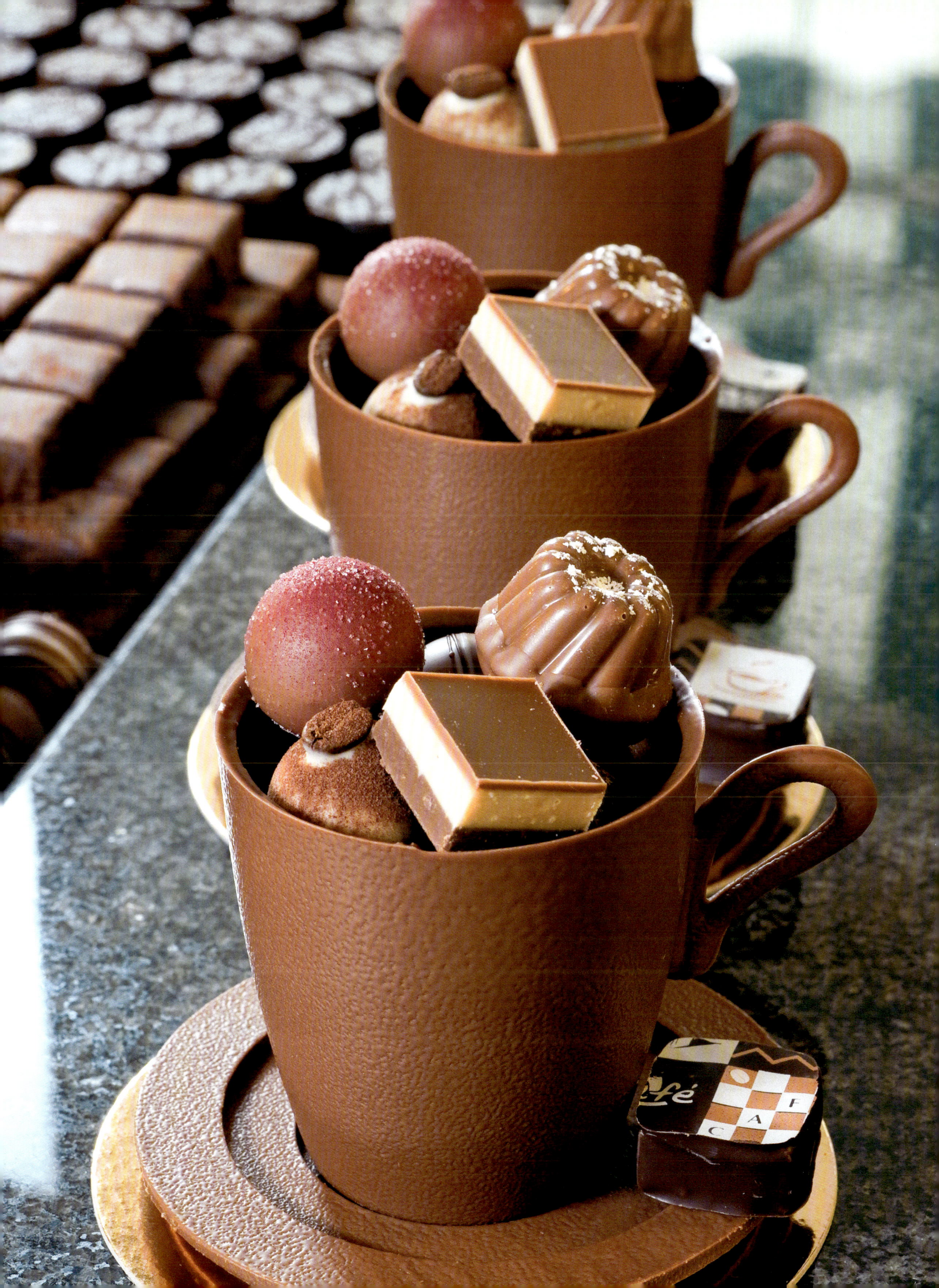

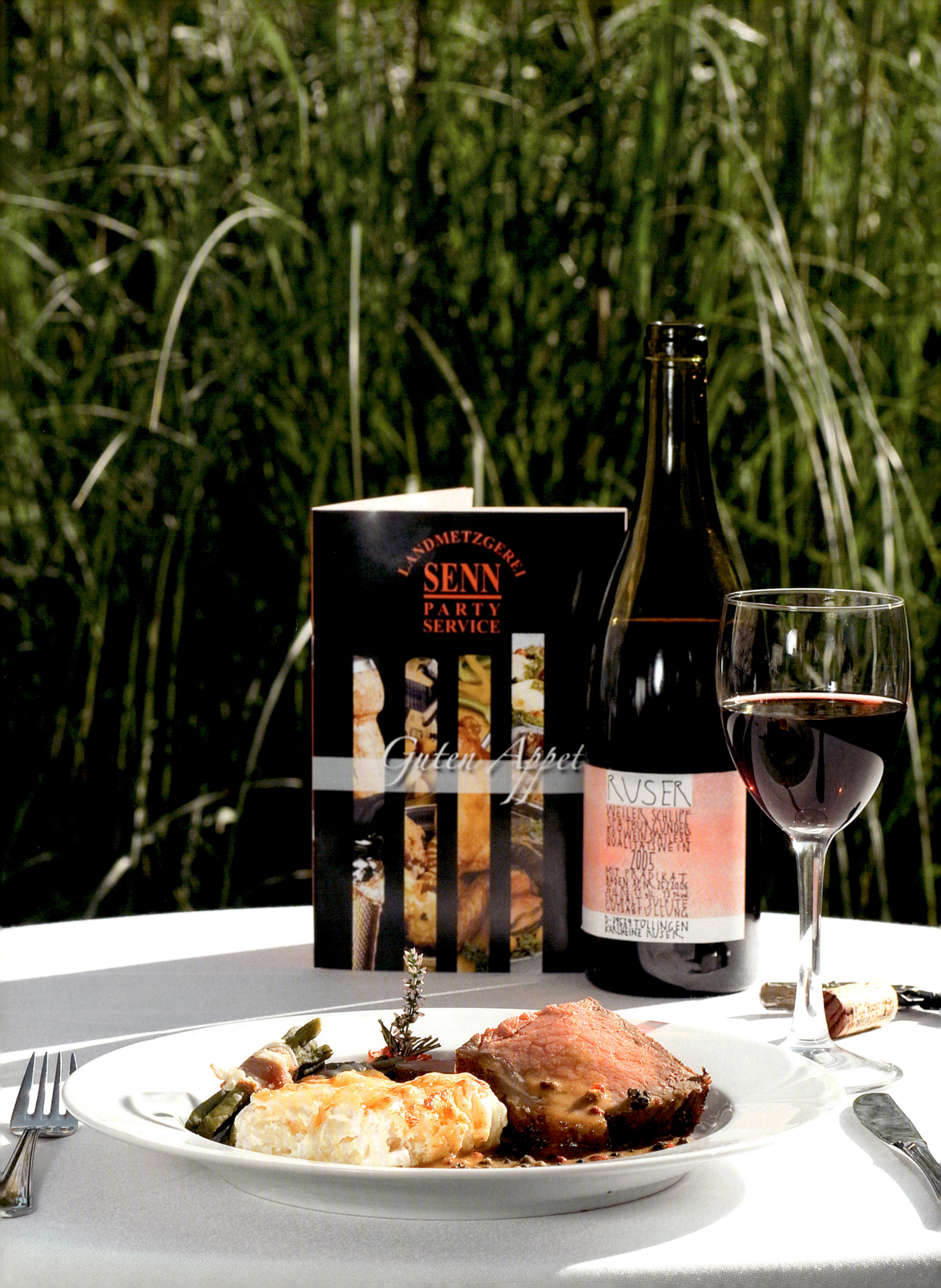
LANDMETZGEREI
SENN
PARTY
SERVICE
RUSER
2005

BESTES HANDWERK
Landmetzgerei-Partyservice Senn

Metzgerei mit Prinzipien

Bündnerfleisch wird man vergeblich suchen bei Martin Senn, und den importierten französischen Schinken muss man ebenfalls anderswo kaufen. Die Landmetzgerei in Eimeldingen konzentriert sich auf das, was die Umgebung bietet, pflegt die regionalen Traditionen des Markgräflerlandes. „Wir schlachten noch selbst", betont Martin Senn, „und praktisch alles Fleisch kommt aus der unmittelbaren Umgebung". Der Kunde, der in der Landmetzgerei einkauft, weiß also nicht nur ganz genau, woher die Grundprodukte stammen, sondern unterstützt sogar die heimische Landwirtschaft. Vom Bauern bis zum Metzger ist es nur ein kurzer Weg, der aus qualitativen wie ethischen Gründen empfehlenswert ist: Massenhaltung, Tiertransporte und fragwürdige Mastbedingungen sind ein Tabu.

Der Metzger- und Küchenmeister Martin Senn kümmert sich mit gleichviel Leidenschaft um die Perfektionierung alter und die Kreation neuer Rezepte. Für seinen Bergthymianschinken ist er berühmt geworden, der Beinschinken im Ganzen geräuchert und gegart ist ein Renner zu jeder Jahreszeit. Der Bauernschmaus (grobe Kalbsleberwurst) wird durch die frischen Kräuter zu einem Hochgenuss. Die schiere Perfektion hört auch beim Fleisch nicht auf (vier Wochen am Knochen gereifte Rindekoteletts gehören ebenso wie Lamm und Kalb zur Selbstverständlichkeit) und machen auch vor einer Rarität wie der Zucker senkenden Wurst, die weniger als zehn Prozent Fett aufweist, nicht Halt. Doch egal ob Wurst, Schinken oder Frischfleisch, ob rustikaler Schmaus oder mehrgängiges Hochzeitsmenü: Für ihren Partyservice ist die Landmetzgerei Senn längst ebenso bekannt wie für den Ladenverkauf. Drinnen oder draußen, im Schloss Bürgeln oder im Basler Kutschenmuseum: Martin Senn liefert das Allroundpaket für kleine und große Feiern, inklusive Service und Weinen der Markgräfler Bezirkskellerei. Auch bei den Getränken gilt, dass Regionalität und Qualität an oberster Stelle stehen!

Landmetzgerei-Partyservice Senn

Hauptstraße 29
D-79591 Eimeldingen

Telefon 00 49 (0) 76 21 / 6 25 98
Telefax 00 49 (0) 76 21 / 60 60

www.partyservice-senn.de

Zunzingen im Markgräflerland

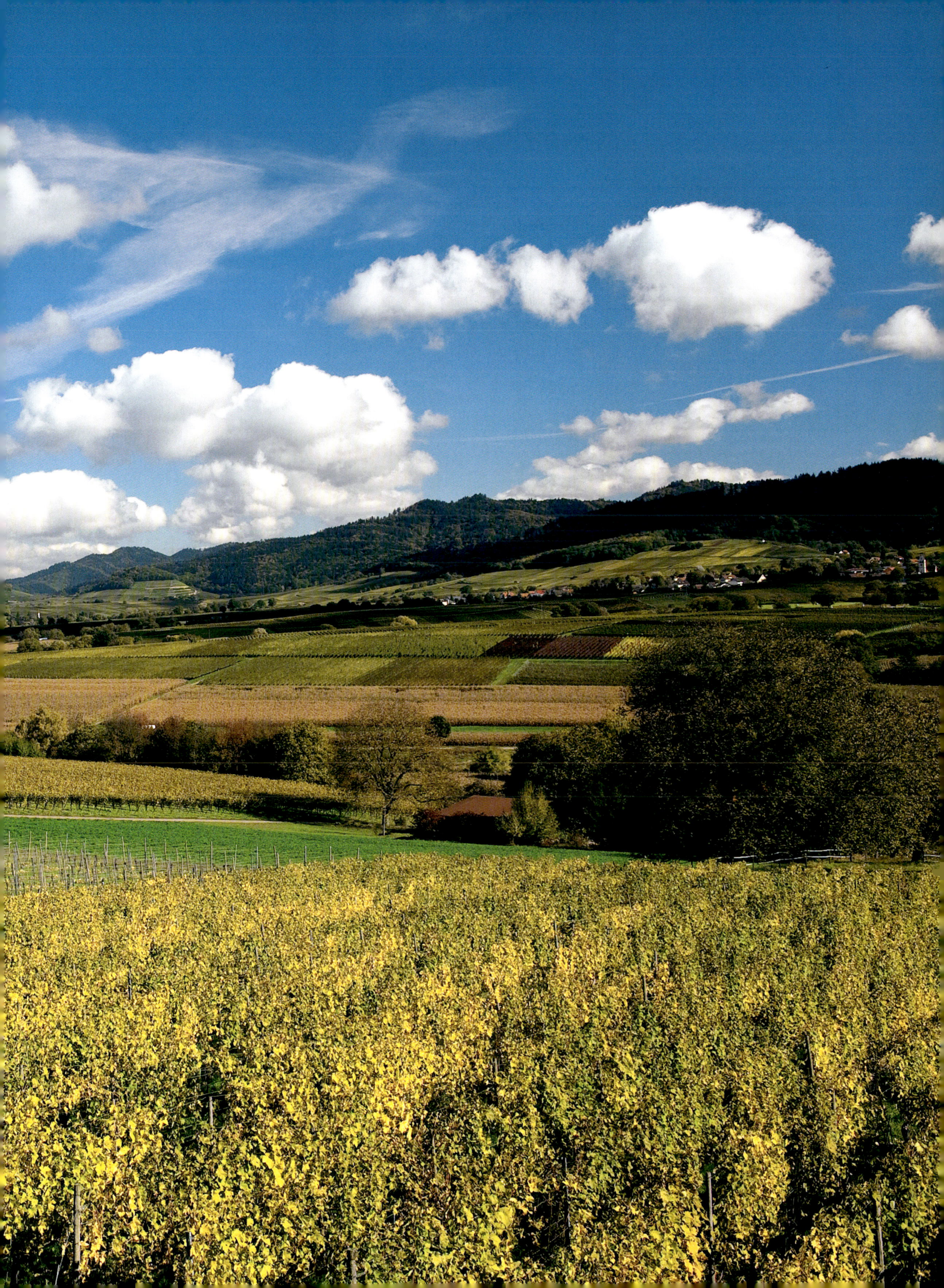

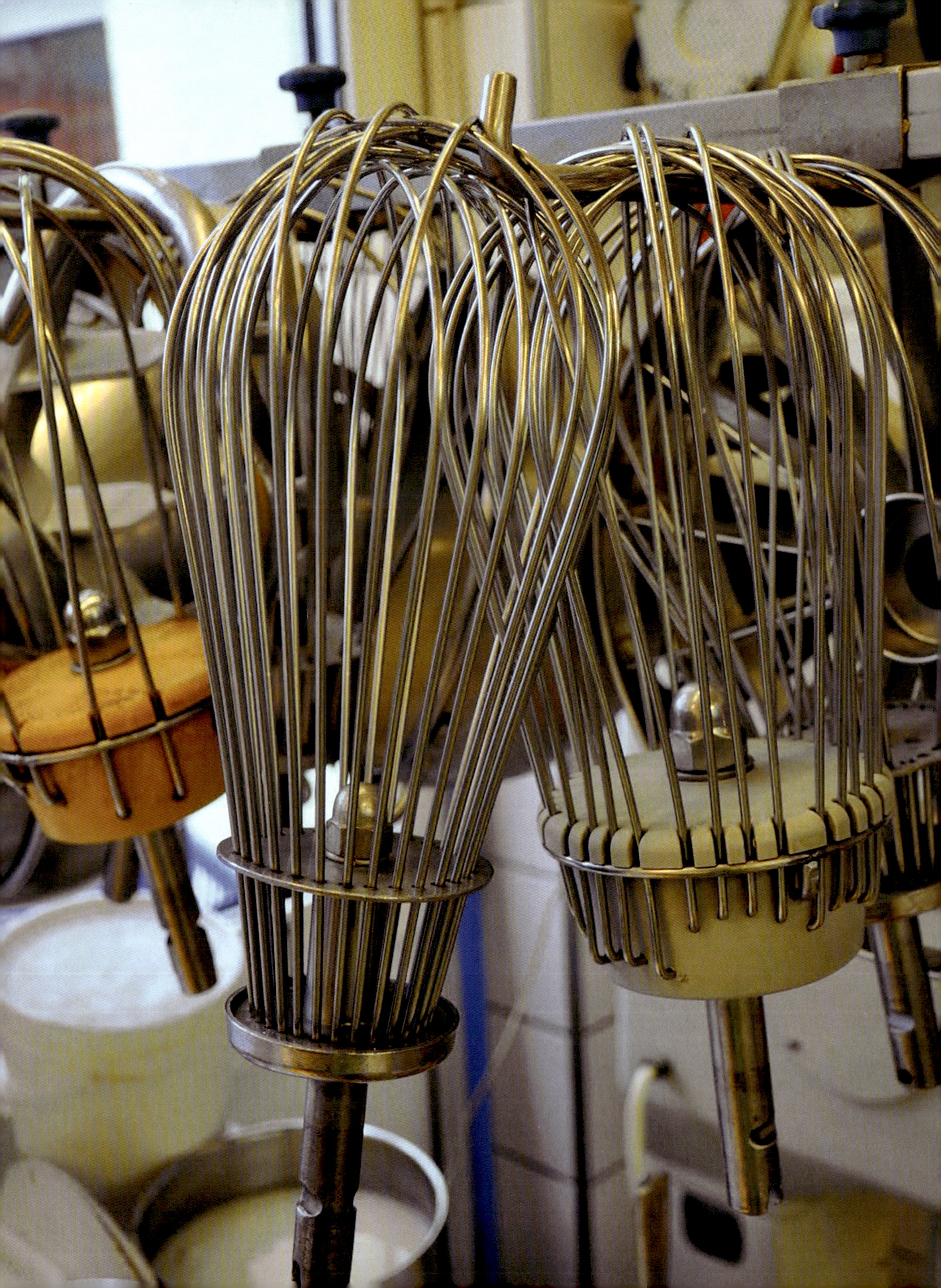

BESTES HANDWERK
Bäckerei Paul

Brot mit Persönlichkeit

Es gibt nur zwei Mittel, um sich als Bäcker und Konditor mehr als 100 Jahre lang gegen alle Konkurrenz durchzusetzen: handwerkliche Arbeit nach alter Tradition und ein Service, der die Erfüllung von Kundenwünschen an die erste Stelle setzt. Nur auf diese Weise gelang es der Bäckerei Paul, zu einer Institution in Lörrach zu werden, zu einem der letzten traditionell arbeitenden Betriebe der Gegend und zu einer Adresse, die auch Feinschmecker aus dem weiten Umkreis anzieht. „Als Kleinbetrieb versuchen wir, auch kurzfristige Wünsche zu erfüllen", sagt der Chef. Was natürlich auch bedeutet, dass der erste Mitarbeiter schon um halb zwei in der Backstube eintrifft, dass hier bereits mit Hochdruck gebacken wird, wenn der Rest von Lörrach noch schläft.

Als Werner Paul, der Vater des heutigen Inhabers, 1928 seine Ausbildung antrat, bestand die Bäckerei allerdings bereits schon ein halbes Jahrhundert. Vieles spricht dafür, dass der Lehrling schon damals das Potenzial erkannt hat, denn nach Wanderschaft und Kriegswirren pachtete er das Geschäft in der Palmstraße vom ehemaligen Lehrmeister, konnte es später übernehmen. Als er die Bäckerei 1991 an seinen Sohn Bernhard und dessen Frau Bettina übergab, war der Ruf des frisch gebackenen Brotes, des Laugengebäcks und der saisonalen Kuchen und Torten längst über Lörrach hinaus gelangt. Seit eh und je arbeitet man hier nach alten Rezepten und gemäß der Traditionen des Bäckerhandwerks. Nicht weniger als 18 Mitarbeiter sind bekannt für ihren freundlichen Service; die Hälfte arbeitet in der Produktion, die anderen kümmern sich um die Betreuung des Ladengeschäfts und den eigenen Wagen, der Wochenmärkte in Lörrach und in der Umgebung beliefert. Es spricht übrigens vieles dafür, dass die Geschichte der Bäckerei fortgeschrieben werden kann. Werner Pauls Enkel Bernhard ist gelernter Konditor, und dessen Bruder Christoph hat die Ausbildung zum Bäcker bereits begonnen.

Bäckerei Paul
Bernhard Paul

Palmstraße 20
D-73539 Lörrach

Telefon 00 49 (0) 76 21 / 4 53 65

BESTES HANDWERK
Weingut Dr. Schneider

Weingenuss auf ganzer Linie

Weingut Dr. Schneider

Rosenbergstraße 10
D-79379 Müllheim-Zunzingen

Telefon 00 49 (0) 76 31 / 29 15
Telefax 00 49 (0) 76 31 / 1 53 99

www.weingut-dr-schneider.de

Das Weingut Dr. Schneider ist eigentlich eine ganze Menge mehr als „nur" ein Weingut. Inmitten des Markgräfler Dörfchens Zunzingen werden nicht bloß Reben gepflegt und Trauben gekeltert, sondern auch Gäste mit Kulinarischem verwöhnt und sehenswerte Etiketten gezeigt. Das Weingut wurde auf diese vielfältige Weise zum Gast-Haus und zum Erlebnisort für alle, die sich für Essen und Trinken, für die badische Landschaft und die Geschichte der Region interessieren. Elisabeth und Dr. Gustav Schneider haben das Weingut im Jahr 1995 übernommen und machten sich gleich daran, das Angebot auszubauen und das Sortiment zu erweitern. Inzwischen werden 12 Hektar Reben bewirtschaftet – nicht nur in Zunzingen, sondern auch in Müllheim und Auggen. Neben den klassischen Gutedel, die traditionelle Weißweinsorte des Markgräflerlandes, traten inzwischen viele andere Reben. Gustav Schneider und sein Team haben gemerkt, dass die Böden der Umgebung sich auch für Spätburgunder eignen, dass hier auch solche Trauben gedeihen, an die früher niemand dachte – wie der Cabernet Sauvignon, der kraftvolle, würzige Rotweine hervorbringt. Die nach Ansicht des Winzers besten Weine eines jeden Jahrgangs, in weiß oder rot, werden mit speziellen Künstleretiketten ausgestattet, auch ein Sekt gehört immer zu den besonders herausgestellten Produkten.

Apropos Etiketten: In der Probierstube darf man sich durch das Sortiment kosten, kann die jungen Weißen und die etwas gereiften Roten erleben – und sich anschließend die eindrucksvolle Sammlung alter Weinetiketten anschauen. Entstanden ist diese dank der Zusammenarbeit von Gustav Schneider und mit dem Sammler Thomas Wangler. In mehreren Räumen werden heute über 1 200 Etiketten aus der ganzen Welt gezeigt – zurück bis zum Jahr 1811. Schwerpunkt des Weinetikettenmuseums, das in dieser Form einzigartig ist, sind jedoch Etiketten aus dem Markgräflerland und aus anderen Bereichen Badens. Die alten Weinflaschenbeschriftungen beweisen übri-

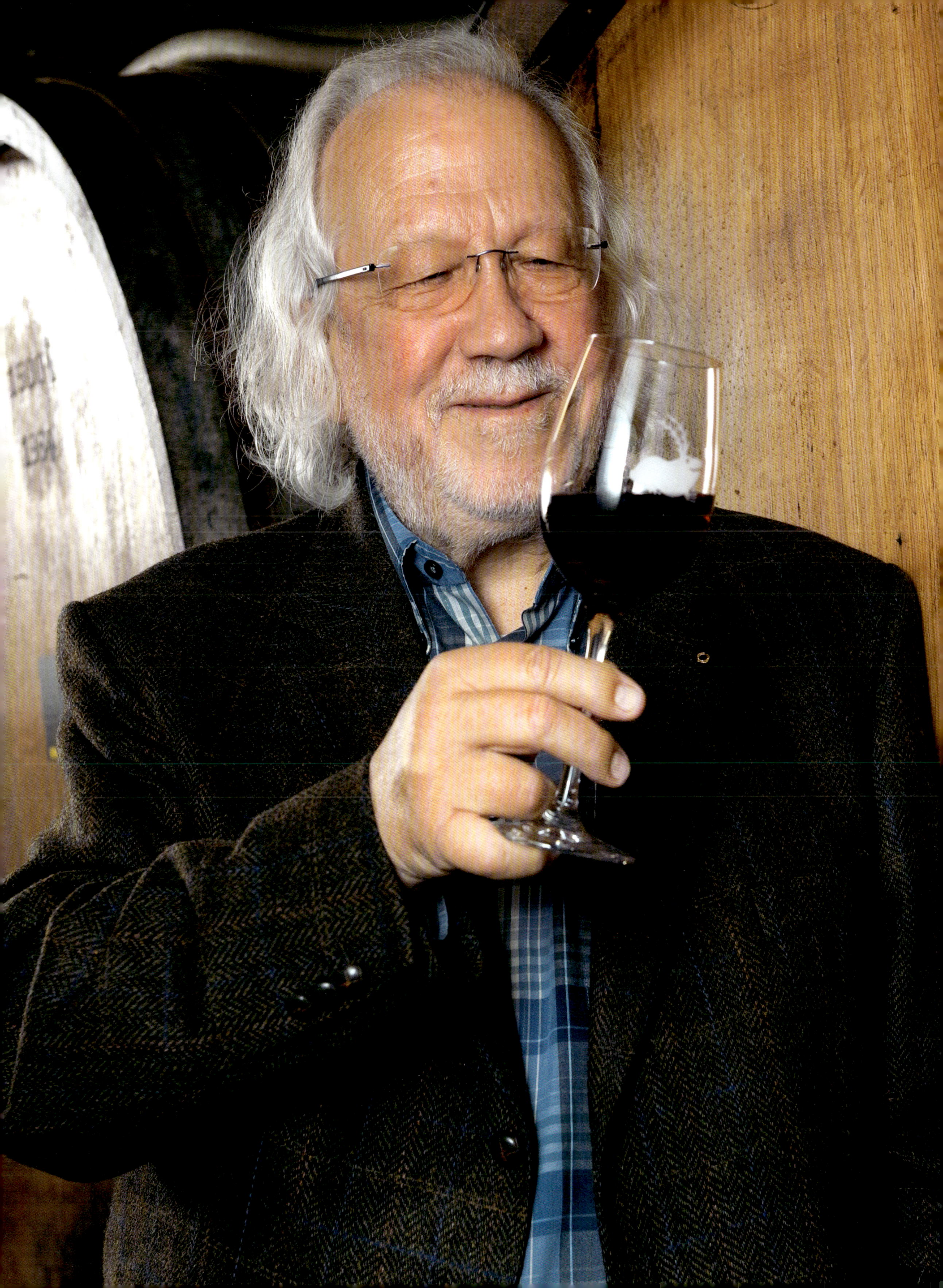

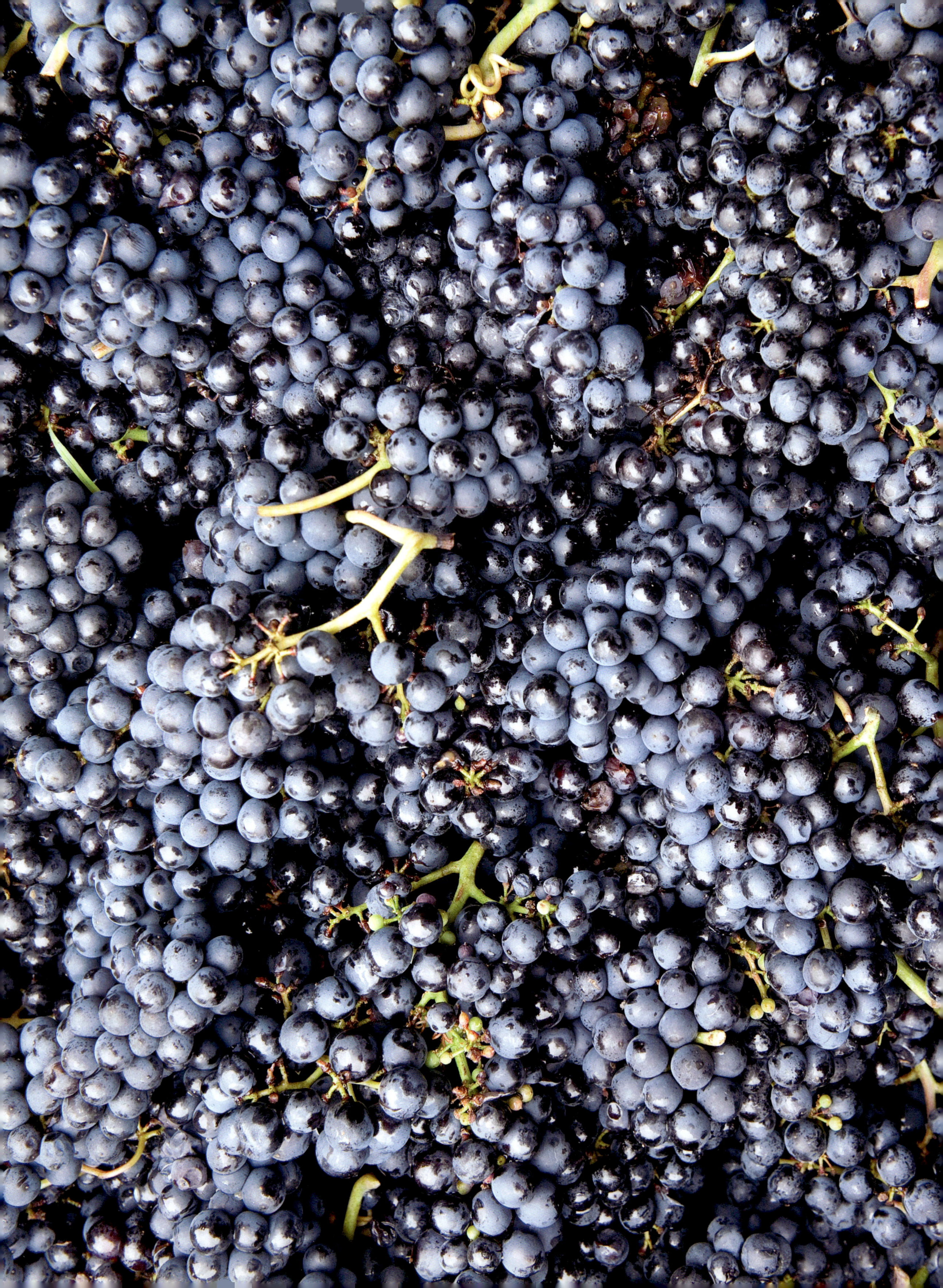

BESTES HANDWERK
Weingut Dr. Schneider

gens auch, dass die badischen Weine schon zu Beginn des 20. Jahrhunderts großes Renommee besaßen.
Nach einem Museumsbesuch und im Anschluss an eine Weinverkostung stellen sich bei den meisten Weinliebhabern Hungergefühle ein. Genau für diese Zwecke hat Familie Schneider gleich neben der Probierstube eine Gastwirtschaft eingerichtet, die in ihrem Angebot weit über das Sortiment von Besenwirtschaften hinausgeht. Produkte aus der eigenen Region spielen, neben den gutseigenen Weinen, eine große Rolle in der Küche. Brot und Kuchen stammen von der Müllheimer Bäckerei Kirschner, die Fleisch-, Wurst- und Räucherwaren von der Metzgerei Grether in Hügelheim. Auch Käse und Gemüse, Kartoffeln und Salate werden nicht irgendwo, sondern bei badischen Erzeugern eingekauft. Und wenn Gustav Schneider und sein Sohn Jörg in der eigenen Jagd am Schauinsland Reh, Gams oder Wildschwein erlegen, verspricht eine spezielle Wildkarte oder die aktuelle Wandtafel kulinarischen Hochgenuss. Hirschkalbsbraten mit Nuss-Kräuter-Kruste könnte dann auf der Speisekarte stehen, auch die Wildbratwurst mit Rotkraut und Bratkartoffeln genießt einen hervorragenden Ruf, während der Frühling eher dem Spargel und der Juni den mediterranen Speisen gewidmet wird. Ja, und dann fehlt eigentlich nur, in der gemütlichen Gaststube oder im Freien unter der Rosenpergola, einer der selbst destillierten Edelbrände. Das klassische Schwarzwälder Kirschwasser wird von einem raren Sauerkirschwassser oder abgelagertem Apfelbrand flankiert. Und auch die Überreste der Weinkelterung bleiben nicht ungenutzt: Die Trester und der nach der Gärung übrig bleibende Hefetrub werden zu duftigen Köstlichkeiten destilliert. Marc vom Gewürztraminer, Burgunder-Trester und Weinhefebrände darf, wer noch fahren muss, auch flaschenweise mit nach Hause nehmen.

BESTES HANDWERK
Grether Mühle

Mehl mit 300 Jahren Tradition

Grether Mühle
Gustav Grether

Hauptstraße 3
D-79295 Sulzburg

Telefon 00 49 (0) 76 34 / 82 23

Grether hießen die Inhaber der Sulzburger Mühle schon seit Menschengedenken – auf jeden Fall seit dem Jahr 1748. Damals wurde die Mühle am Rande des Schwarzwalddorfes Sulzburg erbaut, und seit dieser Zeit leiten die Grethers das Unternehmen. Mittlerweile ist die neunte Generation mit der Führung der Geschäfte betraut, doch Gustav Grether orientiert sich wie seine Vorfahren ganz an den hergebrachten Prinzipien. Gemahlen wird das Getreide der Umgebung, kaum anders als vor zwei Jahrhunderten, allein die früher übliche Ölproduktion hat man mittlerweile aufgegeben. Und anders als noch im 18. Jahrhundert arbeitet Gustav Grether heute nicht mehr mit Wasser- oder Dampfkraft, sondern mit Elektrizität. An der Sorgfalt, mit der Getreidekörner in ganz feine oder etwas gröbere Mehle verwandelt werden, hat sich allerdings nicht das Geringste geändert.

Der Kunde hat inzwischen die Wahl, ob er Mehl aus Roggen, Weizen oder Dinkel kaufen möchte, in kleineren Portionen oder in Säcken, die für den Jahresbedarf eines Haushalts genügen. Als anerkannte Demeter-Mühle vertreibt Gustav Grether seine Bio-Mehle in ganz Süddeutschland, versorgt Bäckereien oder Teigwarenhersteller mit dem umweltbewusst erzeugten Grundstoff. „Der Bio-Anteil wird ständig größer", freut sich der Müller. Insgesamt sind fast 25 Mehlsorten verfügbar, und weil deren Backeigenschaften unterschiedlich ausfallen, tut man gut daran, sich vor dem Großeinkauf erstmal beraten zu lassen oder eine Probemenge zu erwerben. Man könnte auch bei den Bäckern der Umgebung nachfragen und sich durchverkosten: Viele Brötchen- und Kuchenproduzenten im Markgräflerland backen schon seit Generationen mit dem Mehl aus der Grether Mühle und wissen genau, welche Sorte sich eher für Hefeteige eignet und welche man lieber zur Bereitung der badischen Knöpfle verwenden sollte.

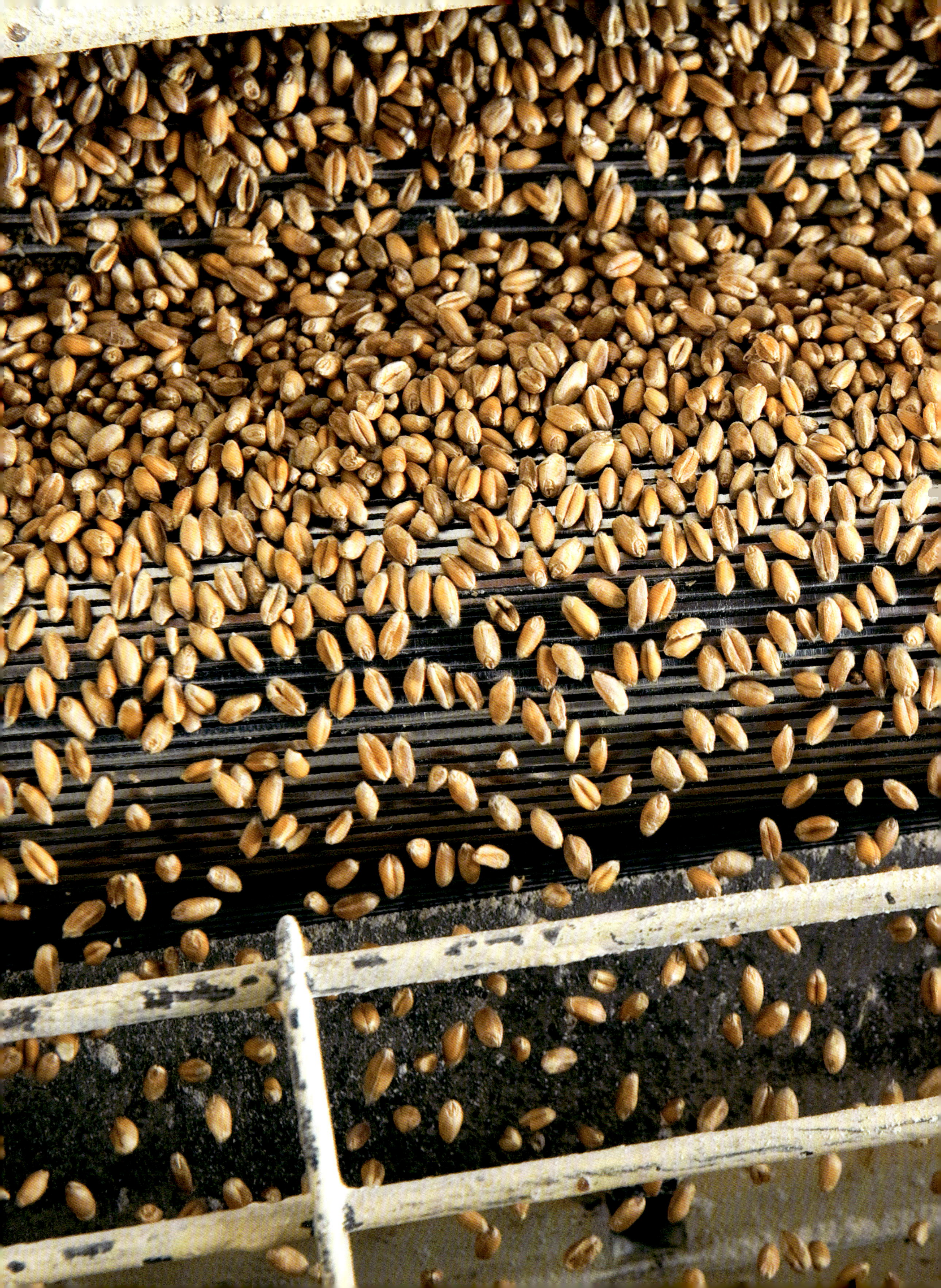

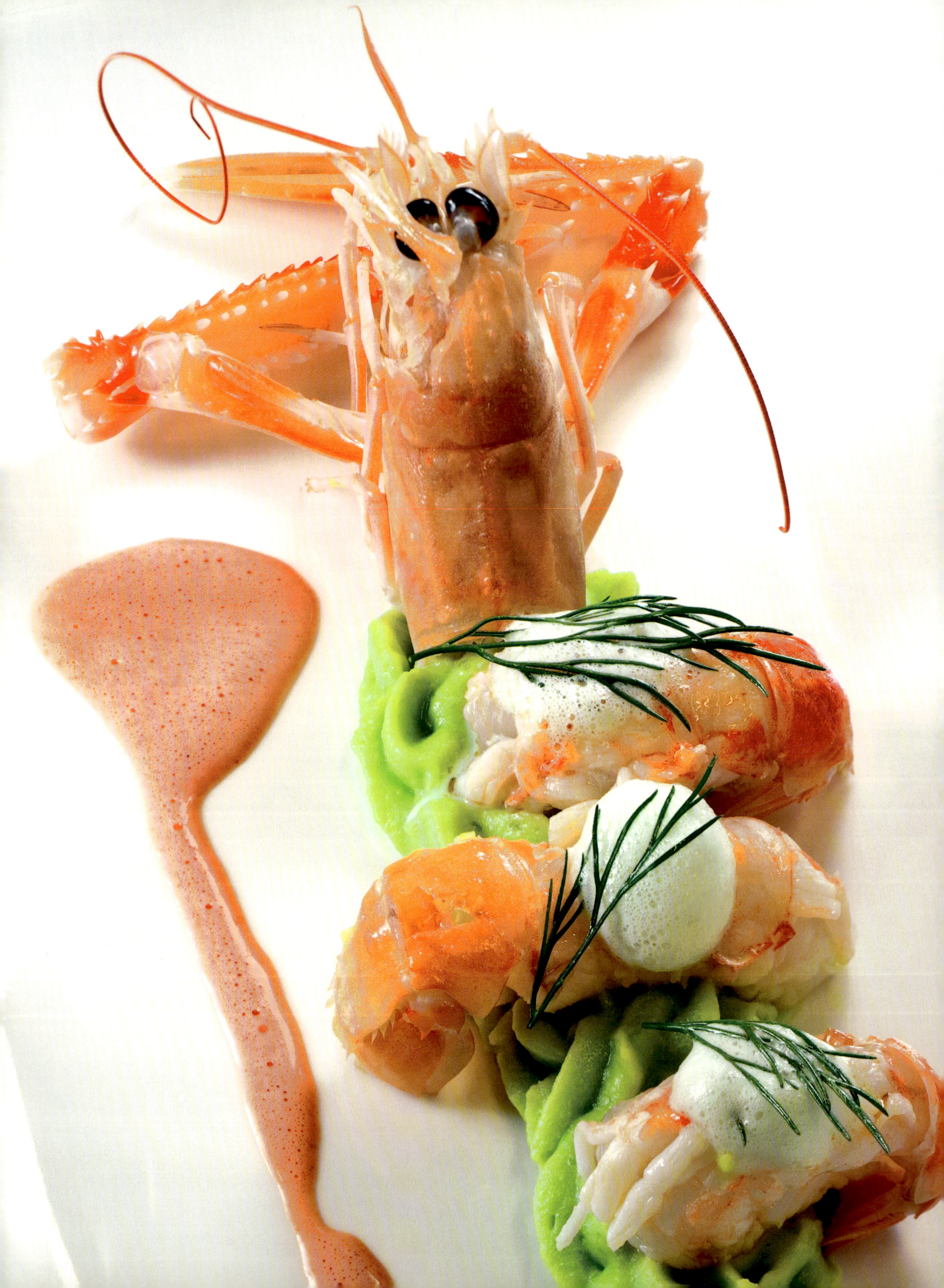

BESTES HANDWERK
Albrecht Catering

Genuss für alle Fälle

■ Die Bewirtung von Gästen hat eine Menge mit Teamwork zu tun. Wenn eine kleine, mittlere oder riesengroße Gesellschaft gleichzeitig mit Speisen und Getränken versorgt werden will (und soll), müssen zahlreiche Köche und Kellner zusammenarbeiten, muss eine umfangreiche Logistik bewältigt werden. Christine Albrecht, die Gründerin und Inhaberin des familiär betriebenen Unternehmens, legt genau deshalb größten Wert darauf, ihren Mitarbeitern Kompetenzen zuzugestehen, sie zu motivieren und ins Geschehen einzubinden. Sabrina Haußler kümmert sich um die Ausarbeitung der Aufträge, Dimitri Thomann übernimmt als Küchenchef die Feinarbeit am Herd, und Dominique Reinhard ist immer dann zuständig, wenn die Gesellschaften in der Riehener Villa Wenkenhof empfangen, feiern, tagen oder präsentieren wollen. Christine Albrecht selbst tut nichts lieber als den Kunden alle Möglichkeiten eines Buffets, eines Menüs oder eines Flying Diners darzulegen – per Telefon, per Mail oder in ihrem Büro, dessen Regale mit unzähligen Kochbüchern gefüllt sind.

Dass erstklassige Zutaten eingekauft werden, versteht sich für ein ambitioniertes Cateringunternehmen von selbst, die Bandbreite von rustikalem Buffet bis zum mehrgängigen, mit modernen Kochtechniken verfeinerten Menü ist dagegen ungewöhnlich. Bei aller Experimentierfreudigkeit ist das Unternehmen regional verwurzelt, berücksichtigt heimische Rezepte wie internationale Produkte und liefert seine Köstlichkeiten zum größten Teil nach Basel und ins Umland. Um die passenden Weine, aus Frankreich, aus der Schweiz oder den berühmtesten Anbaugebieten Italiens, kümmert sich die Kulinarik-Firma Albrecht ebenfalls, für den Service greift man auf einen Stamm freier Mitarbeiter zurück. Weltoffenheit und Charme gehören für diesen Teil des Albrecht-Teams ebenso dazu wie Kompetenz im Umgang mit Tellern und Weinflaschen.

Albrecht Catering

Baselstrasse 15
CH-4125 Riehen

Telefon 00 41 (0) 61 / 6 43 22 22
Telefon 00 41 (0) 61 / 6 43 22 21

www.catering-basel.ch

Fondation Beyeler, Riehen

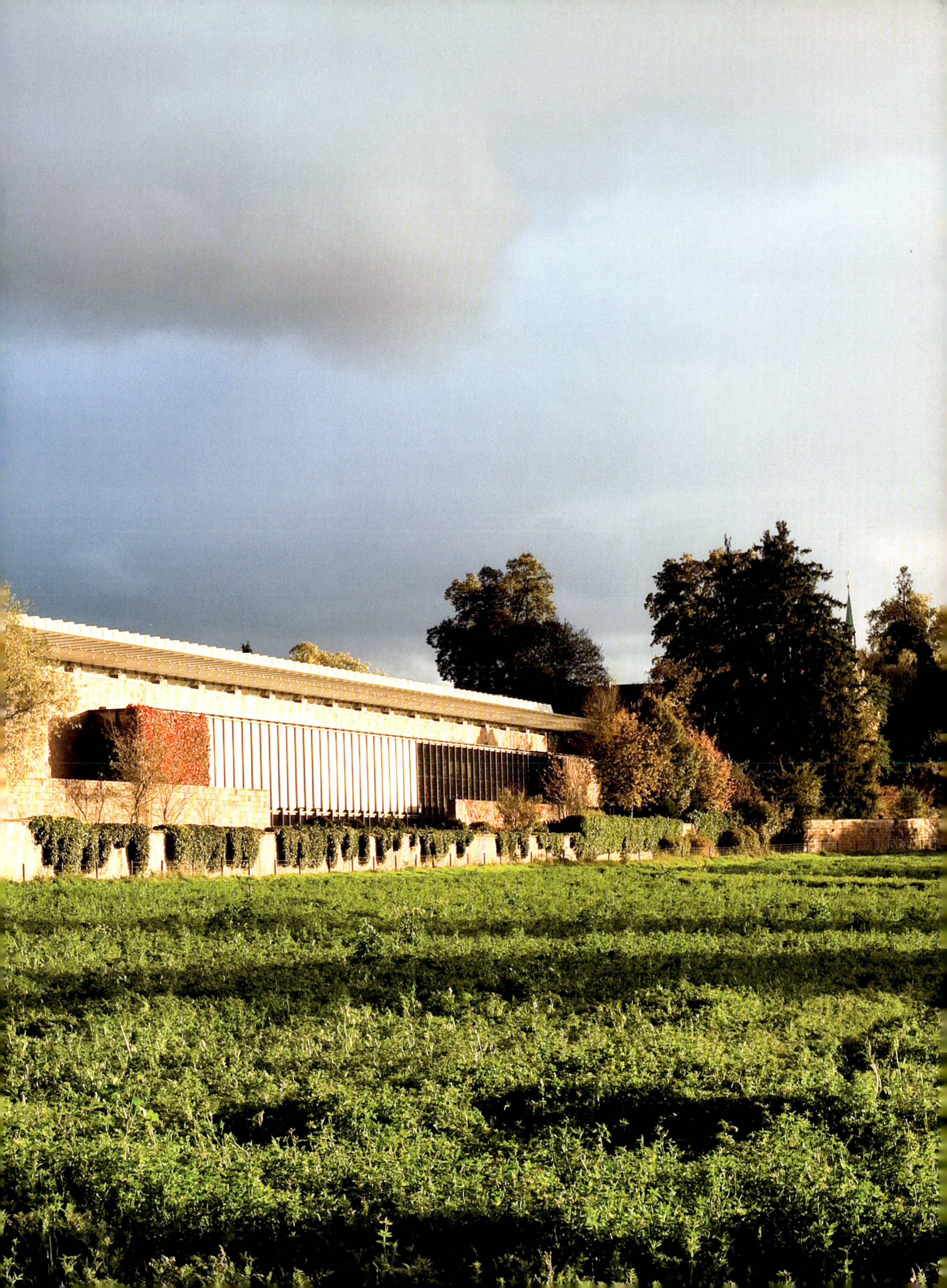

ALLES AUF EINEN BLICK

Albrecht Catering 170
Baselstrasse 15 
CH-4125 Riehen
Telefon 00 41 (0) 61 / 6 43 22 22
Telefon 00 41 (0) 61 / 6 43 22 21
info@catering-basel.ch
www.catering-basel.ch

Anna Schmid Schmuck 104 
Schneidergasse 14
CH-4001 Basel
Telefon 00 41 (0) 61 / 2 61 66 70
a.m.schmid@anna-schmid-schmuck.ch
www.anna-schmid-schmuck.ch

Arte + Licht 56 
Peter Blöchle
Spalenvorstadt 31
CH-4051 Basel
Telefon 00 41 (0) 61 / 2 61 08 72

Atelier Heinz Weller 136 
Heinz Weller
Hauptstrasse 40
CH-4132 Muttenz
Telefon 00 41 (0) 61 / 4 61 58 88
Telefax 00 41 (0) 61 / 4 61 58 88
atelier-weller@weller-mode.ch
www.weller-mode.ch

B & K Wandart 34
Tramstrasse 66
CH-4142 Münchenstein
Telefon 00 41 (0) 61 / 3 31 91 00
Telefax 00 41 (0) 61 / 3 31 91 01
info@wandart.ch
www.wandart.ch

Bäckerei Paul 162 
Bernhard Paul
Palmstraße 20
D-73539 Lörrach
Telefon 00 49 (0) 76 21 / 4 53 65

Basler Papiermühle 22 
Schweizerisches Museum
für Papier, Schrift und Druck
St. Alban-Tal 37
CH-4052 Basel
Telefon 00 41 (0) 61 / 2 25 90 90
info@papiermuseum.ch
www.papiermuseum.ch

Bauteilbörse Basel 94 
Turnerstrasse 32
CH-4058 Basel
Telefon 00 41 (0) 61 / 6 90 90 10
peter.schmid@btbbasel.ch
www.btbbasel.ch

Beat Lehmann 106 
Spalenberg 32
CH-4051 Basel
Telefon 00 41 (0) 61 / 2 61 96 14
Telefax 00 41 (0) 61 / 2 61 96 15
goldschmied@beat-lehmann.ch
www.beat-lehmann.ch

Bootsmann 44 
Günter Baßler
Hofmattstraße 42
D-79541 Lörrach-Brombach
Telefon 00 49 (9) 76 21 / 5 30 21
Telefax 00 49 (0) 76 21 / 5 68 28
info@bootsmann.de
www.bootsmann.de

ALLES AUF EINEN BLICK

Brauerei Fischerstube — 152
Brauereirestaurant Fischerstube
Brauereirestaurant Linde
Rheingasse 45
CH-4058 Basel
Telefon 00 41 (0) 61 / 6 92 94 95
info@uelibier.ch
www.uelibier.ch

Buchwerkstatt Maria Henssler — 28
St. Alban-Vorstadt 52
CH-4052 Basel
Telefon 00 41 (0) 61 / 2 71 47 62
Mobil 00 41 (0) 79 / 5 41 32 39
bubi.henssler@bluewin.ch

CHAPEAU – Maria Hiepler — 140
Barfüssergasse 6
CH-4001 Basel
Telefon 00 41 (0) 61 / 2 72 77 74
www.chapeau.ch

ChezVelo — 98
Christian Berra und Andreas Schabbach
Biederthalstrasse 26
CH-4118 Rodersdorf
Telefon 00 41 (0) 61 / 5 61 73 35
Telefax 00 41 (0) 61 / 5 61 73 36
info@chezvelo.com
www.cro-mo.com

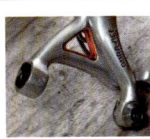

Chocolaterie Axel Sixt — 156
Axel und Alexandra Sixt
Kirchstraße 11
D-79219 Staufen
Telefon 00 49 (0) 76 33 / 80 12 55
Telefax 00 49 (0) 76 33 / 80 10 25

Chronometrie Spinnler + Schweizer AG — 108
Am Marktplatz 11
CH-4001 Basel
Telefon 00 41 (0) 61 / 2 69 97 00
Telefax 00 41 (0) 61 / 2 69 97 08
info@spinnler-schweizer.ch
www.spinnler-schweizer.ch

Coffee and more — 154
Thomas Schüle
St. Johannesgasse 14
D-79219 Staufen
Telefon 00 49 (0) 76 33 / 98 18 24
Telefax 00 49 (0) 76 33 / 92 98 09
info@coffeeandmore.de
www.coffeeandmore.de

Dorothée Rothbrust — 66
Baiergasse 4
Postfach 239
CH-4126 Bettingen
Telefon 00 41 (0) 61 / 6 01 20 74
doroth@kunst-werke.ch
www.kunst-werke.ch

Das Glashaus — 80
Georg Krasztinat und Andrea C. Widmann
Neue Kirchstraße 30
D-79282 Ballrechten-Dottingen
Telefon 00 49 (0) 76 34 / 59 25 72
Telefax 00 49 (0) 76 34 / 59 25 72
das.glashaus@t-online.de
www.dasglashaus.com

ALLES AUF EINEN BLICK

Grether Mühle 168
Gustav Grether
Hauptstraße 3
D-79295 Sulzburg
Telefon 00 49 (0) 76 34 / 82 23
grether-muehle@t-online.de

Hansjörg Kilchenmann 96
Messerschmied
Mittlere Strasse 48
CH-4056 Basel
Telefon 00 41 (0) 61 / 2 61 08 77
hjk@messerschmiede.info
www.messerschmiede.info

Individual Modedesign 132
Ursi Näf
Spalenberg 60
CH-4051 Basel
Telefon 00 41 (0) 61 / 2 61 58 20
Telefax 00 41 (0) 61 / 2 61 58 21
info@ursinaef.ch
www.ursinaef.ch

Industrie-Sattlerei CASTY 40
Mülhauserstrasse 150
CH-4056 Basel
Telefon 00 41 (0) 61 / 3 01 54 17
www.sattlereicasty.ch

Inneneinrichtungen Thomas Kreienbühl 26
St. Alban-Vorstadt 62
CH-4052 Basel
Telefon 00 41 (0) 61 / 2 72 29 88
kontakt@inneneinrichtungen-kreienbuehl.ch
www.inneneinrichtungen-kreienbuehl.ch

irui – lingerie atelier 146
Tatjana Geiger
Vogesenstrasse 104
CH-4056 Basel
Telefon 00 41 (0) 61 / 6 83 83 33
Termine nach Vereinbarung
www.irui.ch

kammoebel 84
Tramstrasse 66
CH-4142 Münchenstein
Telefon 00 41 (0) 61 / 4 11 16 54
mail@kammoebel.ch
www.kammoebel.ch

kleine Rheinperle 112
Marlen und Stefan Wacha
Rheinsprung 10
CH-4051 Basel
Telefon 00 41 (0) 61 / 5 54 93 03
00 41 (0) 78 / 8 91 79 89
info@kleineRheinperle.ch
www.kleineRheinperle.ch

KunstDruckWerkstatt Hanemann 42
Gerhard Hanemann
Dorfstraße 107
D-79576 Weil am Rhein / Ötlingen
Telefon 00 49 (0) 76 21 / 96 81 82
Telefax 00 49 (0) 76 21 / 96 81 83
gh@kunstdruckwerkstatt.de
www.kunstdruckwerkstatt.de

Landhaus Ettenbühl 118
Gisela Seidel
Hof Ettenbühl
D-79415 Bad Bellingen-Hertingen
Telefon 00 49 (0) 76 35 / 8 27 97-0
Telefax 00 49 (0) 76 35 / 8 27 97-77
info@landhaus-ettenbuehl.de
www.landhaus-ettenbuehl.de

ALLES AUF EINEN BLICK

Landmetzgerei-Partyservice Senn   158
Hauptstraße 29
D-79591 Eimeldingen
Telefon 00 49 (0) 76 21 / 6 25 98
Telefax 00 49 (0) 76 21 / 60 60
info@partyservice-senn.de
www.partyservice-senn.de

Léonie von Roten   64
Erlenweg 13
D-79295 Sulzburg
Telefon 00 49 (0) 76 34 / 6 94 97 02
leonie@leosan.ch
www.leosan.ch

Löwenzahn Menswear   134
Oliver Häberli
St. Alban-Vorstadt 66
CH-4052 Basel
Telefon 00 41 (0) 61 / 2 71 19 71
frage@loewenzahn-menswear.ch
www.loewenzahn-menswear.ch

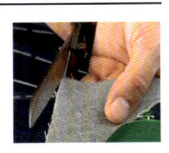

Naef Spiele AG   90
Hans-Peter Engeler
Untere Brühlstrasse 11
CH-4800 Zofingen
Telefon 00 41 (0) 62 / 7 46 84 84
Telefax 00 41 (0) 62 / 7 46 84 80
info@naefspiele.ch
www.naefspiele.ch

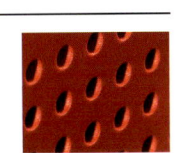

Niklaus Knöll Rahmenkunst   76
Herbergsgasse 4–6
CH-4003 Basel
Telefon 00 41 (0) 61 / 2 61 60 06
Telefax 00 41 (0) 61 / 2 61 60 06
nknoell@datacomm.ch
www.knoell-rahmenkunst.ch

Orgelbau Bernhard Fleig   50
Gempenstrasse 15
CH-4053 Basel
Telefon 00 41 (0) 61 / 3 61 98 48
Telefax 00 41 (0) 61 / 3 63 04 58
org.cemb.fleig@sunrise.ch

Plantago GmbH   122
Andreas Sommerhalder
Tramstrasse 64c
CH-4142 Münchenstein
Telefon 00 41 (0) 61 / 6 03 24 24
Telefax 00 41 (0) 61 / 6 03 24 20
sommerhalder@plantago.ch
www.plantago.ch

Ramstein Optik   130
Sattelgasse 4
CH-4001 Basel
Telefon 00 41 (0) 61 / 2 61 58 88
info@ramstein-optik.ch
www.ramstein-optik.ch

Raphael Blechschmidt   142
Bäumleingasse 22
CH-4051 Basel
Telefon 00 41 (0) 61 / 2 71 25 26
Telefax 00 41 (0) 61 / 2 71 25 27
info@raphaelblechschmidt.ch
www.raphaelblechschmidt.ch

Schmuck-Schmiede   110
Hansruedi Spillmann
Rheinstrasse 32a
CH-4127 Birsfelden
Telefon 00 41 (0) 61 / 3 11 28 17
Telefax 00 41 (0) 61 / 3 11 28 31
hrs@schmuck-schmiede.ch
www.schmuck-schmiede.ch
www.mokume.ch

ALLES AUF EINEN BLICK

Scriptorium am Rheinsprung 30
Margarethe Denk und Andreas Schenk
Rheinsprung 2
CH-4051 Basel
Telefon 00 41 (0) 61 / 2 61 39 00
scriptorium@kalligraphie.com
www.kalligraphie.com

Staudengärtnerei Gräfin von Zeppelin 124
Weinstraße 2
D-79295 Sulzburg-Laufen
Telefon 00 49 (0) 76 34 / 6 97 16
Telefax 00 49 (0) 76 34 / 65 99
info@graefin-von-zeppelin.de
www.graefin-von-zeppelin.de

Steinmetzverband Nordwestschweiz 18
Hauptstrasse 113
CH-4102 Binningen
Telefon 00 41 (0) 61 / 7 61 44 16
mail@steinmetzverband.ch
www.steinmetzverband.ch
www.bildhauerverband.ch

Stolz GmbH 88
Tramstrasse 66
CH-4142 Münchenstein
Telefon 00 41 (0) 61 / 4 13 00 08
Telefax 00 41 (0) 61 / 4 13 00 09
info@schreinereistolz.ch
www.schreinereistolz.ch

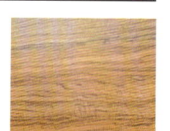

Tami Komai 62
Im langen Loh 42
CH-4123 Allschwil
Telefon 00 41 (0) 61 / 3 02 90 89
tamikomai@solnet.ch
www.tamikomai.ch

Textile Art 60
Grietje van der Veen
Hohestrasse 134
CH-4104 Oberwil
Telefon 00 41 (0) 61 / 4 01 56 55
grietje@textileart.ch
www.textileart.ch

Theater Basel 68
Elisabethenstrasse 16
CH-4010 Basel
Telefon 00 41 (0) 61 / 2 95 11 00
Telefax 00 41 (0) 61 / 2 95 12 00
info@theater-basel.ch
www.theater-basel.ch

Töpferei und Keramikschule 36
Mathies Schwarze
Mitteldorfstrasse 99
CH-5072 Oeschgen
Telefon 00 41 (0) 62 / 8 71 66 80
Telefax 00 41 (0) 62 / 8 71 66 83
info@keramikschule.ch
info@mathies-schwarze.com
www.keramikschule.ch
www.mathies-schwarze.com

ALLES AUF EINEN BLICK

Töpferei Spano — 38
Andrea Spano-Hueber
Vorstadtplatz 3
CH-4242 Laufen
Telefon 00 41 (0) 79 / 3 08 71 05
info@toepferei-spano.ch
www.toepferei-spano.ch

Trommeln Schlebach — 54
Peter Ammann
Riehentorstrasse 15
CH-4058 Basel
Telefon 00 41 (0) 61 / 6 92 30 80
trommel@schlebach.ch
www.schlebach.ch

Weingut Dr. Schneider — 164
Rosenbergstraße 10
D 79379 Müllheim-Zunzingen
Telefon 00 49 (0) 76 31 / 29 15
Telefax 00 49 (0) 76 31 / 1 53 99
info@weingut-dr-schneider.de
www.weingut-dr-schneider.de

wennnichtjetztwanndann GmbH — 144
Susanne und Wulfi Afheldt
Reichensteinerstrasse 20
CH-4053 Basel
Telefon 00 41 (0) 78 / 7 07 50 31
 00 41 (0) 76 / 5 92 42 38
wennnichtjetzt@wanndann.ch
www.wanndann.ch

WohnGeist AG — 86
Stefan Senn & Catherine Pfaehler
Rheinstrasse 41
CH-4402 Frenkendorf
Telefon 00 41 (0) 61 / 2 72 18 18
Telefax 00 41 (0) 61 / 2 73 97 70
info@wohngeist.ch
www.wohngeist.ch

ZBÖ – Natürliche Raumgestaltung — 92
Reiner Dietsche
Gewerbestrasse 17
D-79219 Staufen
Telefon 00 41 (0) 76 33 / 50 00 16
Telefax 00 41 (0) 76 33 / 78 09
info@zboe-raumgestaltung.de
www.zboe-raumgestaltung.de

Der Zinkenbiber — 78
Franz Böhmer
Weihermatten 12
D-79713 Bad Säckingen
Telefon 00 49 (0) 77 61 / 5 53 45 45
Telefax 00 49 (0) 77 61 / 5 53 45 46
info@zinkenbiber.de
www.zinkenbiber.de

Spalentor, Basel

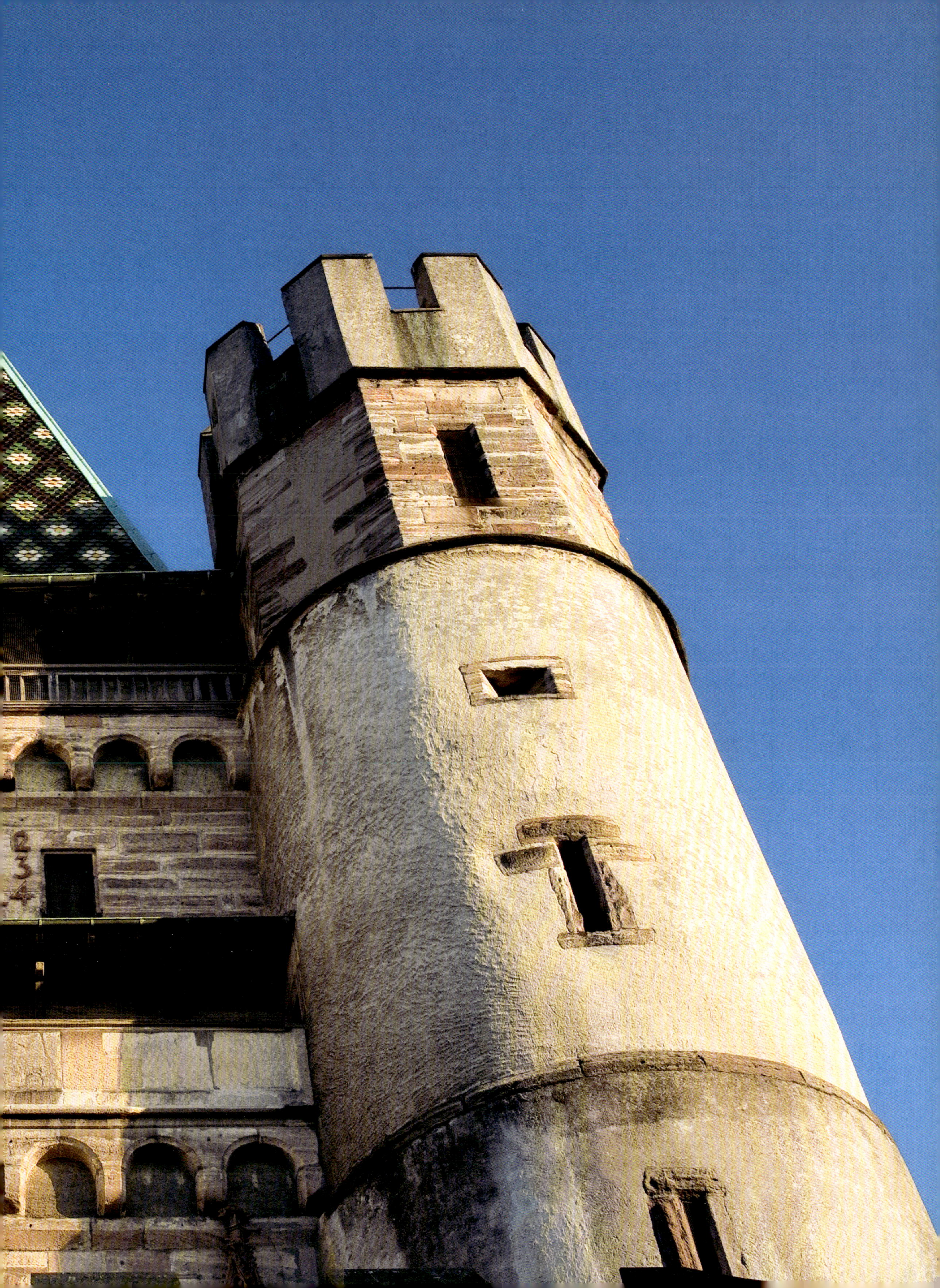

Besondere Adressen für Sie entdeckt ...

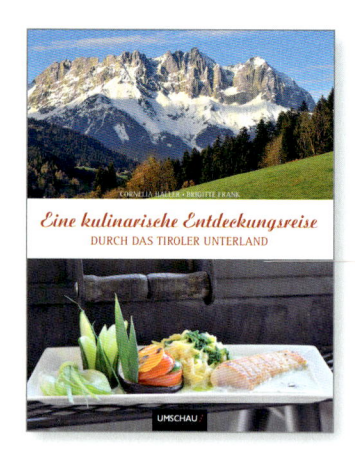

ISBN 978-3-86528-473-0
24,1 cm x 30,6 cm

ISBN 978-3-86528-441-9
24,1 cm x 30,6 cm

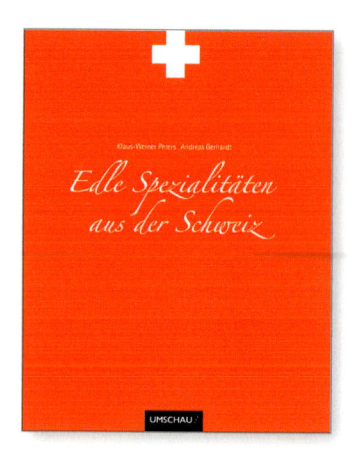

ISBN 978-3-86528-442-6
24,1 cm x 30,6 cm

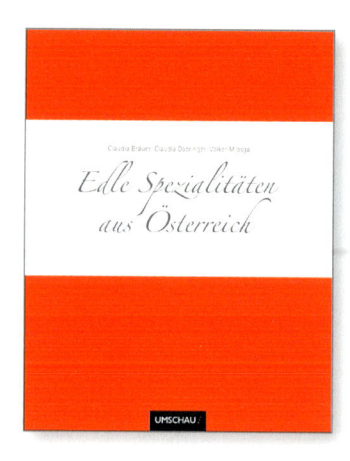

ISBN 978-3-86528-444-0
24,1 cm x 30,6 cm

ISBN 978-3-86528-479-2
24,1 cm x 27,6 cm

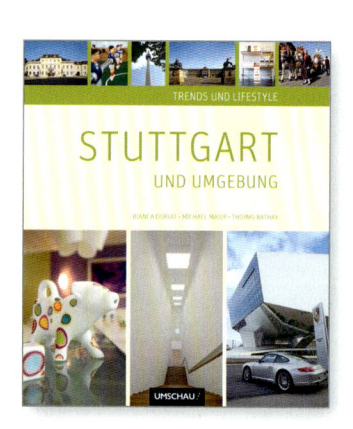

ISBN 978-3-86528-394-8
24,1 cm x 27,6 cm

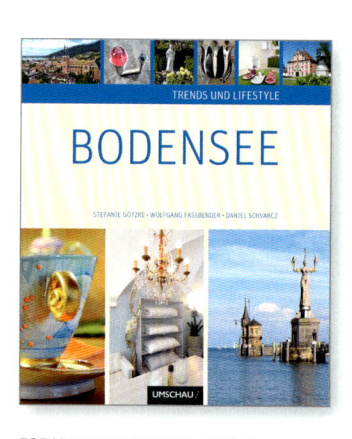

ISBN 978-3-86528-469-3
24,1 cm x 27,6 cm

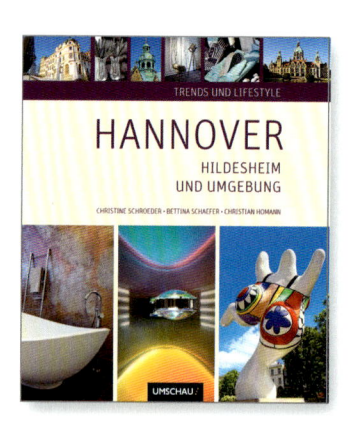

ISBN 978-3-86528-391-7
24,1 cm x 27,6 cm

ISBN 978-3-86528-447-1
24,1 cm x 30,6 cm

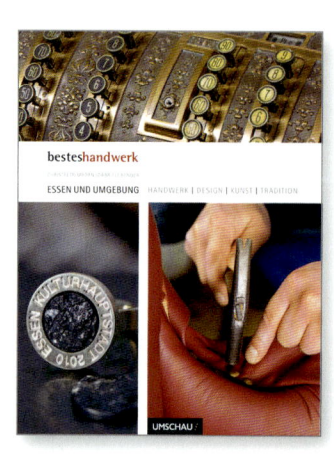

ISBN 978-3-86528-478-5
24,1 cm x 30,6 cm

ISBN 978-3-86528-475-4
24,1 cm x 30,6 cm

ISBN 978-3-86528-468-6
24,1 cm x 30,6 cm

Neu in unserem Programm

EINE KULINARISCHE ENTDECKUNGSREISE ...
(Buchformat: 24,1 x 30,6 cm)

... durch München – Stadt und Land
Barbara Kagerer, Daniel Schvarcz
232 Seiten, Hardcover
ISBN: 978-3-86528-498-3

... durch das Oberallgäu
Tosca Maria Kühn, Yves Hebinger
168 Seiten, Hardcover
ISBN: 978-3-86528-490-7

... durch das Sauerland
Claus Spitzer-Ewersmann, Frank Pusch
128 Seiten, Hardcover
ISBN: 978-3-86528-487-7

... durch Vorarlberg
Claudia Antes-Barisch, Anja Böhme, Daniel Schvarcz
192 Seiten, Hardcover
ISBN: 978-3-86528-476-1

... durch das Hausruckviertel, Innviertel, Mühlviertel, Traunviertel, Mostviertel
Fünf Viertel in Ober- und Niederösterreich
Claudia Dabringer, Andreas Hechenberger, Chris Rogl
256 Seiten, Hardcover
ISBN: 978-3-86528-494-5

... durch das Wallis
Un voyage culinaire à travers le Valais
Klaus-Werner Peters, Rémy Steinegger
280 Seiten, Hardcover
ISBN: 978-3-86528-474-7

... durch das Berner Oberland
Karina Schmidt, Andreas Gerhardt
224 Seiten, Hardcover
ISBN: 978-3-86528-500-3

TRENDS UND LIFESTYLE
(Buchformat: 24,1 x 27,6 cm)

HOLSTEINISCHE SCHWEIZ
Herbert Hofmann, Dirk Fellenberg
152 Seiten, Hardcover
ISBN: 978-3-86528-481-5

BERGISCHES UND OBERBERGISCHES LAND
Susanne Schaller, Christel Trimborn, Gabriele Bender
144 Seiten, Hardcover
ISBN: 978-3-86528-472-3

GÖTTINGEN
Andreas Srenk, André Chales de Beaulieu
168 Seiten, Hardcover
ISBN: 978-3-86528-492-1

ARLBERG
Cornelia Haller, Christian Gufler
184 Seiten, Hardcover
ISBN: 978-3-86528-501-0

Englische Ausgabe:
ISBN: 978-3-86528-503-4

besteshandwerk
HANDWERK | DESIGN | KUNST | TRADITION
(Buchformat: 24,1 x 30,6 cm)

DÜSSELDORF UND UMGEBUNG
Silke Martin, Magdalena Ringeling, Christine Blei
176 Seiten, Hardcover
ISBN: 978-3-86528-485-3

ST. GALLEN UND UMGEBUNG
Christina Hitzfeld, Daniel Schvarcz
136 Seiten, Hardcover
ISBN: 978-3-86528-491-4

GESUNDHEIT UND WELLNESS
(Buchformat: 24,1 x 30,6 cm)

HAMBURG
Katrin Hainke, Bettina Schaefer, André Chales de Beaulieu
208 Seiten, Hardcover
ISBN: 978-3-86528-458-7

BODENSEE
Sigrid Hofmaier, Christian Bullinger
168 Seiten, Hardcover
ISBN: 978-3-86528-480-6

ISBN 978-3-86528-458-7
24,1 cm x 30,6 cm

Alle Titel erhalten Sie bei Ihrer örtlichen Buchhandlung.
Für weitere Informationen über unsere Reihen wenden Sie sich direkt an den Verlag:

UMSCHAU

Neuer Umschau Buchverlag
Theodor-Körner-Straße 7
D-67433 Neustadt / Weinstraße
☎ + 49 (0) 63 21 / 8 77-852
 + 49 (0) 63 21 / 8 77-866
@ info@umschau-buchverlag.de
www.umschau-buchverlag.de

Impressum

© 2011 Neuer Umschau Buchverlag GmbH, Neustadt an der Weinstraße

Alle Rechte der Verbreitung in deutscher Sprache, auch durch Film, Funk, Fernsehen, fotomechanische Wiedergabe, Tonträger jeder Art, auszugsweisen Nachdruck oder Einspeicherung und Rückgewinnung in Datenverarbeitungsanlagen aller Art, sind vorbehalten.

Recherche
Volker Rückert, Lörrach

Texte
Klaus-Werner Peters, Zürich

Fotografie
Daniel Schvarcz, München
www.d-s-photo.com

Lektorat
Katrin Stickel, Neustadt an der Weinstraße

Herstellung
Tatjana Beimler, Neustadt an der Weinstraße
Heike Burkhart, Neustadt an der Weinstraße

Satz
DTP Team, München

Reproduktionen
Blaschke Vision
Peter Blaschke, Freigericht

Karte
Thorsten Trantow, Herbolzheim
www.trantow-atelier.de

Druck und Verarbeitung
NINO Druck GmbH,
Neustadt an der Weinstraße
www.ninodruck.de

Printed in Germany
ISBN: 978-3-86528-502-7

Die Ratschläge in diesem Buch sind vom Autor und dem Verlag sorgfältig erwogen und geprüft, dennoch kann eine Garantie nicht übernommen werden. Eine Haftung der Autoren und des Verlages für Personen-, Sach- und Vermögensschäden ist ausgeschlossen.

Besuchen Sie uns im Internet
www.umschau-buchverlag.de

Titelfotografie
Daniel Schvarcz, München

Wir bedanken uns für die freundlicherweise zur Verfügung gestellten Fotos bei:

Steinmetzverband Nordwestschweiz (S. 18 unten links); KunstDruckWerkstatt Gerhard Hanemann (S. 43 oben und unten links); Bootsmann, Günther Baßler (S. 44 Mitte); Trommeln Schlebach, Peter Ammann (S. 55 Mitte und unten); Der Zinkenbiber, Franz Böhmer (S. 78 Mitte und links unten); Stolz GmbH (S. 88 Mitte); Stephanie Tremp, Zürich (S. 104 links oben und Mitte); HR. Spillmann, CH-4127 Birsfelden, www.mokume.ch (S. 111 unten rechts); Andreas Gerhardt, Freiburg, www.photograph-ag.de (S. 114 unten rechts, 115 unten links, 116, 117 unten links, 118–121, 159 unten rechts); Staudengärtnerei Gräfin von Zeppelin (S. 124 oben und Mitte rechts, S. 125); Maria Hiepler, Basel (S. 141 unten rechts); Ralph Dinkel, Basel, Photography & Design, www.ralphdinkel.ch (S. 153); Florian Pelz, Lörrach (S. 162–163); C. Albrecht Feinkost AG, Fotografin: Maria Gambino, Basel (S. 171 oben links).